清廉美名千古传

说说历史上那些清官们

姜若木◎编著

中国华侨出版社
·北京·

图书在版编目（CIP）数据

清廉美名千古传：说说历史上那些清官们 / 姜若木编著 . —
北京：中国华侨出版社，2012.9（2024.1 重印）
ISBN 978-7-5113-2873-1

Ⅰ．①清… Ⅱ．①姜… Ⅲ．①历史人物—生平事迹—中国—古
代—通俗读物 Ⅳ．① K820.2—49

中国版本图书馆 CIP 数据核字（2012）第 205815 号

●清廉美名千古传：说说历史上那些清官们

编　　著：姜若木
责任编辑：崔卓力
版式设计：丽泰图文设计工作室 / 桃子
经　　销：新华书店
开　　本：710 mm × 1000 mm　1/16 开　印张：16.5　字数：238 千字
印　　刷：三河市嵩川印刷有限公司
版　　次：2012 年 9 月第 1 版
印　　次：2024 年 1 月第 3 次印刷
书　　号：ISBN 978-7-5113-2873-1
定　　价：48.00 元

中国华侨出版社　北京市朝阳区西坝河东里 77 号楼底商 5 号　邮编：100028
发 行 部：（010）64443051　　　　传　真：（010）64439708
网　　址：www.oveaschin.com　　　E － mail：oveaschin@sina.com

如果发现印装质量问题，影响阅读，请与印刷厂联系调换。

前　言

　　细数历史上的那些风流人物，有雄才大略的深宫帝王，有德高望重的文臣武将，亦有满腹经纶的风流才子，更有一朝恩宠红颜渐老的后宫嫔妃，文功武略不输须眉的女中丈夫，锦心绣口沦落风尘的绝色佳人。随着时间的流逝，历史在前进，朝代在更迭，然而这些在人们心中留下深刻印象的人不会被历史的洪水淹没——

　　几千年来，不管朝代怎样更迭，总会出现一些"俯首甘为孺子牛"，得到人民敬仰爱戴并以各种方式加以纪念传颂的清官廉吏。比如汉朝的杨震、唐朝的魏征、宋朝的范仲淹、明朝的海瑞等都是封建社会历史中比较典型的廉政代表。他们但凡为官一处，便能奉公守节，一心为民，在浑浊污秽的官场氛围中独树一帜。

　　读史以明志，察古而鉴今。封建社会的清官虽说都是统治阶级统治下层人民的代表，是为维护封建社会的统治服务的。但相较于那些贪官污吏来说，他们对社会历史的发展产生了一定的积极影响，为人们所称道；他们廉洁奉公、公正执法的一面，对现代社会的法治、廉政建设仍有着学习、借鉴的意义。

　　既然是为封建统治阶级服务的，那么所谓清官就一定有共同的品质特征，即忠君、爱民、清廉、刚直、重孝。这些清官们无一例外地对自己的顶头上司——皇帝忠心耿耿，不管何时何地，其做事的中心思想就是维护皇权及其专制统治；在忠君的前提下，他们爱民如子、兴除利弊、发展生产，赢得了百姓的爱戴；当时的体制下官员们的俸禄极低，如果没有贪污受贿的行为，就必然清贫有加，这就造成了当时的清官们"清廉"的共同特点和必然结果；要一心为民，就必然会与权贵、恶吏站在对立面上，不妥协和不放弃让他们保持了刚直正义的品格；孝则是历代官员最普遍、最基本的道德素养，无数清官用他们的亲身经历告诉我们，尽孝是一个成大事的贤者必须要做的事。

廉政建设从来都是文化建设中的重中之重，为了从历史文化方面更好地体现清正廉明的文化思想特征，编者以严肃谨慎的态度从多种资料中搜集整理并讲述了十位特征鲜明的"清官廉吏"的生平。

全书内容翔实丰富，叙述生动流畅，融历史性、知识性和思想性于一体，充满活力，耐人寻味。

第一章

洁清自矢——关西孔子杨震

杨震，字伯起，东汉弘农华阴（今陕西华阴）人。他博学多才，曾开坛讲学20多年，对《四书》《五经》造诣尤深，被人誉为"关西孔子"。50岁时接受大将军邓骘的征辟而出仕为官。历任荆州刺史、东莱太守、涿郡太守、司徒，直至宰相，民间赞誉极高。史书上说他"怀王臣之节，识所任之本"，在当时十分有名望。

第二章

高风铁骨——东汉贤人第五伦

第五伦，字伯鱼，是战国时期齐国田氏的后裔。他为人憨厚淳朴，早年曾当过乡啬夫和京兆尹的主簿，后来被举孝廉，光武帝刘秀任命他为扶夷（今湖北武冈）县令、会稽郡（今江苏苏州）太守、蜀郡太守。章帝刘炟即位后，第五伦被调入中央任司空，成为"三公"之一。

第三章

命世之才——风范良相房玄龄

房玄龄，字乔，是唐初杰出谋臣，大唐"贞观之治"的主要缔造者之一，被称为一代良相。房玄龄出身书香世家，智能高超、功勋卓著、地位显赫；他随秦王征战十多年，是终生"效父清白"的饱学之士，辅佐太宗二十载，稳任首宰。为相期间，他善用伟才、敏行慎言、自甘卑下、常行让贤，堪称一代勋臣。

第四章

千秋金鉴——帝王人镜魏征

魏征，字玄成。巨鹿人，唐朝政治家。贞观时期任谏议大夫、左光禄大夫，封郑国公，以直谏敢言著称，是中国历史上最负盛名的谏臣，享有崇高的声誉。他被唐太宗李世民尊为雕琢"美玉"的良工、矫正己过的"人镜"，而世人则把魏征誉为"一代名相"和"千秋金鉴"。魏征作为中国封建社会最负盛名的杰出的谏官代表，忠心辅国，犯颜直谏，获此殊荣实在是当之无愧。

第五章

忧怀天下——九全之才范仲淹

范仲淹，字希文，汉族，苏州吴县人，唐宰相范履冰之后。北宋著名的政治家、思想家、军事家和文学家，世称"范文正公"。他为政清廉，体恤民情，刚直不阿，力主改革，屡遭奸佞诬谤，数度被贬。1052 年（皇祐四年）五月二十日病逝于徐州，终年 64 岁。是年十二月葬于河南洛阳东南万安山，谥文正，封楚国公、魏国公。朱熹对他赞誉极佳，称他为"有史以来天地间第一流人物"！

第六章

铁面无私——公义之神包拯

包拯，字希仁，宋庐州合肥人。天圣朝进士出身，初授大理评事。宋康定元年，由天长县令调任端州知州；皇祐四年，任龙图阁直学士，人称包龙图；嘉祐元年任开封知府。后任京官枢密副使。嘉祐七年病逝任上，终年64岁。死后追授礼部尚书，谥号"孝肃"。包拯做官以断狱英明刚直而著称于世。知庐州时，执法不避亲党。在开封时，开官府正门，使讼者得以直至堂前自诉曲直，杜绝奸吏。立朝刚毅，京师有"关节不到，有阎罗包老"之语。后世人们则把他当作清官的化身，称他为"包青天"。

第七章

绝世奇才——改革大师王安石

王安石，字介甫，号半山，北宋抚州临川人，中国历史上杰出的政治家、思想家、文学家、改革家。唐宋八大家之一，在文学方面具有突出成就。其诗"学杜得其瘦硬"，擅长于说理与修辞，善于用典，风格遒劲有力，警辟精绝，也有情韵深婉的作品；著有《临川先生文集》。去世后获赠谥号"文"，封荆国公，世人又称其为王荆公。

第八章

真骨傲霜——旷世奇才苏轼

　　苏轼，眉州人，字子瞻，又字和仲，号"东坡居士"，北宋著名文学家、书画家、诗人，豪放派词人代表。其诗、词、赋、散文，均成就极高，且善书法和绘画，是中国文学艺术史上罕见的全才，也是中国数千年历史上被公认文学艺术造诣最杰出的大家之一。其散文与欧阳修并称欧苏；诗与黄庭坚并称苏黄，又与陆游并称苏陆；词与辛弃疾并称苏辛；书法名列"苏、黄、米、蔡"北宋四大书法家"宋四家"之一；其画则开创了湖州画派。与其父苏洵、其弟苏辙合称"三苏"。

第九章

清正廉洁——反腐利剑海瑞

　　海瑞，字汝贤，号刚峰，海南琼山府城人，明代有名政治家。他一生经历嘉靖，隆庆、万历三朝，以刚正不阿、清正廉洁著称于世。海瑞自幼攻读诗书经传，博学多才，嘉靖二十八年中举入仕。初任福建南平教谕，后升浙江淳安和江西兴国知县。在任期间，推行清丈、平赋税，并屡平冤假错案，打击贪官污吏，深得民心，被后人誉为"海青天、南包公"。

第十章

放眼世界——民族英雄林则徐

林则徐，字元抚，又字少穆、石麟，晚号俟村老人、瓶泉居士等，福建省侯官人。是中国清朝后期政治家、思想家和诗人；官至一品，曾任湖广总督、陕甘总督和云贵总督，两次受命为钦差大臣；鸦片战争时期林则徐主张严禁鸦片、抵抗西方资本主义侵略，坚持维护中国主权和民族利益，缴获和焚毁大批鸦片，并粉碎了英国侵略者的多次武装挑衅，表现了伟大的爱国主义精神。史学界称林则徐为近代中国"开眼看世界的第一人"。

第 一 章

洁清自矢
——关西孔子杨震

　　杨震，字伯起，东汉弘农华阴（今陕西华阴）人。他博学多才，曾开坛讲学20多年，对《四书》《五经》造诣尤深，被人誉为"关西孔子"。50岁时接受大将军邓骘的征辟而出仕为官。历任荆州刺史、东莱太守、涿郡太守、司徒，直至宰相，民间赞誉极高。史书上说他"怀王臣之节，识所任之本"，在当时十分有名望。

华山骄子，关西师圣

杨震年幼丧父，但是勤奋好学，孝母抚弟，自尊自爱，自立自强，在家乡留下了不少故事与佳话。

由于父亲杨宝不愿入仕为官，躲避朝廷征召，全家搬进了华山的牛心峪，过着与世隔绝的隐居生活。杨震未成年时，杨宝就去世了。他少年就开始耕读之业，不仅要奉养年迈的母亲，还要供养年幼的弟弟杨衡，更要研读经书，传承家学。贫寒的物质生活，恶劣的生存环境，不仅没有夺去杨震好学上进的志气，反而激励他更加刻苦用功，博览群经。

有一次，杨震去山上砍柴还带着书，中午休息时，坐在一棵大树的树杈上看书，看到入迷时，异常兴奋，以为坐在地上，立即站起来读，结果从树上掉了下来，摔得头破血流。他却不知痛疼，捧起书本继续朗读。杨震喜欢看书学习，已达到痴迷的程度。

杨震不仅爱好学习，而且对年老的母亲、年幼的弟弟也非常关心。每到春天，青黄不接时，家中余粮不多，杨震往往把粥菜这些较好吃的饭，奉给母亲与幼弟，而自己则以野菜充饥。有一次母亲有病，杨震在老中医的指点下，亲自到山上采药，熬药伺服，母亲身体很快就好了。杨震少年时，好学至孝，品学兼优的事迹，闻名邻里。

杨震的父亲杨宝，因世道太乱，无心出仕做官，专心研究《尚书》学，一生在华山牛心峪过着亦农亦教的隐居生活。

成年后，杨震禀承父志隐居授徒，教书育人，再把自己所学所悟传授他人。首先就教于其父杨宝所创办的牛心峪学馆。牛心峪位于华山仙峪的东侧，该峪树林茂密，山清水秀，环境幽雅。杨震开始收徒讲课，有教无类，广收贫寒人家的子弟，四方求学者络绎不绝，学生最多时，达上千人，学馆如市，书声朗朗，因牛心峪学馆周围广植槐树，故牛心峪学馆又称槐市学馆。杨震治学严谨，教书育人，以清白正直仁义为要，教风端正，讲学认真。杨震不仅给学生传授书本知识，还教给学生自立自强、自尊自爱的做人道理。他的治学精神、高尚情操被后世誉为"槐市学风"。有人赞誉杨震的为师品德，像槐花一样洁白无瑕。

杨震开馆讲学，为人师表，不仅给学生传授书本知识，还教学生自立自强的做人道理，且自己以身作则。杨震担任的教师职业，相当于现在的民办教师，既要教书，又要种地，亦农亦教，耕读相兼。相传，当时学生们看到老师既要讲课，又要种地，非常辛苦，就偷偷到田里帮他种庄稼。而性格耿直的杨震为了使学生专心读书，不要越位，过早地考虑别人的事情，就把学生帮助种的禾苗拔了，另行栽种，打消学生再产生耽误学习时间，而帮助老师干活的念头。杨震认为耕种是老师践行自立自强生活的个人行为，蕴含着老师的荣誉和自尊。另一方面，他要让学生明白做人，不能随便接受别人的恩惠，要自尊、自立、自强的道理。自己种田供养母亲是做儿子应尽的本分，这是不能由他人代劳的，否则会落得不孝的骂名。杨震以实际行动教育学生要自立自强，自尊自爱。

东汉驼车

由于杨震教书认真，常常无暇兼顾地里的庄稼。别人的地都种完了，他才开犁，别人的粮食开始晾晒了，他的庄稼才开割，误农时，收成不好。邻里们看不过去，经常有人送些粮食接济他家。而杨震不管是谁送来的，一律如数退还，村中邻里不收。杨震想出一个办法，凡是有人给他家送粮食，他就整天只吃一种叫蕨的野菜，而不吃邻里送的面食，多次因营养不良而晕倒。邻里知道他退粮的心意已决，绝不愿意接受任何人的周济，只好把送到他家的粮食取回。这样杨震反而高兴起来了，也精神起来了。杨震自己为人师表，身体履践，言行一致，自立自强，堪称师界楷模。

暮夜拒金，留名青史

杨震的学问人品并没有被他的谦逊所遮盖。权倾朝野的大将军邓骘听说了他的道德文章，于是连升三级的官运降到他的头上。这次他再也无法拒绝，于是被动地步入仕途后，他开始扮演生活中的另一类角色。关于杨震何以骤然飞黄腾达，人们曾给这个升迁杜撰了一则颇为浪漫的神话。说杨震年近五十的一天，当正给学生们授课时，忽然一只戴冠形羽毛的冠雀嘴里衔着三条鳝鱼飞落在教室门前。役人把鱼拾起来，对杨震说：鳝鱼黑底黄纹，是大夫服装上的标志，而这只冠鸟一下子叼来三条鱼，杨先生，您从此以后要交官运了。对这种善意的附会杨震只是报以不经意的微笑。可时隔不久，他真的被邓骘征辟举荐为茂才了。先为襄城令，后升为荆州刺史，又转任东莱太守，从此开始了他的清官生涯，演绎出一个个动人而又令人深思的故事。这其中，最广为传颂的，便是"四知"——天知、神知、你知、我知，那个令人感叹不已的故事：

杨震升任东莱太守，由荆州前去赴任，途经昌邑，当时的昌邑令是王密。王密是杨震在荆州任上时所举荐的茂才，当他听说恩公杨震要经此路过，出于友情、感恩和其他方面的考虑，王密打算送给杨震金十斤。送礼的行动是在夜幕之下进行的。看到老朋友的如此行为，杨震当时很吃惊，他说："作为老朋友我很了解你王密，可是你却不了解我，这是为什么？"王密边往外掏金子，边说："没有关系，现在是夜深人静之际，没有谁知道的。"可杨震却说："这件事天知、神知、你知、我知，怎么能说没有谁知道呢？"一番话把王密说得羞愧得无地自容，收起金子回去了。

"四知"故事仅仅是杨震为政清廉的一个典型事例。事实上，在他的官场生涯中，这类事情是数不胜数的。无论是在东莱还是在后来的涿郡太守任上，他都清正廉明，决不接受私赂。他的子孙们也都以他为模范，平日总是吃最普通的饭菜，出门的时候也不坐车，而是像一般的百姓那样安步当车。一些老朋友想帮助他谋取些土地房屋，他也总是坚决不允。杨震有自己的一定之规，这就是自祖先以来形成的以清白立世的人生价值观。他常对那些希望他有田有屋的朋友们说："假如后世人称我的后代为清白子孙，把这样的遗产留给子孙不也是很丰厚吗？"

布衣宰相，清正无畏

靠着祖传的家风和严格的自律，杨震在当时那个贪鄙横行、黑暗昏庸的社会氛围里入污不染，鹤立鸡群。在杨震的眼里，清白的人品比土地和房产要贵重得多。这种价值观是建立在他视自身与社稷为一体的人生观上。自汉武帝定儒学于一尊后，士人便逐渐地失去了个性，而形成群体的生命价值观，即生命的目的在于为国为君，受君之重位，则竭诚尽忠，死而后已。对于这样的思想意识我们可以名之曰"循吏心态"。具有如此心态的臣子，通常对于皇帝和国家在感情上是亲近的，一心一意要为这个国家的巩固与强盛尽力，而忽略或根本不考虑自身的利益，只把自己当作一个天经地义为朝廷效力的工具。

如果说，这些鞠躬尽瘁的臣子竭力事奉和辅佐的是一个近贤远佞、惩恶扬善的君主，则为臣的这种努力应是顺理成章的；如若他们所奉事的政权已然倾颓，上位者昏庸无道，忠奸不辨，或奸臣当道，宦官专权，倘若在这种情况下臣子仍一如既往，无怨无悔，则就十分难能可贵了。

杨震为官的时代是汉安帝执政的前后，这段时间恰是汉代宦官擅权，朝纲紊乱的时期。持"循吏心态"的臣子已在客观情势之下纷纷放弃，转为明哲保身了，于是杨震的操守和品格便更显得突兀而崇高。

在中国封建社会的朝廷之中，官僚们往往愿意在一种"平齐"的情状下相处。"木秀于林，风必摧之"的定律使朝廷中的大忠大贤极难生存。因此许多这样的正直独立的人都悟出了类似"举世混浊，何不鼓其泥而扬其波"，"沧浪之水清兮，可以濯吾缨；沧浪之水浊兮，可以濯吾足"的道理，晦隐韬光以便自全。杨震的可敬与可悲恰在于他的清廉与无私铸就了自己的崇高，而同时又没有任何随波逐流的想法。这在那个时代实在是太引人注目了，也太令一些贪官污吏深感惭愧，让那些奸横之徒如芒在背了。因此，杨震的清廉与无私在标志了他的不同凡响之时，也为他的悲剧命运埋下了伏笔。

几十年的自我砥砺与修养，使杨震形成了清廉的作风和大忠无私的品格。这样的本质决定了杨震必定将自己的一生与朝廷和国家义无反顾地紧密联为一体。他明知竭忠谏诤必将带来不测的命运，但却仍不愿因此而苟且偷生；他明知弹劾权贵，必会遭到权贵们的打击与报复，但却仍不愿因此而退却。面对宦官专权，他上疏痛陈其害；面对汉安帝乳母恃恩骄横，他数次上书抨击。"欲为圣明除弊事，肯将衰朽惜残年。"杨震是抱定了万死不辞的决心来匡扶朝政，挽救国家的。

杨震于元初四年（117 年）进入汉中央政府，先任太仆，后转任太常卿，至汉安帝永宁元年（120 年）升为大司徒，进入封建社会的最高统治阶层。身居高位，他依然保持着固有的操守，而且愈益感到责任的重大。那种匡扶朝政，尽忠国家的努力也就更为显著。

汉安帝继位之初，因邓太后刚死，朝廷内还缺少铁腕人物控制，于是出现了短暂的权力真空状态，一些被皇帝所宠幸的人乘机横行，搞得宫廷内外乌烟瘴气，其中尤以安帝乳母王圣为甚。她凭借曾养育过汉安帝的资本，缘恩放恣，肆无忌惮。王圣的女儿伯荣也大摇大摆地在皇宫中走动，与人通奸，接受贿赂。朝中大臣们大都敢怒不敢言，然而，杨震不畏权贵，挺身而出，愤然上书。他写道：

"朝廷应把罗致贤德之人作为根本，把治理清除污秽小人作为致力方向。现在朝廷还未能在道德方面有所建树，而那些缘恩受宠的女性却充斥朝廷。尤其是圣上的乳母王圣，本来出身寒微，只因为偶然得到抚养皇帝这种千载难逢的机会。虽然她付出了一定的辛劳，但皇帝所给予的赏赐和其他恩惠早已超过了她的付出。现在她贪得无厌，没有止境，交结宫外，接受请托，并以此扰乱国家，损害玷污了清白的朝廷，其污垢使日月都蒙上了尘埃。《尚书》曾告诫我们不要让母鸡打鸣报晓，《诗经》也讽刺过哲妇丧国之事。因此朝廷应该马上将王圣赶出宫去，并严加控制，断绝王圣女儿伯荣往来宫中的道路。我希望陛下根绝婉娈之私，忍痛割舍这种不正当的爱，将心思用到国家大事上，不要随便拜官封爵，减少各地的供奉和季节性的征收……"

奏书上达以后，昏聩的汉安帝竟将它传示给王圣等内侍看。这些人本来对杨震痛恨不已，汉安帝的昏庸行为更助长了王圣一伙的气焰，伯荣越发骄淫放肆，公然跟已故朝阳侯刘护的从兄刘环通奸，刘环居然娶她为妻，还因此袭承了刘护的爵位且官至侍中。杨震非常气愤，他再一次上书皇帝，拿出高祖皇帝的训戒"非功臣不得封侯"来谏净皇帝，希望皇帝就此结束自己荒唐的举动，但安帝仍执迷不悟。时隔不久，已经升到代理太尉职务的杨震又一次跟权贵们展开了针锋相对的斗争。当时，皇帝的大舅哥耿宝想推荐李闰入朝，杨震认为这种私请不符合法定程序。他对耿宝说："如果三府辟召，应该有尚书的委状，你不按此途径操作，我决不答应！"耿宝因此怀恨在心。类似这样的事还有一起，那就是皇后的哥哥阎显也托人向杨震说情，希望得到朝廷征辟，杨震同样拒不接受。偏偏当时任司空的刘授是个没有原则的人，他不仅征辟阎显到朝，还将原先被杨震压下去的耿宝也征进朝中。十天过去了，这两人都得到提拔，他们也因此更痛恨杨震。

显而易见，杨震面对的不仅是来自权贵和奸臣们的贪赃枉法与徇情舞弊，更主要的是来自最高统治者对这种恶劣现象的纵容。这使得杨震所面临的形势更为严峻，承受的压力也因此而更大。相比之下，他对恶势力的抗争也愈加显得势单力薄。

就在杨震上书皇帝请逐王圣失败以后不久，安帝又遣使者为王圣大修宅第。一些朝中大臣如侍中周广、谢恽等也趁机修房造屋。杨震再一次起而上书，痛陈为王圣建宅第对国家的损害，同时严厉指责周广、谢恽诸人的奸险不轨，皇帝对他的上书仍不予理睬。谢恽等人看到杨震的劝谏未生效用，越发无所顾忌，甚至伪造诏书，调发司农钱粮和工匠以及木材原料来修建自己的园池庐舍。这时正好京师地震，杨震又借此上书，痛斥朝中官员的这种胡作非为。他说：

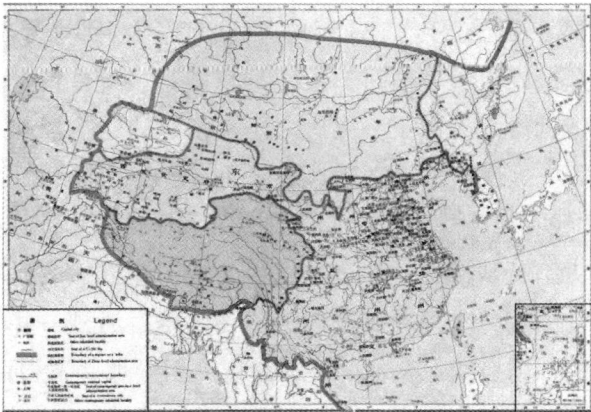

东汉时期的中国

"去年十二月四日，京师发生地震。我听老师说过：'地是阴的结晶，它应该安静地承受阳。'而现在又有地震发生，说明我们国家阴的力量太强盛了。而且地震发生的时间是戊辰，属五行中的土，其位置和中宫对应。这是宫里官员和皇帝侍臣过多地恃权用事的象征。现在您身边那些亲近幸臣并未与您同心同德。他们骄奢淫逸，违背法度调集民工和材料来大修宅第，逞威作福以谋私利。见者都议论纷纷，这是谁都听见、看见的事实，希望皇帝马上制止这种恶德败行，以平天怒。"

在那样一个时代里，囿于思想认识的局限，杨震只能借自然灾异之变，来痛陈时弊以期皇帝的警醒。然而尽管如此，汉安帝还是执迷不悟。这样，杨震既开罪于一大批佞幸近臣，也因此惹得皇帝不耐其烦。碍于他名家大儒的身份，这些人一时还找不到加害他的借口。

壮志未酬，西归弘农

延光二年（123年），河间有一个名叫赵腾的男子，见朝廷纲纪紊乱，奸臣佞幸横行，便来到京城直接给皇帝上疏，指陈朝政得失。皇帝觉得太失面子，大怒之下就把赵腾给拘捕起来，送进诏狱，以欺君罔上、谏不由途之罪判处死刑。杨震得知此事后，立即上书营救，说："我听说尧舜时代，把谏讽之鼓和诽谤之木立在门口；商朝、周朝那些哲王听到百姓的怨言都引以为戒。这样做的目的是开通言路，拨开眼前的蔽障。现在赵腾因为进谏的语言激烈一些就坐罪，实在是不合适的，请皇帝保全他的性命，以此引导那些下层百姓说些真话。"皇帝没接受杨震的劝谏，因此赵腾最后仍被判处死刑并立即执行了。

延光三年春，汉安帝东巡岱宗。樊丰等奸臣乘着皇帝出行在外，利用公款，攀比似地建造豪华府第，杨震的下属高舒召大匠令史进行调查了解，得樊丰等的假诏书。准备向皇帝报告此事，但是皇帝还在巡视地方。樊丰因为是假借皇帝命令动用国库财政，违规装修自己的房屋，都很害怕，正好有太史言星变逆行，于是利用古人迷信，害怕上天降下灾难的心理，陷害太尉杨震，说是杨震做了某种坏事，使上天要降下灾难。又说杨震对赵腾的事耿耿于怀，怨恨皇帝，还说杨震是邓骘的门生故吏，对皇帝的怨恨更深了一层。

皇帝车驾还朝的时候，要使者用计策收缴了杨震的太尉官印。杨震于是闭门谢绝宾客，怕一些无辜的人受牵连。樊丰等又雪上加霜地陷害杨震，请任大将军的耿宝打杨震的小报告，说杨震不服罪，还对皇帝存有怨恨不满之心。最后，皇帝下诏遣送杨震回老家。

杨震以七十岁的老迈之躯，西归弘农。当他艰难地走到京城西面的夕阳亭时，骤然停止了前行的脚步，满腔的愧疚油然而生，他把为他送行的诸生门人召集在一起，以悲凉慷慨的心情对他们说："死对于士人而言是人生常事，我承蒙皇帝之隆恩，位居高官，痛恨那些大奸巨滑之辈，却未能诛灭他们；厌恶宠幸之女倾乱朝廷，却未能禁止她。我惭愧，我还有什么面目看见太阳和月亮？我现在准备一死了之。我死之后，你们要用杂木为棺，用布单将我遮盖起来即可，不要埋葬我，也不要祭祀我！"说完他便掏出一瓶鸩酒，一饮而尽。杨震就这样在满含悲愤的自责中离开了人世。然而迫害还没有结束，樊丰等奸佞之臣还指使弘农太守使坏，让杨震的棺木露于道路上，还迫害杨震几个儿子。让很多观望的老百姓流下了同情的泪水。

汉顺帝即位后，樊丰、周广等贪赃枉法的奸佞都被诛杀。杨震的门生虞放、陈翼请求为杨震翻案，朝臣们都说杨震是大大的忠臣。汉顺帝下诏让杨震二个儿子当郎官，还赠送金钱百多万抚恤金。依礼改葬于华阴潼亭。远近的老百姓都来悼念这位为国为民而枉死的大清官。

潼亭永驻，四世清风

杨震一生清清白白，为学认认真真，从教兢兢业业，做人自立自强，为官清正廉洁，公道正派，到头来反遭奸党诬陷，成了政治斗争的牺牲品。但是政治形势，总是千变万化的。公元125年，安帝驾崩，阎氏外戚势力扶植的傀儡皇帝——少帝，当了一百多天皇帝就病死了，由宦官孙程等十九人发动宫廷政变，推翻阎氏，扶立顺帝刘保即位。

樊丰、周广等作为阎氏势力的同党被诛杀。杨震被冤罢官致死一事在学生虞放、陈翼的追讼下，得以平反昭雪。朝廷上的大臣都称颂杨震忠诚实在，顺帝下诏征调他的两个儿子为郎官，赏赐金钱多达百万，用葬三公的礼仪把杨震的尸骨改葬华阴潼亭，凡是知道这个消息的人们，无论远近都前往致哀悼念。

杨震的灵柩由陕县迁至潼亭以礼下葬时，许许多多的人们不约而同地前去送葬。另外天灾不断，顺帝深感杨震的冤情深重，乃下罪己诏："故太尉震，正直是舆，俾匡时政，而青蝇点素，同兹在藩。上天降威，灾害屡作，尔卜尔筮，唯震之故。朕之不德，用彰厥咎，山崩栋析，我其危哉！今使太守丞以中牢具祠，魂而有灵，偿其歆享。"还派太守在杨震墓前，供奉上猪羊祭品，祭祀杨震亡灵，以求消灾，得平安。1959 年，因建三门峡水库，渭河水位上涨，陕西省考古所对杨震墓进行了保护性发掘，出土文物存放于陕西省博物馆。2008 年当地政府批准了重修杨震陵园的规划。2010 年是杨震长眠潼亭 1885 周年，已建起缅怀学习先贤的场馆，以慰先贤的在天之灵！

杨震之死，开启了东汉后期政坛长盛不衰的政治世家——弘农杨氏，造就了一个时代的政治奇迹，赢得了后世源源不断的缅怀之情。弘农杨氏从杨震到杨彪，四世登三公位，杨家的政治辉煌世所罕见。杨震家风清正廉明，社会声誉无家可比。杨震有五个儿子，长子杨牧继承他的爵位，后来做到富波相。杨牧的孙子杨奇，汉灵帝时，被任命为侍中。杨震的小儿子杨奉很有才学，其子杨敷早死，孙子杨众传承家学，在汉献帝时，官至御史中丞。杨里、杨让亦有事功但不显赫，唯杨秉一脉最为荣光，秉承家学清风，数代位列公卿。

杨震的三儿子杨秉最得家学真传。杨秉不仅精通《尚书》学，还懂得《周易》学。他常年隐居，以教授门徒为生。四十多岁的时候，应司空的征辟，开始仕宦生涯。先后拜侍御史，出任豫、荆、徐、兖四州刺史，后迁为任城相。杨秉自从做了刺史后，按天计算自己的俸禄，到任后绝不多收一天的薪水。他的门生中有高升的，曾送给他数以万计的钱财，他闭门不受，廉洁奉公，不辱家风。但其仕途坎坷，屡升屡降，升因忠贞耿直，深得百姓心，降则因犯颜进谏，不得皇帝心。

延熹五年（162年）被贬的杨秉再次被起用出任太尉。当时宦官专权任人唯亲，朝野怨声载道，杨秉同司空周景联名上书，请求彻查官员的优劣，凡是不能胜任的一律罢免。桓帝接受了他们的建议，于是有五十多人或免官或者处死，震惊天下，使吏治稍见清明。

中常侍侯览的弟弟侯参为益州刺史，罪行累累，致使民不聊生，杨秉奏免了他的职务，并要求司法部门把侯参从益州押解到京城洛阳。在路上，侯参畏罪自杀。杨秉认为侯参的后台其哥哥中常侍侯览和中常侍具瑗，没有被清除。杨秉上疏要求调查侯览和具瑗，清除宫廷。尚书就诘责太尉杨秉："太尉是外官，中常侍是内官，两者本来互不干涉，如今外府弹劾内官，只怕不合旧制吧。"杨秉却回复道："《左传》里晋文帝的一个贤臣寺人披说过'除奸务尽，而且臣子必须全力以赴。'按照汉朝的先例，三公无所不管，我作为三公之首，为什么不能弹劾内府？"结果尚书无言以对，在杨秉的坚持下，侯览被免官，具瑗被削除了封地。面对大臣违法乱纪的事情，杨秉据理力争，很有当年杨震的风范。

杨秉生性不喜欢喝酒，又早年丧妻，也没有再娶。他曾说："我不受三样东西的迷惑，酒、色、财。"他的"三不惑"与其父杨震的"四知"精神相映成辉。"三不惑"也被《辞海》作为词目收录，但杨秉寿终，桓帝特批准他入葬皇陵。杨秉虽仕途坎坷，其结局远远胜过父亲杨震。

杨秉的儿子杨赐，字伯献，秉承家学，自幼好学，成人后不以做官为乐，长期隐居，聚徒讲学，后来被征辟入仕。杨赐因精通《尚书》，建宁初年，就担任灵帝的老师，杨赐为官也是屡任屡免。杨赐一生，曾两任司空，两任司徒，一任太尉，包揽了三公要职，这不仅重新书写了杨家的光荣，也是汉代政治史上，绝无仅有的。死后，汉灵帝为他废朝三天，亲自为他服丧，并赐给杨家钱财三百万。在他下葬时，又令百官都参加葬礼。他的屡任屡免，也是因直言敢谏而任，又因直言敢谏，犯帝颜而被免。

杨赐的儿子杨彪，也颇能传承家学，最初举为孝廉，后任司空、司徒。杨彪仕途也极其坎坷。因力保汉刘江山，而遭董卓、曹操的阴谋暗算。建安三年（196年）汉献帝被曹操迎到许昌，曹操以杨彪同袁绍是儿女亲家，有阴谋叛乱之嫌，将杨彪下狱。大臣孔融听说后，指责曹操："杨公四世清德，海内所瞻，如若杀了他，谁还会跟你干！"曹操不得已，只得把杨彪放了。后来杨彪的儿子杨修，因为恃才旷放，被曹操杀害。

曹操死后，曹丕篡汉称魏文帝，想让杨彪做太尉，杨彪坚决拒绝。最终于黄初元年（225年）去世，享年八十四岁。自杨震至杨彪，四世三公，杨家子孙传承家学，坚持家风，德业相继，继踵宰相，真应了那句老话："积善之家，必有余庆。"

东汉时期，中央实行三公九卿制，太尉、司徒、司空称三公，是辅佐皇帝的大臣。杨震一家，自杨震入仕，到杨秉、杨赐、杨彪四代都干到了三公的位置。这同其精忠报国的理想，清白正直的家风，好学多识的学风，为人师表的品德分不开。东汉后期，弘农杨氏成为最有影响的政治世家。杨震的精神不仅影响着自己的后代，而且对中华民族的历史发展起到了重大的促进作用，他的文化不仅是杨氏的，而且是民族的、国家的、社会的、人类的精神财富。

第 二 章

高风铁骨
——东汉贤人第五伦

第五伦，字伯鱼，是战国时期齐国田氏的后裔。他为人憨直朴实，早年曾当过乡啬夫和京兆尹的主簿，后来被举孝廉，光武帝刘秀任命他为扶夷（今湖北武冈）县令、会稽郡（今江苏苏州）太守、蜀郡太守。章帝刘炟即位后，第五伦被调入中央任司空，成为"三公"之一。

少年意气，乱世起家

"第五伦"这个名字初听起来有些怪，以序数词为姓，不知后世的《百家姓》中是否还有。不过这姓氏乍一接触，便是给人一种憨直质朴的感觉。好像是顺手拿来，就那么随随便便地用了。

姓氏于中国人绝不仅仅是一个代号，它还代表着门第、家族、荣辱、权位等。不然，赵太爷怎么不准阿Q姓赵呢？在封建皇权天下的时代，一个姓氏便是一个国家的代表，皇帝高兴时，会将自己的姓氏赐予异姓，以示恩宠。反之，姓氏有时也会与耻辱沾边，宋代秦桧残害忠良，为后人所不齿，于是有秦姓后裔写诗说，"我到墓前愧姓秦"。而如果说"第五伦"这个名字与用这个名字的人有什么特别关系的话，那就是人如其名一样的憨直朴实。

第五伦，字伯鱼，东汉京兆长陵（今陕西咸阳东北）人。他的祖先是战国时齐国的田氏。田氏在西汉初迁徙至皇帝园陵的很多，便以迁徙次序为姓，不复姓田。田氏在齐国是望族国姓，祖上自陈国逃出来，后经几代人励精图治，不仅站稳了脚跟，而且相继打败了齐国原有的贵族，最终掌握了国家政权，把姜齐变成了田齐。可不知为什么，就这么轻易地把个田姓放弃了，改用了这么个随随便便的姓氏。

第五伦年少的时候便耿介而豪气，那是属于年轻人的朝气，也是年轻人的自信和对未来的一份憧憬。很快地，他在乡亲们中间就有了一定的号召力。

西汉末年，土地兼并加剧，百姓流离失所，阶级矛盾激化。公元8年，外戚王莽乘机夺取政权。之后，王莽试图限制土地兼并，缓和阶级矛盾，但不仅未见成效，反而加剧了各种矛盾，终于导致了大规模农民起义。

乱世是灾难，也是机遇。

西汉天凤五年（18年），琅琊人樊崇聚众百余人在莒县起义，民众纷纷响应，队伍很快就发展到几万人。他们把眉毛涂成红色，称为"赤眉军"，与同时期的湖北绿林军、河北铜马军一起奋起反抗王莽暴政，打击地主豪强势力。

战火波及到了第五伦所在的乡里。兵荒马乱之中，同姓宗族及邻里乡人争相投奔第五伦，以求得到他的庇护。第五伦把乡里人组织起来，在险要处修筑堡垒，率众坚守自卫。先后有铜马、赤眉的军兵数十部围攻他们，都无法攻克。第五伦也就因此树立起了自己的声望。

起义军最终以暴力推翻了王莽政权，但胜利的果实却落到了刘秀的手中，东汉政权建立。

天下安定后，第五伦开始以营垒首领的身份去见本郡长官鲜于褒。鲜于褒很欣赏他的才干，就留他做了自己的属吏。尽管是属吏，但也算正式入了仕途。后来，鲜于褒因过失降职为高唐县令，临行时，他握着第五伦的手告别说："只恨与你相知太晚。"

倡廉抑贪，知人善任

历史上的清官廉吏，无不是些能切实为百姓谋利益的良吏，能真正为江山社稷着想的忠臣。他们中的有些人，凭借自己的为人、政绩所获得拥戴和声誉，使那些企图诋毁诬陷他们的人难以得逞。即使时常遭人忌恨，甚至被皇帝怨怼，却仍能稳居官位，寿终正寝。第五伦就是一位有这样仕途命运的清官。

第五伦的官场生涯是从基层开始的。鲜于褒调任高唐县令后，第五伦也离开郡府回到家乡，担任掌管诉讼、赋税的乡官。这虽是个公务繁杂的差使，第五伦却干得兢兢业业，尽职尽责。他为人们均平徭役赋税、调解纠纷、消除仇怨，以办事公平合理而深得人们信任。这种又忙又累的基层工作，第五伦一干就是几年。

建武二十七年（51 年），第五伦被推举为孝廉，补淮阳国医工长。两年后，他随淮阳王到京师，见到当朝皇帝刘秀，深受赏识。刘秀随即任命他为扶夷（今湖南武冈东北）县令，尚未到县任职，又有诏令拜他为会稽郡太守。

第五伦在其位，谋其政，敢做敢为。只要是认准了对百姓有利的事，他就一干到底。

会稽素有迷信鬼神的风俗，各地滥设祀庙，盛行用龟甲和蓍草占卜问卦。民众还经常杀牛祭神。当地流行一种说法，如果谁杀牛吃肉而不敬献神祠，那么他就会生病，临死时就会发出牛的叫声。百姓因此不敢不杀牛祭祀。仅此一项，每年就要耗费大量资财，而且滥杀耕牛也直接影响到农业生产，百姓生活越发贫困。但是，慑于民间习俗的压力，先后几任郡守都不敢禁止杀牛祭祀。第五伦到任后了解到这一情况，随即向各属县发布文书，严令禁止此类劳民伤财的迷信活动，明确告知百姓，凡是巫婆神汉有依托鬼神诈骗恐吓百姓的，一律捉拿问罪。对于胡乱杀牛的人，官吏必须查实处罚。一开始，老百姓都很恐惧，害怕因此招惹灾祸。有的巫婆神汉也乘机诅咒造谣，反对法令。但是第五伦不为所动，反而追查得更紧。渐渐地，人们意识到，不杀牛祭祀也不见灾祸降临，谣言不攻自破，人心逐渐安定下来。长期流行的陋习得以革除，百姓过上了安定的日子。第五伦也在当地树立起了威信。

明帝永平五年（62 年），第五伦因事受牵连，被征召入京。郡中百姓不分老少，纷纷上路阻留，沿途攀着车子，扣住马缰，不放第五伦走。第五伦没有办法，只好假装在亭舍休息，却暗中乘船离开了。百姓知道后，又跑到河边追赶。直到京师洛阳，第五伦被送到廷尉（中央司法部门）听候处理，仍有千余名官员、百姓上书朝廷，为第五伦喊冤求情。明帝对此深感不安，下诏给公车司马令，让他不要再接受为第五伦申诉的上书。后来，碰巧明帝前往视察廷尉监狱，省视犯人的罪状记录，才知道第五伦确实冤枉，于是将他释放，让他回到乡里。

试想，如果第五伦不为百姓谋利益，怎能得到百姓的拥戴？而如果没有百姓在他蒙难之时冒死为之请命，第五伦的仕宦生涯怕是早已画上句号了。可见，沉浮于宦海的人，命运既在他人手里，也掌握在自己手中。

鉴于第五伦在任时的才干和政绩，数年后，又被朝廷重用起来，任命为宕渠（今四川渠县东北）县令。四年后升任蜀郡（今四川成都）太守。蜀地天府之国，土地肥沃，物产丰富。郡府中的属吏从官，有的人家财已累至钱千万。不少人乘华丽之车，骑肥壮之马，以财货拉关系入仕，让自己的家族显贵。第五伦到任后，将其中的富吏全部裁减，另选清贫正直的有志之士替代。于是侈靡浮夸之貌大为改观，行贿受贿之风被遏制。官员人人职责明确，吏治焕然一新。

第五伦还将部下属吏中德才兼备的人向上推荐，多数官至郡守及中央九卿一级。人们十分佩服他善于发现人才、举荐人才的能力和心胸。乡官玄贺就是由第五伦举荐的。他先后任九江郡、沛郡太守，以清正廉洁著称，只要是他所治理的地方，腐败奢侈的风气就会有所改观。最后在大司农任上去世。

治蜀七年，第五伦政绩卓著。汉章帝继位后，将他调至中央担任司空。

第五伦在会稽、蜀郡的所为，代表了清官的为政准则和行为取向。清官的核心是“廉”。作为一种美好的品格和一种精神力量，“廉”支配着清官的各种公私活动。表现在政治生活中，就是“革奢务俭”“省浮费，去奢靡”和“为政宽惠”等。

奉公尽节，为圣为贤

与清廉共生的，是对于贪赃枉法、以权谋私、侵害百姓等不廉行为的愤慨、抨击和整治。

陈留县令刘豫、冠军县令驷协都是以暴虐凶残的方式来治理百姓的。他们处理政务时，一心想着诛杀，百姓困苦不堪。第五伦对这样的昏官向来痛恨至极，决心彻底整治他们。他上疏说："不应只是将刘豫、驷协治罪，还应当谴责举荐他们的人。如果能一心进用仁德贤良的人，委任以政务，用不了多久，风俗自然就会改变过来。"

他还援引前朝覆国的教训，劝诫皇上宽政爱民。他说：

臣下曾读史书和记载，知道秦朝因为用法严酷急迫而亡国，又亲眼目睹王莽因为法令苛刻而自我毁灭，所以施政勤勤恳恳，就在于防止重蹈他们的覆辙。又听说诸王、公主、贵戚，骄奢僭越国家制度，京城中尚且这样，又怎么能限制外地人呢？所以说，"自己不端正，虽有命令也无人执行"。以身作则进行教育，别人就愿意服从；以言论教训别人，则容易引起争论。阴阳调合了，才会获得丰收；君臣一心，教化就能形成。

这些都是很大胆的话，但是第五伦却怎么想就怎么说。在他看来，只要真心为江山社稷着想，就不必有所顾忌。事情就是这样，有时臣下过于为自己着想，畏首畏尾，反而会招人唾弃。清官廉吏憎恶昏聩庸碌的官吏，其出发点是保民，更是为保江山社稷。正是基于这点，当他们弹劾达官贵人，乃至皇亲国戚时，才能有足够的勇气和能力来保护自己不因此而受到伤害。

第五伦弹劾马廖就是一例。

汉章帝因为明德太后的缘故，尊崇皇舅马廖，让他们兄弟都居于要职。马廖也有意与达官显贵交往，官员士大夫争相前往依附。第五伦认为太后家族势力太盛，便想让朝廷压抑削减他们的权力。他上疏说："臣下听说忠言不用避讳隐瞒，直臣不逃避迫害。臣下不胜狂妄，冒死上疏表白意见。"

他引经据典，又以先帝之为警示当朝。他说：

《尚书》说："臣下不应作威作福，否则将使自家受害，国家也会受损。"近代的光烈皇后，虽然非常亲爱自己的家人，但终于让兄弟阴就回到自己的封国，流徙和赶走阴兴的宾客。此后，梁家和窦家都有人犯法，明帝即位之后，多加以诛杀。自此以后，洛阳城中不再有手握大权的外戚，连通过书信请托的事也没有了。而今，议论又集中在马家。我听说卫尉马廖以三千匹布，城门校尉马防以三百万钱，送给三辅的大夫，不论是否相识，无不赠送。还听说在腊祭之日，又送给洛阳每个士人五千钱；越骑校尉马光，曾在腊祭时用去羊三百头、米四百斛、油五千斤。臣认为这不符合经义，心中惶恐得不敢不向陛下报告。陛下本心是厚待他们，但也应该设法保证他们的安全。臣下今天说这些话，实在要对上忠于陛下，对下保全外戚之家，请陛下检省裁决。

当马防任车骑将军，准备出兵征讨西羌时，第五伦又上疏说，对外戚可以封侯使他们富贵，但不应当任命官职，委以重任。希望圣上对外戚严加管束，防患于未然。

第五伦的这些意见虽未被采纳，但也没有由于弹劾皇亲国戚而招来祸患，反为自己赢得了刚烈耿直、奉公尽节的美誉。

如果说清官在政治生活中多表现为革奢务俭，宽惠爱民，那么在个人生活中则是"志行修洁""自奉简约""固守清俭"。这已成为历代官吏清赃与否的标志。人们看重清官，与其说是因为他的政绩，不如说是因为他的操守。后者更能倡导一种风气，为社会树立一个榜样，让人民看到些希望。

纵观中国历史，虽高官厚禄但在个人的生活上仍能固守清俭的官吏大有人在。这是他们人生的准则，也是他们立身的保障。

春秋时期，鲁国贵族季孙行父历宣公、成公、襄公三世为相，执掌鲁国大权。他精明干练，在政治、军事、外交方面都展示出了杰出的才华，为鲁国强盛作出了重大贡献，也为自己带来了显赫的名声。但就是这样一个久居权位的重臣，家中竟无衣帛之妾，食粟之马，更无金玉等贵重财物。他死后，鲁国国君亲往看视，见季孙氏家臣仅以其日常用具作为随葬品，并无任何豪华奢侈之物，大为感慨。《左传》借君子之口称他为"忠"的楷模。还有齐国的晏子，他辅佐景公重振齐国，但自己的住处却"近市，湫溢嚣尘"，出门仍旧是"老马旧车"，以致司马迁为之感慨道："假令晏子尚在，余虽为之执鞭，所忻慕焉！"凡此等等。在这些良相身上，无不表现了个人生活的廉洁自律。他们是否是第五伦直接的榜样，不得而知，但他们的品格和精神确实为第五伦所继承了。

从传统上看，像第五伦这样的官吏，以廉洁为立身之本，是有其历史渊源的。

《周礼·天官·冢宰·小宰》篇里，就有对为官清正的明确要求：

汉代宫廷图

"以听官府之六计，弊群吏之治。一曰廉善（善于行事），二曰廉能（较好贯彻法令），三曰廉敬（尽职守责），四曰廉正（品行方正），五曰廉法（有法必依，执法必严），六曰廉辨（明辨是非）。"这六条标准都以"廉"字开头，含有要求为官者方正、俭约、清白、公道的意思，遂成为中国古代为官的一般原则。其原则精神在封建社会里，长期被历代统治者中的一些人所沿袭，尤其是个人生活的修洁俭朴上，几乎是共通的，否则就不能称其为清官。

历史上，官居高位而生活奢华，却被世人颂扬的，恐怕只有管仲。他辅佐齐桓公成就霸业，自己过着豪华的生活，财富与公侯相似，像国君那样饮酒欢宴，可是"齐人不以为侈"。但太史公在《管晏列传》中对他的评价的确不如对晏子那般动情，不知是否与他的"生活问题"

相关。以第五伦的贡献，把日子过好一些，想必不会招人非议。但第五伦在任期间，不仅能在地方上倡导简约之风，裁撤奢靡官吏，举荐贫寒而有节操的人担任属吏，而且自己以身作则，始终过着俭朴的生活。他虽为二千石一级的官员，仍然亲自铡草喂马，妻子亲自下厨做饭。这在当时是绝无仅有的。与第五伦同时代的南阳太守杜诗，死后贫困无田宅，以致丧无所归；蜀郡太守张堪，手中掌握的财富足可使十代成为巨富，但他离任时只乘了一辆车辕折坏的车子。与这些人相比，第五伦有相似之处，也有过人之处。他把自己每次领得的俸禄，只留下一个月的口粮，其余都低价卖给贫苦百姓。这大概就是第五伦尤其为人所敬重的原因之一。

第五伦生活在东汉初年，他既是中华民族俭约美德的继承者，也是发扬光大者。他以自己的清正廉洁为后世树立了榜样。

春秋时宋国贤臣乐喜，在拒绝别人献上的美玉时说："我以不贪的品行为宝，你以美玉为宝，我们各有其宝，这不是很好吗？""不贪"的确是无价之宝。有了它，为官能为百姓着想，事君能以国是为重，律己能以俭约为上。如此为官，于国、于民、于己都有利。

嘉言懿行，善始善终

为官清廉是立身之道，但在具体问题的处理上，也可以或者应当讲究些策略，选择些适当的方式方法，此可谓立身之术。把原则性和灵活性相统一，是智慧的表现，也是一个将目的看得重于过程的成熟政治家的标志。昔者韩信胯下受辱，忍了一时而赢得一世，不是一直被后人视为明智之举吗？

从史料上看，第五伦一直是很想做官，而且是很想做大官的。为此，他也费了些心思。

第五伦起初任乡官时，虽然工作很出色，但他认为长久在乡里，很难升迁，于是带着家人迁居河东郡。他甚至不惜为此改名变姓，给自己起了个王伯齐的名字。他驾车拉盐，来往于太原、上党之间。所过之处，都把牲畜粪便打扫干净才离去，路人都称他是有道之士。就这样过了许多年，他才再次被鲜于褒推荐给京兆尹阎兴当属臣。那时，第五伦一方面竭力把工作做好，博得百姓的欢悦支持，一方面又非常不满足于眼前的差事。他每次读诏书，都叹息说："这是圣明的君主，见他一面，便可决大事。"同僚们笑他说："你连州将都无法说服，怎么能说动万乘之君呢？"第五伦不以为然地说："那是因为没有遇到知己，道不同的缘故。"这很容易使人想起那句从欧洲走向世界的名言："不想当元帅的士兵不是好士兵。"

果然，建武二十七年，第五伦被举为孝廉，不久就跟淮阳王进京见到了光武帝刘秀，并受到赏识，很快就官至太守了。

第五伦唯一一次丢官是在永平五年。他因触犯法令被押进朝廷监狱，后碰巧因明帝视察监狱而得以免罪，放归乡里。第五伦自此躬耕田野，闭门谢客，不与官宦来往。是心灰意冷，还是等待时机？是自甘寂寞，还是韬光养晦？从他数年后欣然赴命，出任宕渠县令看，第五伦当是不甘做一辈子草民的。

但也不要因此认为第五伦是个势利小人，其实想不想做官不重要，重要的是做了官之后干什么。《后汉书》上说第五伦一心奉公，尽守节操，上书论说政事从不违心阿附。这从他"斗胆"弹劾皇太后之兄马廖兄弟和奏请将刘豫、驷协连同举荐他们的人一并治罪等行为上就可以看出。以致连他自己的儿子也经常劝他不要这样。但第五伦非但不听，反将儿子狠狠训斥了一番。第五伦任职，素以清白著称，当时的人把他比作前代的贡禹。贡禹，字少翁，以明经洁行，被朝廷征为博士。汉元帝时，累官至御史大夫。屡次上书言朝事得失，主张选贤能，诛奸臣，罢倡乐，修节俭。当时的人们把第五伦比作贡禹，可见对他的评价之高。

史书上还说，第五伦天性质朴、憨厚，没有文采雕饰，缺少威严仪表。其实，第五伦还是很会说话的。

建武二十九年，第五伦随从淮阳王至京城，与其他官属一同被接见，光武帝刘秀向他询问政事，第五伦趁机奏为政之道，光武帝非常高兴。第二天又特地召他入宫，和他一直谈到天黑。光武帝和第五伦开玩笑说："听说爱卿曾殴打岳父，不让兄长和你一起吃饭，有这事吗?"第五伦回答说："臣三次娶妻都没有父亲。少年时曾遭饥荒之苦，实在不敢随便请人吃饭。"这不卑不亢、令人忍俊不禁的回答，引得光武帝大笑，也博得了他的好感和信任。光武帝遂任命他为扶夷县令，还没到任又升任为会稽太守。

更能展现第五伦说话才能的还是他奏请限制窦宪一事。

皇后之兄窦宪掌管禁军，出入宫廷，结交四方，权势日隆。第五伦恐其势力过大，危害国家。于是上疏请求对其严加管束，目的虽然如此，但话说出来却是另一番意思。他先是用贬低自己来表白心迹："臣下以空虚无能的才质，处于辅佐陛下的职位。素来性情迟钝怯懦，却地位尊贵，爵位很高。因而遵循经典大义，暗自鞭策砥砺，即使处于百死之位，也不敢逃避。"然后话锋一转，谈及窦宪之事，但锋芒并不指向窦宪："我见虎贲中郎将窦宪，属于后妃的亲属，掌领禁卫军，出入宫廷，正值壮年，志向远大，谦卑而喜好善事，这实在是他喜欢名士并与他们交结的原因。然而那些出入奔走于外戚门下的人，大多品行不端，曾受过法令制裁，特别缺少遵守法令、安于贫穷的气节。士大夫中那些没有志向之徒更是互相吹捧引见，云集在贵戚的门下。众人一起吹气也会把山吹走，众多蚊子一起叫的声音也如同打雷一样，这就是骄横产生的原因。那些阴险谄佞、趋炎附势之徒，实在不可亲近。"这样说既陈述了事实，又不至于太刺激皇帝，是很讲究策略的。最后第五伦明白表示了要严加管束窦宪的请求，但话说出来依旧很委婉："臣认为陛下和皇后应严令窦宪等闭门自守，不得任意交结官吏士人，以防止祸患于尚未萌生之日，思虑灾害于尚未发生之时，使窦宪可以永久保住幸福和俸禄，使君臣都欢喜，没有丝毫的隔阂。这是臣下极大的愿望。"明明是要整治窦宪，说出来的话却是为他好。可是，在封建专制时代，臣子对皇上说话，不这样行吗？像第五伦这样委婉表达，充其量也就是为了在讽谏之时为自己寻求一点护身之术。

第五伦为官清正，为人诚实坦白。有人问第五伦："您有私心吗？"第五伦回答："先前有人送我一匹千里马，我虽未接受，但每次选拔举荐官员时，我心里都不能忘记此事，可是也始终没有任用此人。我哥哥的儿子常常生病，我一夜前去看望几次，回来后却安然入睡；我的儿子生病，虽然没去看望，却整夜难眠。这样看来，怎么可以说没有私心呢？"这简直就是"狠斗私字一闪念"了。清官也是人，有点私心是正常的，但他却不忙私事，不谋私利，不填私壑，这大概就是清官与贪官的区别吧。

第五伦位居三公多年，晚年接连以身老体病上疏请求辞职。元和三年（86年），皇帝批准了他的请求，终身给予二千石级官员的俸禄，加赐给钱五十万，公宅一所。此后数年，第五伦去世，享年八十余岁，皇帝又诏令赐给他安葬的秘器、衣被和钱币。

第五伦不仅自己寿终正寝，还恩及子孙。小儿子第五颉历任桂阳、庐江、南阳太守，所任职皆政绩斐然。曾孙第五种在汉桓帝时为司徒掾，兖州刺史，也以清正廉洁、敢于打击不正之风而名冠当时。

从本质上讲，清官是封建统治集团的成员，是封建制度的忠实捍卫者。当封建王朝最高统治者出于维护社会安定，整肃朝纲朝政，抑或牵制异己势力，或者干脆就是收买人心时，也会对清官重用提拔，庇护表彰。另外，清官自身的为政目的、价值取向、行为方式等，也是决定自身命运的重要因素。历史上的清官多对国家、皇上忠心耿耿，有权力而无野心，讲实干而不妄言，实际上是些用着放心、安心（尽管有时不太舒心）的臣属，只要这皇帝还不是太昏聩，心胸不是太狭窄，大多还是能够善待清官的。仅就汉代来说，像萧何、杜诗、杜宣等贤臣廉吏，都是生前权重一时，死后殊荣有加，可谓善始善终。所以像第五伦这样，自乡官起步，数年后官至太守，后位居三公多年，死后仍受封赏，也就不足为奇了。

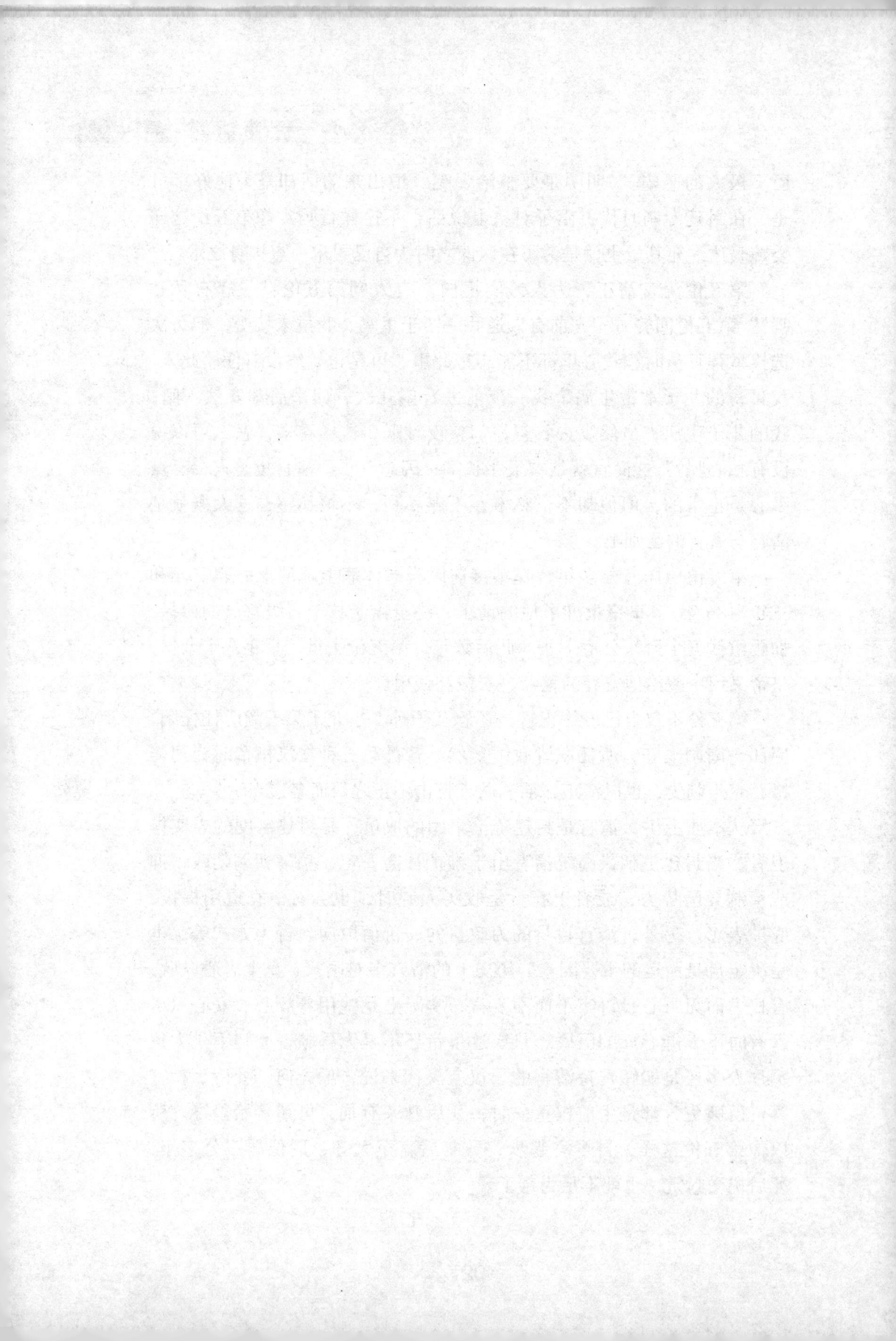

第 三 章

命世之才
——风范良相房玄龄

房玄龄，字乔，是唐初杰出谋臣，大唐"贞观之治"的主要缔造者之一，被称为一代良相。房玄龄出身书香世家，智能高超、功勋卓著、地位显赫；他随秦王征战十多年，是终生"效父清白"的饱学之士，辅佐太宗二十载，稳任首宰。为相期间，他善用伟才、敏行慎言、自甘卑下、常行让贤，堪称一代勋臣。

乱世英才，策杖谒主

房玄龄出生于一个世代为官的官宦之家。其父房彦谦，本是北齐齐州（今山东济南市）治中。北周灭北齐后，他痛惜北齐的灭亡，潜谋匡复，但未取得什么结果，便发誓不再出仕。房玄龄三岁时，隋文帝杨坚代北周而建立隋朝，此时，房彦谦正赋闲在家，无官一身轻，一家人生活得其乐融融。

开皇七年（587年），在刺史韦艺的竭力推荐之下，房彦谦不得已到朝廷赴命，这一年房玄龄刚好九岁。吏部尚书卢恺非常看重房彦谦，擢其为承奉郎，不久即升迁为监察御史。后来，房彦谦放任长葛（今河南长葛）令，大施仁德，百姓号之为"慈父"。隋文帝仁寿年间，曾遣使者巡视天下，考察官吏的政绩，结果房彦谦被定为天下第一，超授州司马。长葛县境内的所有官吏和老百姓听说房彦谦要升迁他处，便聚集在他走时要经过的大路上哭泣，说："房明府今去，我辈还活着干什么！"人民爱戴他以至于此。房彦谦离开长葛之后，老百姓非常思念他，便立碑颂德，以示纪念。这些事情，在房玄龄幼小的心灵上打下了深深的烙印，他从自己所读的史书上已明白了一些道理，明白为官一任，能受百姓如此爱戴，那是非常不容易的事情，而他的父亲房彦谦做到了，房玄龄因此更加敬重自己的父亲。

隋炀帝时期，房彦谦见天下纲常不振，便辞官归隐老家。后来，炀帝设置司隶官，盛选天下知名人士，朝廷认为房彦谦众望所归，便征授其司隶刺史。房彦谦任司隶刺史后，凡经他举荐之人，都堪称当时官吏的楷模。然而，也正是由于他的耿直清廉，才惹得当时的一些达官贵人非常嫉恨，于是他很快被排挤出朝廷，出任泾阳令。

房彦谦不但为官清廉，还是一个饱学之士，他无论为官还是赋闲在家，对子侄们的学业都非常重视，时常督促勉励他们。房玄龄自幼就聪明机警，对父亲要求自己熟读的经书，无不朗朗上口，深得房彦谦的钟爱。随着年龄的增长，房玄龄在父亲的教育下，不仅写得一笔体兼草隶的好书法，更深受父亲那恢廓闲雅的文笔影响，文章也写得字字珠玑，非同一般。

看着儿子日益长进，房彦谦的内心充满喜悦，但他并不单单教育儿子攻读学业，还经常培养儿子的品德。有一次，房彦谦对房玄龄说："人皆以官而富，我独以官而贫。我所遗留给后世子孙的，除了清白就没别的了。"父亲的一席话影响了房玄龄一生，他后来的官宦生涯，无处不体现着其父的教诲。

在房彦谦的精心培养下，房玄龄的道德文章齐头并进，在当时便很有名气。由于受父亲的影响，房玄龄以天下为己任，对于时事的评论也经常出语不凡。在隋文帝开皇年间，有一天，房玄龄悄悄对房彦谦说："当今圣上，本来没有什么功德，单以外戚的身份窃取了国家为自己所有，又不为子孙立长久之计，执意废长立幼，诸子相互倾阋，必招致祸乱。今天下貌似太平，官员竞相奢侈，大乱不久就会来了。"

房彦谦闻言大惊，急忙阻止房玄龄说："不要胡说，免得招致灭族之祸！"

房玄龄像

其实，房彦谦对房玄龄的话是深表赞同的，后来他对自己的朋友李少通也讲了一段意思大致相近的话。他说："主上性多猜忌，不听从谏言，只知道施行苛酷之政，却不想着广施仁德。而如今天下虽然看似安定，却也真的要担心祸乱的发生了。"

房彦谦、房玄龄父子，对隋文帝的弊政看得十分透彻，语出中的，后来果然应验。

房玄龄十八岁那年即公元597年，考中了进士，授官羽骑尉，校雠秘书省。年轻有为的房玄龄一进入仕途，便不同凡响。当时，吏部侍郎高孝基十分善于识人，他见了房玄龄之后，惊叹地说："年轻人是值得敬畏的，怎么就知道后一代不如前一代呢?"

隋朝末期，由于隋炀帝的残暴统治，天下大乱，群雄并起，房玄龄面对这种局面，常担忧不已。就在隋王朝分崩离析的前夜，其父在泾阳令任上过世。适逢乱世风雨飘摇，高堂又在此时离世，一时间房玄龄只觉悲痛万分，几天不吃不喝。

公元617年，李渊父子在晋阳起兵，迅速占领了关中，后来，李世民屯兵渭北。房玄龄服丧期满后，便前往渭北谒见李世民。两人相见恨晚，谈得非常融洽，如鱼得水一般，李世民便拜房玄龄为渭北道行军记室参军。自此，房玄龄有了用武之地，跟随李世民驰骋疆场，运筹帷幄，决胜千里。

公元618年，李渊建唐，李世民受封为秦王。房玄龄则官拜秦王府记室，封爵临淄侯。每次随秦王征战，其他将士争相抢夺珍宝之物，唯独房玄龄收天下志士，与之相结，使得人人愿为秦王尽死效力。李世民为此称赞房玄龄说："汉光武帝得邓禹，其门下更加亲密。今我得房玄龄，犹光武得邓禹。"

就连唐高祖李渊也高兴地说："玄龄为人机敏，每为吾儿陈事，千里之外犹如对面相语，宜当大任。"

胸怀天下的房玄龄，自从遇到李世民之后，他的奇谋智略得到充分的展示，真可以说乱世出英才。

玄武之争，出奇谋袭

房玄龄在李世民夺取天下之前，就已经为李世民立下了汗马功劳，而他立下的最大功劳，就是帮助李世民下定了夺取天下的决心。

李世民排行老二，李渊选定的继位人是老大李建成。但在打天下的过程中，李世民的功劳又无人可比。李世民自然不甘心将来屈居人下。李建成虽为太子，但在没坐上皇帝宝座之前，对功劳远远大于自己的李世民也是一点都不放心。兄弟间本应是血浓于水，然而皇帝宝座又只有一个。为了这独一无二的皇帝宝座，同父同母所生的兄弟之间，也就顾不得讲什么亲情不亲情了。李世民同父同母的兄弟本是四个。老三李元霸早死，没来得及参与这场兄弟间的血争。老四李元吉，受封齐王，是太子李建成的死党。也不知老四为什么将他二哥恨之入骨，一再在他大哥李建成面前发誓，要亲手杀了李世民。

当然，最想杀死李世民的，还是他大哥李建成。李建成为了除掉李世民是不择手段。一次，李建成请李世民到府上吃饭，李世民的手下都觉得危险，劝他不要去。李世民虽然知道李建成想置他于死地，但以为还不至于露骨到用请吃饭这样的手段，因此，他没有听手下人的劝阻而去赴宴了。才吃下几口，李世民便感到不对劲，接着腹痛难忍。李建成以为大功告成，又不愿自己的亲弟弟死在自己的府上，便赶紧把他送回家。幸而李世民命大，经过抢救，总算是把命捡回来了。但这事到底把秦王府闹翻了，却又没有一个人拿得出一个可行的主意来。这时，房玄龄找到李世民的大舅子长孙无忌说：如今，他们兄弟间的矛盾已经公开化了，谋害秦王的事情随时都有可能再发生。如今天下纷扰不安，各怀异志。古人说，成大事者不拘小节。秦王应该当机立断，夺取政权。长孙无忌听后，说：我们都有这个想法，但没有谁敢说出来。你如今将这话挑明了，是很合我们心意的。长孙无忌的话，并非虚言。当时开国皇帝李渊健在，李建成是太子，在这种情况下公然鼓动李世民造反，弄不好不仅自己被杀，还会株连九族。所以即便像长孙无忌这样和李世民十分亲近的人，也不敢贸然将这种想法对李世民提将出来。房玄龄倘若不是死心踏地地效忠于李世民，是绝对不敢冒着天大的风险来提出这种主张的。长孙无忌即将房玄龄的主意对李世民说了。李世民也许是认为时机还不成熟，并没有立即采纳房玄龄的意见。

李氏兄弟之争仍或明或暗时紧时松地继续进行。李建成和齐王为了进一步削弱李世民的力量，多次在李渊面前说房玄龄和杜如晦的坏话。李渊终于下旨，将房杜二人遣返回乡。赶走了李世民的主要谋士后，齐王又以戍边为名，要将李世民的得力大将尉迟敬德从秦王府调出使用。尉迟敬德知道，一旦落到李元吉的手中，不但自己性命难保，李世民也就危在旦夕了，因而拒不听调。李世民的处境已经非常险恶了，不得已，只得叫长孙无忌去召房玄龄和杜如晦，要他们进王府来商量对策。

这使得房玄龄非常为难。他对长孙无忌说：我们是被皇上遣返回家的，若这时回到秦王府去，就是抗旨。抗旨可是死罪，我们实在是不敢去。李世民见叫不来房玄龄杜如晦，也急了，解下佩刀交给尉迟敬德说：你再去叫，若他二人再不来，就把他们的头砍了来。左右是死，房杜二人只好打扮成道士的模样，跟着尉迟敬德悄悄地回到了秦王府。

房玄龄、杜如晦来到秦王府，一见到李世民就叩首谢罪，李世民并不在意，反倒回过头来安抚他们，尽显一代帝王沉着冷静之风。

房玄龄开口说道："大王，我以前曾建议诛杀太子、齐王，今箭已在弦，不得不发。俗语云：'当断不断，反受其乱。'大王必须速下决心。"

杜如晦很赞同他的意见。

秦王李世民说："不知有多少人这样劝我，难道一定要通过流血解决此事吗？就没有其他办法了吗?"

尉迟敬德不耐烦地说："现在和大王心贴心的人只剩下我们几个，齐王在皇上面前耍阴谋，说我能打仗，要我随他一同出征。有朝一日我领兵离开大王，那将大祸临头，请大王快下决心。"

这时，有个卫士进来报告，说东宫官员王晊求见。王晊见过秦王之后，对他说："太子与齐王商议，最近齐王要出征，他们想借给齐王饯行之际，于席间杀大王。"李世民听罢，满腔怒火，说："真没有想到，一母同胞，手段竟如此毒辣!"

长孙无忌说："王晊乃深明大义之人，他说的消息当千真万确。"

秦王李世民慨然叹道："我总希望王晊讲的不会变成事实。"

房玄龄见李世民还犹豫不决，便道："大王，先发制人，后发则为人所制。现在大祸已临头，不能对太子抱任何幻想了。太子一旦发起事端，大王还有什么办法应付呢，到时将追悔莫及!"

尉迟敬德愤慨地说："假若大王不愿采取行动，我情愿去为盗匪，免得被太子杀头。"

在房玄龄等人的劝说之下，李世民最后下定决心，感叹地说："既然如此，我也不好违背大家的意愿。"

在以房玄龄为首的一班谋士的策划下，唐武德九年（626年），李世民终于发动玄武门之变，杀了他一母同胞的亲兄弟——太子李建成和齐王李元吉。无奈之下，唐高祖李渊没过几天就册立李世民为太子，并下诏说："自今以后，国家事无大小皆听太子处决，然后上奏即可。"这样，李世民掌握了实权，李渊如同虚设。没过多久，就又禅位给太子李世民，改年号"贞观"，唐王朝迎来了"贞观之治"这一著名的历史时期。

李世民当上皇帝后论功行赏，虽然打天下的时候在战场为他冲锋陷阵、攻城拔寨的将领不在少数，但李世民却将房玄龄评为第一大功臣。房玄龄十分惶恐，说道："陛下，您把我评为第一功臣，臣下实在是愧不敢当。"李世民回答说："以前汉高祖封赏大臣，萧何的功劳就评在文武百官之前。你就是我的萧何，功列第一，是应当的。"

孜孜奉国，贞观良相

贞观之治，是后世想有所作为的帝王们追求的目标，是后来的老百姓们向往和期盼的太平盛世，也是后世的史学家们赞不绝口的研究话题。而之所以出现贞观之治，无庸置疑，唐太宗李世民作为中国封建史上难得的明君，起了主要的作用。而房玄龄，作为李世民最主要的助手，长期身居一人之下、万人之上的宰相高位，他所起的作用也是不容忽视的。

一个国家要想兴旺发达，最重要的是要发展经济。烽烟散去之后，李世民时代到来了，如何安邦治国成了头等大事。做皇帝夺江山不易，承前启后、继往开来更不容易。房玄龄清醒地知道，国家的局势还不容乐观，隋末以来十多年的战乱，给社会经济造成了巨大的破坏。在有的地区，千里萧条，人烟断绝，鸡犬不宁，粮价暴涨，老百姓四处流浪，如果长此以往，恐怕人心不稳。

还不仅如此，当时天下很不太平，内乱外敌此起彼伏，边境战事不断。为此，房玄龄手书"惧畏恐忧"四个大字，送与太宗，悬挂在显德殿上，太宗大为称赞："你这四个字，正巧是我心头的事。"

于是房玄龄努力地开始寻求解决的办法。他组织朝内大臣进行讨论，首先在大臣中间树立以农为本的思想。接着他又带着一批人深入农村进行调查研究。他的工作十分深入，农民们常常看到一群穿着朴素的人在田间走，还以为是县官出来视察，却不知是宰相亲自出巡。

这种深入的工作作风使他受益匪浅。一天，他看到库中有很多兵器闲放着，他就建议皇上将其中一部分改制为农家工具，以解决农具不足之虞。他又发现劳动力严重不够，于是提出多项举措：招徕和赎回汉人；劝说男女及时婚嫁；提倡再婚再嫁；鼓励生育；取消家奴，解放劳动力；提倡僧尼还俗等。这真是史无前例的大胆改革，一时间竟然有十余万人走出寺院。另外，又出台了暂免死刑、释放罪犯、让人口密集地区的人向着地广人稀处迁移等措施。这些措施不仅在当时起着积极作用，即使是在现在，也很有积极意义。

接着，他又说服唐太宗重新颁布了《均田令》。为了推进这一工作，他又做了大量细致的工作。甚至要求皇室以身作则，建议太宗把皇家园林芳华苑等地放弃，赐给当地穷人耕作。太宗果然依他所言，做出了很好的表率。

贞观二年夏天，京城大旱，蝗虫四起，田里庄稼全被吃光，房玄龄跟着皇上视察，痛心疾首。他在调查研究的基础上，连续发布了几十道皇帝诏书，有《水部式》《租庸调法》《缓力役诏》等，其中还有一些比较灵活变通的款项。所有这一切都是旨在减轻人民的负担，发展生产力。

他的努力很有成效，贞观二年末，全国各地的老百姓基本上都做到了"食无忧，居有所"。除了少数地区外，大部分州县都比较安定了。正是房玄龄帮助唐太宗度过了他执政时期最困难的日子。

自贞观元年起，房玄龄迁为中书令，次年又拜门下省侍中，第三年拜为尚书省左仆射，这样他就将朝廷三省的一把手全都做过了，从此成为首席宰相。太宗封他为梁国公，还将女儿高阳公主嫁给他的儿子，同时韩王又娶了房玄龄的宝贝女儿为妃，房玄龄因此成了皇亲国戚，可谓权高一时，言重如山。

然而，房玄龄待人接物和颜悦色，衣食住行简单朴素，从不随心所欲，从不随意议论是非曲直。他虽然大权在握，说起话来却总是细声慢气，即使是胸有成竹，也用商量的口气，从不趾高气扬。

性格即命运，性格不是装出来的，命运也不是刻意追求的，恰好是这么一个房玄龄，恰好是那么一个时代，他的种种个性得到了最好的张扬，他成功了。身为"总理"，他协助君主治理了许多疑难问题，协调好各大臣之间、君臣之间、衙署之间的各种关系。他为大唐立下了汗马功劳，因此深得皇帝信任，但是遇到重要问题，即使是对李世民，他也很能坚守原则。

别看李世民口头经常挂着俭朴两字，反对奢侈腐化，然而随着整个形势的好转，在一片颂扬之声中也渐生骄奢之心。从贞观元年起，他就想仿效其他君王，造一座自己的宫殿，砖瓦木材全都准备好了，因为众臣谏阻，这才半途停止。到了贞观三年，有人拍马奉承，劝说陛下住的房子又低又潮，何不建一座阁楼住？房玄龄与魏征极力劝阻，说眼下民不聊生，皇宫里大兴土木，有损皇上威信。李世民才勉强作罢。过不多久，又有好事者进奏，说天下太平，请李世民往泰山封禅。封禅是封建王朝的一项大典。封，即在泰山极顶设坛祭天；禅，即在泰山附近小山上祭地，实际上是以这种形式来为天子歌功颂德。此事耗资巨大，房玄龄接到奏章，就替太宗拟好持否定态度的诏书，然后将奏章与诏书一并呈上。太宗看了，虽有些许不快，也只得怏怏表示同意。

有一次，房玄龄路遇少府少监窦德索，见窦德索正在主持修缮北城门。房玄龄问：是谁叫修的？这城门还可以用，何必又劳民伤财呢？窦德索随即汇报给李世民，李世民一听，不高兴了，骂房玄龄道：你只管好你宰相府的政务就行了，我要修缮北城门，关你什么事？房玄龄被这一骂，吓坏了，赶紧叩头谢罪。魏征知道后就不买李世民的账，马上上奏说："我不知道皇上为什么要责备房玄龄，我也不知道房玄龄凭什么要叩头谢罪。房玄龄身为宰相，是皇上您的手足和耳目，对于朝廷内外的事没有什么不应该知道的。如果修缮北城门是一件好事，房玄龄就应该帮助皇上去完成它；如果修缮北城门不是一件好事，房玄龄就有责任请求皇上停止下来。房玄龄过问一下主管这事的人，这正是他分内的事，不知道皇上因什么罪名责备房玄龄，不知道房玄龄又因什么罪名而谢罪？"唐太宗、房玄龄听了魏征的谏言，都觉得自己犯了错，赞叹魏征耿直。唐太宗罢了修缮北门之事，房玄龄则对于朝中之事更为谨慎。

大臣王珪奉李世民之命，对当时朝中几位重臣作了一番评价。那是在一次李世民钦赐的宴会上，李世民对王珪说："你是善于鉴别人的。今天，你就为我评价评价房玄龄等大臣，也把你自己和他们作一个比较如何？"王珪就逐一评价道："一心一意为国家效力，凡是知道了的事就没有不去干的，我不如房玄龄；能文能武，既可带兵打仗又可治理国家，我不如李靖；了解各地情况并能详细汇报，处事公平，我不如温彦博；担心自己的君主不如尧舜那么英明，以敢于向皇上说实话为己任，我不如魏征；而能辨别是非，敢于抨击坏人褒扬好人，那就是我的一点长处了。"李世民肯定了王珪的评价。对房玄龄"孜孜奉国，知无不为"这样高的评价得到李世民的肯定，可见房玄龄为贞观之治付出了多少心血。

贞观十六年，房玄龄进拜司空，并仍总揽朝政，可谓显贵至极。然房玄龄头脑还是十分清醒，谦恭的品德丝毫不减。他又一次上表请求辞去宰相之职。李世民回答他说："汉初的留侯张良和光武帝爱将窦融，他们都请求辞去爵位，因为他们是害怕满遭损。你向他们学习，精神可嘉。但我将国家大事委托于你已经很久了，国家一旦没有你这位良相，我就像失去了两只手一样。你只要身体还好，精神不衰，就不要再谦让了。"唐太宗李世民和贞观贤相房玄龄，一个用人，一个用于人，然都卓尔不群，实在是值得后世的从政者们学习的。

房玄龄虽身居相位，名满天下，却从不居功自傲，更不贪权图利。唐太宗曾经召集大臣，讨论世袭之事，并封房玄龄为宋州刺史，更爵梁国公。唐太宗之所以要封房玄龄为宋州刺史，目的是为了让房玄龄的子弟世袭。但房玄龄觉着自己身为宰相，应为众大臣做出榜样，不应贪图功名，便上奏唐太宗说："陛下，臣已身居相位，又封宋州刺史，这样恐使大臣们追逐名利，惑乱朝政，臣以为不妥，请陛下先罢臣的刺史职位，以正大臣视听。"

唐太宗深以为然，便依了房玄龄的奏折，只封其爵梁国公。房玄龄辞掉了宋州刺史之后，朝中大臣纷纷仿效，辞去能世袭的官职。唐太宗十分感慨地说："上行下效，朝中大臣今日能如此行动，都是玄龄的功劳啊!"

后来,房玄龄加太子少师,当他初到东宫见皇太子时,皇太子欲拜之。房玄龄慌忙躲避一旁,坚辞不受。东宫的诸色人等,见当朝宰相如此谦虚恭谨,不由得暗中称赞,都说他是亘古未有的贤相。

精制历律,监修国史

房玄龄精通典制政令。贞观初年,时值天下初定,朝章国典还很不完备,他与尚书右仆射杜如晦共掌朝政,"至于台阁规模及典章文物,皆二人所定,甚获当代之誉"。

在修定律令方面,房玄龄做了大量的工作。他"审定法令,意在宽平",在修订律令时,基本上贯彻了这一思想。唐太宗即位不久,他即奉诏与长孙无忌撰定律令,"议绞刑之属五十,皆免死而断右趾"。后来蜀王法曹参军裴弘献驳律令四十余条,又诏令玄龄与弘献重加审定。房玄龄认为,古代有五刑,其中一为剕刑。及肉刑废除后,现以笞、杖、徒、流、死为刑,而又剕足,这样即为六刑,比古代尚繁。根据房玄龄的意见,"除断趾法,为加役流三千里,居作二年"。旧令规定,兄弟分居,荫不相及,但是连坐俱处以死刑。唐太宗对此提出异议。房玄龄等人又议论,认为"祖有荫孙令,是祖孙重而兄弟轻"。于是改为:"反逆者,祖孙与兄弟缘坐,皆配役;恶言犯法者,兄弟配流而已。"

房玄龄与法司撰定律五百条,分为12卷;一是名例,二是卫禁,三是职制,四是户婚,五是厩库,六是擅兴,七是盗贼,八是斗讼,九是诈伪,十是杂律,十一是捕亡,十二是断狱。分笞、杖、徒、流、死,为五刑。这次制定的律令,删繁就简,务求宽平,史称"比隋代旧律，减大辟者九十二条，减流入徒者七十一条。其当徒之法，唯夺一官，除名之人，仍同士伍。凡削烦去蠹，变重为轻者，不可胜纪"。既简化了律令，又除去了隋朝的苛酷刑法。

房玄龄又定令一千五百九十条，分为 13 卷。贞观十一年（637年），正式颁行天下。接着，又删改武德、贞观以来敕格三千余条，最终删削二千三百余条，定留七百条，分为 18 卷，称为《贞观格》，留作诸司施行。《贞观格》也是"斟酌今古，除烦去弊，甚为宽简，便于人者"。史家对房玄龄修定唐律给予很高的评价。《新唐书·刑法志》说："自房玄龄等更定律、令、格、式，讫太宗世，用之无所变更。"其实，不仅贞观朝如此，以后有唐都没有发生过多大变动。唐高宗时长孙无忌主持撰定的《唐律疏议》只是在于"律疏"，并未作什么改动。唐律对后世影响很大，而房玄龄确有首创之功。尽管作为法律来说，唐律也是维护封建统治的工具，是地主阶级压迫农民阶级的依据，但它比较宽简，较隋律有所减轻，人民总比生活在摇手触禁、动辄得咎的严刑峻法的统治下要好一些。房玄龄对封建的礼仪也颇为精通。早在武德二年（619），诏命于国子学立周公、孔子庙；高祖释奠时，又以周公为先圣，以孔子为配。贞观二年，房玄龄认为此做法不符合礼教，遂与博士朱子奢建议说："周公、尼父俱圣人，然释奠于学，以夫子也。大业以前，皆孔丘为先圣，颜回为先师。"于是唐太宗依从房玄龄的意见，罢去了周公，升孔子为先圣，以颜回配。并于贞观四年诏令州县学校都立孔子庙。在唐太宗平定突厥后，五谷丰登，群臣曾请封泰山。唐太宗命秘书少监颜师古等人召集当时名儒博士杂议封禅的仪式，但久议而不决。太宗又命房玄龄与魏征等人博采众议奏上，对于坛之大小，玉牒、玉检的尺寸等作了详细规定，"遂著于礼"。

房玄龄奉诏与魏征等礼官学士修改旧礼，最后定著五礼，总 138篇，分为 100 卷，名为《大唐新礼》。另外，房玄龄还与礼官一起，对不合时宜的旧礼作了改定。他认为："依礼，有益于人则祀之。神州者，国之所托，余八州则义不相及。近代通祭九州，今除八州等八座，唯祭天皇地祇及神州，以正祀典。"对皇太子入学、天子大射，农隙讲武，天子上陵、朝庙等礼仪，"皆周、隋所缺，凡增多二十九条"。其余的也都依准古礼，稽考历代，择善而从。得到了唐太宗的赞同，遂"颁于内外行焉"。

史书的编纂在唐代有了新的发展。在唐之前，史书编纂全由私人创作，政府所设的史官多半掌管天下历算之事，不一定全管修史。随着唐王朝中央集权的发展，统治者对思想文化领域的控制也随之增强。唐太宗时，开始设立史馆，命文臣纂修本朝历史和前代历史，并由宰相监修。

唐太宗时期，除注重修本朝国史之外，官修前代史书的风气极浓，出现了一个修史的繁荣时期。比较出名的纪传体正史有魏征等编的《隋书》、令狐德棻编的《周书》、姚思廉编的《梁书》和《陈书》、李百药编的《北齐书》，经过朝廷批准，李延寿编了《南史》和《北史》。这些官修史书的编撰，使得研究历史的风气日益浓厚，这与唐太宗倡导的"以铜为镜，可以正衣冠；以古为镜，可以见兴替；以人为镜，可以知得失"有极大的联系。这些纪传体正史的完成，无疑也倾注了房玄龄的心血，因为作为宰相的房玄龄，他除了总理朝中政事之外，还有一个重要的职责就是监修国史和前代历史。

但是房玄龄不满足于上述成绩，从贞观二十年（646年）开始，房玄龄、褚遂良、许敬宗三人共同监修《晋书》，这是房玄龄具体参与编写的一部纪传体正史。为何房玄龄不参与前边七种史书的编写，唯独具体参与《晋书》的编写呢？这其中的原因在于西晋是一个统一的王朝，它结束了三国时期的分裂混战局面。但西晋的统一又极其短暂，在它统一不久，便发生了中原地区大规模的混战，此后形成了东晋和十六国、南朝和北朝的长期对立。唐太宗李世民作为唐王朝的创业之主，力图深探晋王朝的治乱兴亡，作为自己的借鉴。在这种情况下，身为宰相的房玄龄直接监修编写《晋书》就不难理解了。

在房玄龄直接监修编写《晋书》的过程中，唐太宗还亲自挥毫，为司马懿、司马炎两个皇帝的纪以及陆机、王羲之两人的传写了四篇史论，可见唐太宗对《晋书》编撰的重视。

《晋书》从贞观二十年（646年）开始编写，及贞观二十二年（648年）成书，历时三年，先后有二十人参加。全书共一百三十卷，记述了西晋和东晋王朝的兴亡，并开创了"载记"形式，叙述割据政权十六国的历史。尽管《晋书》完成以后，受到过不同程度的批评，但它毕竟是一部完整的历史，为现在的人们研究这一阶段的历史提供了系统的史料。

不仅如此，在《晋书》中还对晋朝统治者的贪鄙无耻，进行了深刻的揭露。例如在《刘毅传》中，揭露了开国皇帝出卖官职的丑恶行径；在《武帝纪》和愍怀太子、何曾、任恺、会稽王道子等人的传记中，记载了从皇帝到太子以及大官僚的唯利是图、骄奢淫逸；在《石崇传》中，揭露了石崇身为荆州刺史却公开抢劫而成巨富的无耻发家史；在《王戎传》中可以看到大官僚王戎积聚财富，日夜算计，总不满足的贪婪丑态；尤其在《文苑·王沈传》中收录的《释时论》和《隐逸·鲁褒传》中收录的《钱神论》，则对晋王朝的统治者无耻钻营、贪财好利的丑恶本性，作了淋漓尽致的讽刺和嘲弄。凡此种种，不一而足。这些无不反映出房玄龄在监修《晋书》时秉笔直书的思想，不隐恶，不虚美，在封建社会里是难能可贵的。每当我们披阅《晋书》之时，不能不感受到一代贤相房玄龄那扑面而来淳厚朴实的气息，更能感觉到房玄龄为了给后世展现一幅兴亡图而做出的艰辛努力。

房谋杜断，运筹帷幄

在房玄龄的政治生涯中，有个人和他紧密配合，成为一对政治盟友，他们二人合作的佳话流传千古，史称"房谋杜断"。每每提到他们二人，人们就如看到了浩瀚银河中的双子星座，那份默契，那份光芒，千年万年也不会失色。那么，与房玄龄合作的人是谁呢？就是名相杜如晦。

杜如晦，字克明，京兆杜陵（今陕西西安东南）人。他与房玄龄相同，好谈文史。他年轻时，以识人著称的隋吏部侍郎高孝基曾预言他"有应变之才，当为栋梁之用"。

杜如晦是在李世民平定长安时前来相投的。初来乍到，他就受到了重用。然而这个重用，是和其他有才之士一样，仅得到了一个较高的职务，并未成为李世民的心腹。当时李渊既依靠李世民，又有些防着他，恐怕他的势力过大，不好约束，遂将秦王府的英才多调出，另授他用。杜如晦名列其中。

房玄龄极度欣赏杜如晦，为保全杜如晦，他对李世民说："府中僚属出者虽多，但不足惜。唯有杜如晦聪明识达，是王佐之才。若大王想经营天下，非得此人不可。"

李世民如梦初醒，说："不是你及时相告，险些失去此人。"于是想方设法保下了杜如晦。

杜如晦不负李世民的殷切期望，不负房玄龄的推荐之诚，在此后的岁月中出色地展示了他的才干。从征薛仁杲、刘武周、王世充、窦建德等诸雄，他是参谋本部的重要成员之一，拿出过许多行之有效的方案。讨论军国大事，他剖断如流，深为同僚所钦服。

秦王李世民开天策府，设立了文学

房玄龄碑

馆，以招徕天下文士。来投的文士如过江之鲫，其中著名的是十八学士，杜如晦名列榜首。十八学士各有画像，他的画像下的赞词是："建平文雅，休有烈光。怀忠履义，立身扬名。"

唐太宗登基，杜如晦历任兵部尚书、吏部尚书，总监东宫兵马。他每任一职，都有称职之誉。后代长孙无忌为尚书右仆射，成了宰相，

与房玄龄共掌朝政。同时，还一起制定了中央机构的规划和国家的文物典章。

杜如晦和房玄龄是合作成事的典范，他们彼此一片赤诚，互敬互让，无半点狭隘的嫉妒之心。杜如晦善断，房玄龄善谋，他们取长补短，合作得相当好，成为李世民最得力的谋臣，在打天下、得天下、治天下的漫长过程中，共同建立了首屈一指的功勋。

房玄龄、杜如晦治国有功，促成"贞观之治"，被誉为良相，并称"房、杜"。"房、杜"美名不胫而走，传遍天下，传及后世。时人以相业相比，比之汉初的萧、曹；以交谊相比，比之春秋的管、鲍。

杜如晦死于房玄龄之前，年仅四十六岁。唐太宗哭得伤心，痛心地对虞世南说："朕与如晦，君臣义重。"杜如晦去世不久，一日，唐太宗得一味道特别甜美的新瓜。就在唐太宗赞叹不已的时候，他突然伤心起来，说："杜如晦要是还在，可与朕共尝新瓜美味。"让人把其中的一半置于杜如晦的灵座前，以祭奠那位英才盖世的过世宰相。

房玄龄对于杜如晦的英年早逝更是痛心疾首，伤心不已，他在心中默道："如晦啊，我与你相知相交，共辅明主，正当社稷用人之际，你却先走了。人云'房谋杜断'，让我今后找谁去商议国事。"

历史文献中所记载的房玄龄与杜如晦具体合作的事例并不多，但从房玄龄对杜如晦的深切思念，和当时人们的赞誉来看，他们的合作当为后世之人的典范。

殊荣加身，身死徒悲

有人把房玄龄和魏征做过这样形象的对比，魏征是唐太宗的一面镜子，房玄龄则是唐太宗的一条臂膀。是啊，离开了镜子，人照常生活，而缺少了肩膀，人却无法正常生存。

房玄龄是这样发挥肩膀的作用的。据统计，贞观时代，朝廷的全部官员加在一起也只有643人，官员少而精。这就要求每一个官员都能独当一面，因此，贞观时代的官员每个人都各有所长，每个人似乎都在忘我地工作着。但是，所有的人都知道，没有一个人比房玄龄更累。在22年的宰相生涯中，他夜以继日地工作着，事无巨细，事必躬亲，全无一点大国宰相的风范。更多的时候，他像一个管家，在为他的主人打理着一切。有时，他的琐碎很让人费解，堂堂大唐帝国的宰相，他居然肯屈尊兼做"度支郎中"。所谓的"度支郎中"，就是专司财政预算和账目的事务官员，职能近似于后世的会计。他的忙碌和抓大不放小，让李世民都有些受不了。李世民曾当面劝解他，不要总是这样把自己弄得很疲惫！但你有千条计，我有老主意。房玄龄根本不为所动。

据说，有一次他得了重病，奄奄一息，一个说话特别损的人这样说道："一个人应该分得清轻重缓急，譬如宰相生病这件事，在我看来就很有区别对待的必要。一般情况下，如果房玄龄生的是小病，我们绝对应该前去看望，因为这样可以加深和宰相的情感，以后，宰相也会给我们点恩惠。如果宰相病得严重了，那就该当别论，因为，一旦宰相病死了，你去看望他所投的资就永远没有收回来的可能了。"这话够损的吧？够伤人的吧？如果换作你是病中的房玄龄，听到这话估计差不多要气死了。但是，房玄龄却不是这样。

第二天，发表高见的那个小官僚过来了，大家都知道了他的话已经传到了宰相耳朵里，因此大家都在宰相的病床前等着看好戏。谁知房玄龄见到那人之后却满面幸福的微笑，他轻轻地说："谢天谢地，我知道我自己不会有什么大的问题了，因为你都来看我了！"尴尬就这样被房玄龄给化解了。

贞观时代是一个有个性的时代，魏征的犯颜直谏，长孙无忌的贵族风范，徐懋功的八面玲珑……这些人都是人中龙凤啊，他们功勋卓著，个性张扬，而只有房玄龄不显山不露水，俨然四平八稳，如同一个面团，但整个朝廷离不开他，李世民更离不开他。别的人走了朝廷可以照常运转，而没有了他，朝廷将立马陷入一团混乱之中。他摸透了每一个人的脾气，他将这些人拧成了一股绳，而正是这股绳子，拉着贞观这驾马车奋然前行。仿佛，他天生就是来给李世民掬力费神做宰相的。

虽然，李世民有时候表现得对房玄龄很不耐烦，但是，在骨子里他对房玄龄却十分尊敬。

据说有一次，李世民因为屁大的一点事而发作，他将所有的无名火都发在了房玄龄身上。房玄龄却既不辩解也不生闷气，茫然地听着皇帝的每一句话，似乎每一句都听进去了，又好像每一句都没听进去。这让李世民更加恼火，一气之下，他下令将房玄龄削职为民，赶回家去。房玄龄二话没说，随即收拾东西走人。回到家后，房玄龄平淡地对家人说："你们去把院子和房子好好打扫一下吧，过不了多大会儿皇上就要驾到了！"家人不明白地问："你刚被免职，皇上还来干什么？""干什么？皇上过来通知我回去上朝啊！"家人将信将疑地开始打扫卫生，谁知这边厢卫生刚打扫完，那边厢李世民已经进来了。房玄龄将皇上引进房屋之内坐定，一杯茶的工夫，房玄龄就已收拾停当，之后就乐呵呵地和李世民一前一后地回朝堂去了。

贞观十八年，与长孙无忌等二十四人图形于凌烟阁。晋王李治为太子时，他任太子太傅。太宗征高句丽时，他留守京师。贞观二十二年（648年），房玄龄终于一病不起。病势沉重时，"太宗对之流涕，玄龄亦感咽不能自胜"，足见君臣二人感情之深厚。卧床期间，唐太宗不断派人探望，临死前，太宗又亲临与之握手叙别。死时，房玄龄年七十岁。

晚年的房玄龄经常病体缠身。唐太宗依旧委之以重任，朝中如遇大事，便命人以肩舆抬着上殿。每一次遇到这种场面，唐太宗便流泪不止，说："梁公老了，我也老了！"房玄龄看到昔日英姿风发的唐太宗也日渐衰老，又看看自己，不由得也哽咽起来，接着唐太宗的话说："陛下乃天命所归，为何要这样说呢，吾皇万岁万万岁！"

贞观二十三年，房玄龄旧病复发，而比房玄龄年轻了二十岁的李世民也已病入膏肓，病中的李世民下了一道命令，要人将房玄龄抬到殿中。重病在身的房玄龄乘肩舆入殿，他的病床被安置在李世民的病床之前。"太宗对之流涕，玄龄亦感咽不能自胜。"这对风风雨雨一起走过了几十年的君臣，已经走过了辉煌岁月，迎来了风烛残年。李世民下令不惜一切代价抢救房玄龄，房玄龄的疾病"若微得减损，太宗即喜见颜色；如闻增剧，便为改容凄怆"。

在李世民依依不舍的泪光中，房玄龄走完了自己的一生。一生勤于朝政的李世民为之废朝三日。唐太宗下诏为其举行了隆重的葬礼，赠官太尉、并州都督，谥曰"文昭"，赐班剑、羽葆、鼓吹、绢布二千段、粟二千斛，并许其陪葬昭陵。为相三十二年的房玄龄，享尽了荣宠，也将美名流传于后世。10个月后，李世民亦病逝。

需要补充的是，李世民曾三次为房玄龄赋诗，其中一首题为《赋秋日悬清光赐房玄龄》这样写道：

秋露凝高堂，朝光上翠微。

参差丽双阙，照耀满重闱。

仙驭随轮转，灵乌带影飞。

临波光定彩，入隙有圆晖。

还当葵藿志，倾叶自相依。

细细品味这首诗，我们不难发现房玄龄在李世民心中有着多么重要的位置。

然而，一代贤相就此去了，其子孙并未像我们想的那样门风高洁、流芳百世。前面讲过，房玄龄的二儿子、散骑常侍房遗爱，娶了唐太宗的女儿高阳公主为妻。

然而房玄龄去世没多久，公主就鼓动房遗爱和哥哥房遗直分家产，然后诬陷说是房遗直提出分家产。房遗直向皇帝如实反映情况，皇帝很生气，自此高阳公主逐渐失宠。不久，皇帝又得知，高阳公主不仅与辩机和尚私通，还派了两个女的同时侍奉房遗爱。一气之下，皇帝下令处死辩机，以致父女关系恶化。

李世民驾崩后，高宗李治继位，公主又挑唆房遗爱夺取房遗直的爵位，并向李治诬告房遗直对她无礼。房遗直于是将二弟和公主谋反的秘密告发。高宗大怒，定房遗爱死罪，同时"罢房玄龄配飨"。高阳公主自知暴露，自杀谢罪。而房遗直也被贬谪为铜陵尉。

事后，长孙无忌叹道："想不到房玄龄有如此不肖之子，使其父徒辱英名！"

第 四 章

千秋金鉴
——帝王人镜魏征

　　魏征，字玄成。巨鹿人，唐朝政治家。贞观时期任谏议大夫、左光禄大夫，封郑国公，以直谏敢言著称，是中国历史上最负盛名的谏臣，享有崇高的声誉。他被唐太宗李世民尊为雕琢"美玉"的良工、矫正己过的"人镜"，而世人则把魏征誉为"一代名相"和"千秋金鉴"。魏征作为中国封建社会最负盛名的杰出的谏官代表，忠心辅国，犯颜直谏，获此殊荣实在是当之无愧。

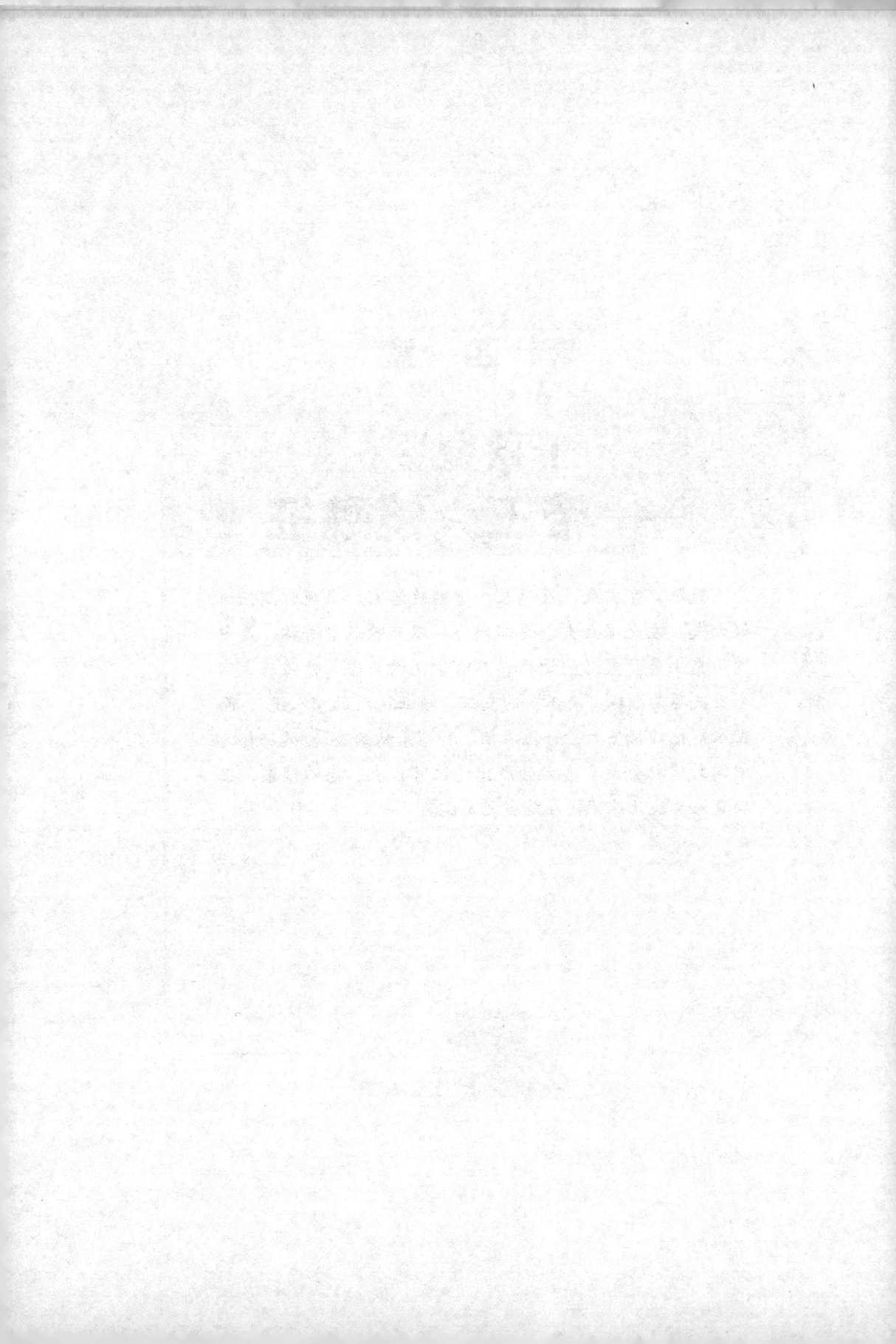

义投瓦岗，初露峥嵘

隋朝末年，在隋炀帝的暴政统治下，反隋的农民起义在全国各地风起云涌。炀帝大业十三年 (617 年)，当李密领导的最大的一支农民起义军夺取了洛口仓 (在今河南巩县)，威震中原的时候，隋武阳郡 (在今河北大名县东) 郡丞元宝藏也起兵反隋。为了统一反隋的步伐，元宝藏主动写信与李密联系。李密是隋上柱国李宽的儿子，出身大贵族，自幼熟读《汉书》，很有才华，因不满隋的统治而参加了反隋斗争。元宝藏给他的信件，他看了觉得写得很好，写信者绝不是等闲之辈。他派人打听这些信是谁起草的，有人告诉他是魏征，他就立即将魏征请去，让他主管军中的文书。这时魏征已经三十八岁。

成为李密的部下后，魏征曾向李密进言，提过十条建议。然而这时的瓦岗军势头正盛，李密很是骄傲自信，并未采纳。

瓦岗军在李密的领导下，夺取了洛口仓、回洛仓和黎阳仓 (在今河南浚县西南)，开仓济贫，得到了广大农民的支持，已经将洛阳城包围起来。困守洛阳的隋军，到处调兵遣将，与瓦岗军在洛阳周围反复进行了决战，双方损失都很大。这时控制了洛阳大权的隋朝大将王世充，想乘李密兵力疲惫之机，进攻瓦岗军。在王世充发动攻势之前，李密召集高级将领开会，研究对策。当时魏征的地位低，没有资格参加会议。但他认为这次决战很重要，成败关系着瓦岗军的前途，就主动找李密的长史 (类似秘书长的官) 郑颋说："我军虽然在前几次大战中都取得了胜利，但是将士伤亡很多，钱财现在也很紧张，对有功的将士不能论功行赏。从这两点看，不可以与王世充打硬仗。最好的办法是，挖沟筑垒，打防御战。双方对峙久了，敌人粮尽，就会撤兵。这时再乘机追击，必然会取得胜利。"郑颋原来是隋朝的监察御史，投降李密后很受重用。他根本不把魏征这样的小官放在眼里，就讥笑他说："你这不过是老生常谈的意见!"魏征见自己的意见不被重视，转身就走了。

类似魏征的建议，李密的一个将领裴仁基在会上也提出了。他主张乘王世充出兵东下，洛阳必然空虚之机，在分兵阻击王世充东进的同时，以骑兵进击洛阳，迫使王世充回救，必然能两获全胜。但是很多李密的部下，轻敌麻痹，要求速战。李密同意了他们的速战要求，自己亲率大军驻扎偃师城北，列营而不设垒，结果在王世充的火攻与奇袭下，全军覆没，闻名天下的瓦岗军从此消失了。

败归李唐，得遇明君

瓦岗军失败后，李密率余部去长安投降了李渊，魏征也随李密来到了长安。李渊是隋朝的太原留守，他乘隋末战乱之机，起兵太原，不久就占领了长安，建立了唐朝。

李密投降李渊的时候，还有两万多人的余众。他到了长安，受到了隆重的接待，封他为邢国公。但好景不长，不久他就被冷落，不再受到重视。后来他借李渊让他去洛阳一带招抚自己过去的部众之机，又打出了反对李渊的旗号，结果兵败被杀。魏征随李密到了长安后，因为是李密的部下，当然也不会受到李渊的重用。李密死后，他的一些旧部仍然活动在太行山以东的地区，特别是驻守黎阳 (今河南浚县东北) 的徐世勣，有比较大的实力。魏征为了取得李渊的信任，就自告奋勇，愿以自己的老关系，去到太行山以东地区说服李密的部下，要他们降附李渊。他的建议被李渊接受了，就任命他为秘书丞 (管理国家档案图书的官)，去执行这个任务。

他首先到了黎阳，给徐世勣写了一封信说："当初李密率瓦岗军起兵反对隋朝的时候，振臂一呼，四方一下子就有几十万人响应，隋朝的半个天下都在他的控制之下。后来被王世充战败，再也无法恢复元气，因而投归了李渊。现在经过群雄的纷争，李渊得天下已成定局。你现在占据的黎阳，是取天下者必争之地，如果不早认清形势，做出打算，就错过机会了。"徐世勣看了魏征的信，觉得他说得有道理，又听说李密已经被杀，就决定投降李渊，但为了表示对李密的忠诚，请求收葬李密的尸体。他的要求李渊答应了。

徐世勣将李密以国君之礼，葬在黎阳山西南五里的地方。魏征也不避李密叛李渊自己受到牵连的嫌疑，出于歌颂瓦岗军的心愿，为李密撰写了《唐故邢国公李密墓志铭》。他在墓志铭里，对李密这位农民起义军的将领，给予了很高的评价，对于李密的死，将他比做垓下失败的项羽，深感惋惜和同情。他的很多正确意见，虽然不被李密所接受，导致了以后的失败，但他对这位战友毫无怨言，反而表现出无限的赤诚之心。

魏征劝说徐世勣降唐后，徐世勣就从经济上支持了被窦建德打败的唐将李神通，使他自相州(今河南安阳)能撤退到黎阳，从而保存了实力。后来，魏征又去魏州劝说自己的老朋友元宝藏也归降了李渊。

武德二年(619年)十月，窦建德领兵南下，攻占了黎阳，这时魏征正在黎阳，成了窦建德的俘虏。窦建德是农民出身的一个起义领袖，他起义后能与士兵共甘苦，所以得到了起义群众的拥护，成为占据河北一带的一支主要的反隋起义军。这时窦建德已在乐寿(今河北献县)自称长乐王，建立了农民革命政权。魏征被俘后，他早已听说魏征的名气，就任命他为起居舍人(记录皇帝言行的官)。

武德三年(620年)七月，李渊命李世民率大军东征洛阳，进攻隋的残余势力王世充。王世充屡战皆败，洛阳形势十分危急。王世充为了摆脱困境，多次派人向窦建德求援，窦建德起初未加理睬。当王世充眼看就要被李世民所消灭，窦建德认为如果王世充被李世民消灭，

对自己的处境不利，因而决定率军南下救洛阳。窦建德率十余万大军，很快就到达成皋 (今河南汜水县西北) 的东原，他致书李世民，要他退军潼关。

李世民围攻洛阳马上就要成功了，他当然不会因为窦建德的威胁，就前功尽弃。他留一部分人继续围攻洛阳，自己率精兵急奔虎牢关，阻击窦建德。由于窦建德刚愎自用，不听取部下正确的意见，与李世民军队在虎牢关采取正面决战的行动，被李世民用骑兵击溃，窦建德本人也被俘获。魏征看来当时也在窦建德的军中，但没有起什么作用。窦建德兵败后，他与窦建德的妻子曹氏和裴矩等人，逃到洺州 (今河北永平)，在窦建德的部下齐善行的建议下，以余众投降了唐朝。魏征和裴矩一起，又到了长安。魏征在李密的瓦岗军中有一年的时间，这次又在窦建德的河北起义军中一年半，前后共在农民起义军中活动了两年多的工夫，时间虽然不长，但对他以后一生的政治活动，起了重要的影响。

魏征到了长安后，因为又当了一段窦建德的部下，当然更不会被重视了。李渊的太子李建成，听说魏征有才，就招他为洗马，这是太子东宫主管经籍图书的一个小官。

这时李建成和李世民兄弟之间为了争夺皇位的继承权，斗争已经开始尖锐化。李建成作为李渊的长子，虽然已被立为太子，但地位并不稳。因为他的弟弟李世民，从太原起兵后，就率军东征西讨，屡建功勋，很有势力，在大臣和将士中的威望都很高。这对李建成无疑是一个很大的威胁。

魏征既然在自己不得志的时候为李建成招为洗马，就觉得李建成很看重自己，所以他也为李建成的太子地位担忧。这时正好窦建德的旧部刘黑闼，又在河北一带占据了窦建德的旧地反唐，魏征认为这是李建成立功提高自己威望的好机会。他向李建成建议说："李世民功劳大，威望高。你长年在首都协助李渊处理政事，没有李世民那样显赫的战功。现在刘黑闼纠集了窦建德的一些散兵败将，人数不到一万，也缺乏粮草，他虽然占领了一些地方，但不堪一击。这是一次很好的取得战功，结纳山东豪杰，以壮大自己势力、提高威望的好机会。你应该争取自己率兵去打这一仗，千万不要错过这个机会。"李建成接受了魏征的意见，得到李渊的同意后，就亲自率军去攻打刘黑闼。在与刘黑闼作战过程中，魏征给他出谋献策，用瓦解对方军心的办法，宣布除刘黑闼外，其他人只要放下武器，一律不加追究。这样很快就瓦解了刘黑闼的军队，李建成同时也在河北一带安插了亲信，收买了豪强，使之成为自己争权的外援。魏征的建议取得圆满的成功。

高祖武德九年 (626 年) 六月四日，李世民发动玄武门政变，先发制人，杀死了李建成和支持他的弟弟李元吉，李世民取得了太子的地位。魏征作为李建成的亲信，李世民马上召见他，并质问他："你为什么要挑拨离间我们兄弟？"这对魏征来说，是生与死的关头，回答不善，马上就可能被杀头。魏征这时把生死置之度外，很坦然地回答说："如果太子李建成早听我的劝告，也不会有今天的下场。人各为其主，我忠于我的主人李建成，这有什么错呢！管仲不是还曾射中小白 (齐桓公) 的带钩吗？"李世民见魏征回答得很直爽，又早知道魏征的才华，就原谅了他。不但没有处置魏征，反而任命他为管事主簿 (掌管太子文书的官吏)。这样，魏征由李建成的亲信，逐步又取得了李世民的信任。

智者尽言，撰史修书

李世民即位为唐太宗，就提拔魏征为谏议大夫，这是一个专门向皇帝提意见的官。

这时，李建成虽然被杀，但他和李元吉在各地的追随者，由于李世民采取了镇压的办法，所以人人自危，都在伺机反叛。魏征向唐太宗建议："要不计旧仇，对他们处以公心，否则祸根就消除不掉。"唐太宗认为魏征的话有道理，就下令对李建成和李元吉的旧部下，一律赦免，不再追究过去的事。李建成在河北一带的部下，魏征都比较熟悉，唐太宗就派他为特使，去河北一带安抚李建成和李元吉的旧部。

魏征在出发时，唐太宗授予他可以遇问题酌情处理的权力。魏征到了磁州（今河北磁县）遇到了两辆押往长安的囚车，车中锁着李建成的护卫将军李志安和李元吉的护军李思行。他们两人都是在玄武门之变后，从长安逃到了河北，被逮捕送到长安治罪的。魏征看到这种情景，就同他的副使李相客商量说："我们动身的时候，皇帝已经下了诏令，对李建成和李元吉的部下一律赦免，不再追究了。现在又把李志安和李思行押送长安治罪，其他人谁还再相信皇帝的诏令，而不增加疑虑呢？这样，我们虽然去安抚，人家也一定不会相信我们。现在如果把他们俩放了，不再问罪，那么在朝廷宽大政策的感召之下，其他人也就会归降了。古时候，大夫出使，只要对国家有利，就

魏征公园石像

可以自己做主。我们出发的时候，皇帝给了我们酌情处理的权力，皇帝对我们以国士相待，我们也应该以国士的行动报答皇帝。"李相客很同意魏征的意见，就立即下令释放了李思行等人，并给唐太宗写了报告，唐太宗认为他们做得很对。在唐太宗的支持下，魏征圆满地完成了安抚河北的任务，因而更加得到了唐太宗的器重。

由于魏征越来越受到唐太宗的信任，就遭到了一些同僚的嫉妒，他们在唐太宗面前散布魏征的坏话，说他包庇自己的亲戚。唐太宗派御史大夫温彦博查处此事；温彦博在查无实据的情况下，仍然毫不讲

理地向唐太宗报告说："魏征作为国家的大臣，不能检点自己，避讳嫌疑，因而受到了别人的诽谤。他虽然并无私情，但也应受到责备。"唐太宗公然同意了温彦博的这个报告，并派温彦博向魏征提出警告。魏征对此很不满意，第二天他就对唐太宗说："我听说君臣一条心，这叫作一体。只有互相以诚相待，才能共同把国家治理好。如果置国家大事于不顾，一味只考虑检点行为，避讳嫌疑，上下都这样，国家的兴衰也就难以预料了。"唐太宗听了，觉得自己支持温彦博的意见不当，就自我批评说："你说得对，我做错了!"魏征乘机继续发表意见说："我希望你让我做一个良臣，不要让我做忠臣。"唐太宗不解地问道："良臣和忠臣还有什么区别吗?"魏征回答说："良臣身享美名，君主得到好的声誉，子孙相传，流传千古;忠臣得罪被杀，君主得到一个昏庸的恶名，国破家灭，只是得到了一个空名。这就是良臣和忠臣的不同。"魏征的这番话，从政治上与唐太宗摊了牌，以进一步消除唐太宗对自己的猜疑，表明了自己对唐太宗的一片忠心。唐太宗被魏征的话打动了，他连连称赞魏征的话很对，并因此赐给他绢五百匹。

李世民当皇帝后，摆在他面前的是一个经过隋末大乱之后十分残破的国家。怎么样治理并振兴这个国家，唐太宗心里也无数。他召集大臣们在一起围绕着自古以来政治得失的问题，特别是隋炀帝为什么失国的问题，进行了反复的讨论。

魏征对大乱之后治理好国家，信心百倍。他说："大乱之后治理国家，就像饿极了的人吃东西一样，来得更快。"唐太宗认为："善人治理国家也要经过百把年的工夫呢!"魏征不同意，他认为："圣明的人治理国家，就像声音立刻就有回音一样，一年之内必可见到效果，三年见成绩都太晚了。"当时的宰相封德彝认为魏征在吹牛，唱高调，劝唐太宗不要听他的话。封德彝认为："自古以来，人心一天比一天变得奸诈，秦朝想用严刑峻法，汉朝又用霸道，想把人心教化过来，都没有成功。魏征想用这些书生气十足的话，就把国家治理好，听他的必然败乱国家。"魏征针锋相对地质问封德彝："如果说自古以来人心一天比一天变得奸诈，那么今天的人都变成鬼了，还谈什么治理国家呢？"魏征认为："行帝道则帝，行王道则王，问题是采取什么办法治理国家，而不是人民能否治理和教化。"

魏征认为，隋朝所以很快灭亡，是因为它扰民太多，唐初虽然不如隋朝富裕，但社会却很安定，就是尽量少扰民的结果。他认为，隋亡的最根本教训是："静之则安，动之则乱"。如果百姓想休息而派他去服徭役，百姓生活困难又要他负担很重的赋税，国家的衰亡就是由这里开始的。魏征劝唐太宗要吸取隋亡的教训，轻徭薄赋，休养生息，对百姓要尽量使之"静"下来。

怎么样变隋末的"动"为唐初的"静"呢？魏征从以下三个方面帮助唐太宗进行了整顿和治理。

第一，不为了皇帝个人的享受，而滥用人力和财力。隋末在很短的时间内，凿运河，修东都，筑长城，大量征用民力，因而给人民造成莫大的危害。唐太宗为了避免大量动用民力，尽量不动或少动工程。贞观四年 (630 年)，为了减轻物资运往长安的费用；决定在洛阳修建宫室，以便皇帝定期去居住。这时中牟县的县丞皇甫德参上书，反对修洛阳宫，认为这是劳民的事。李世民看了很不满意，说难道国家不役使一个人，他才满意吗！魏征赶紧上书为皇甫德参解释说："他的上书言辞过激了一些，但不激烈不能引起你的注意，太激烈又近于诽谤。"唐太宗虽然接受了魏征的意见，可对皇甫德参，心里总是愤愤不平。后来陕西、河南一带因为大雨，淹了很多人家，这时唐太宗又要在洛阳修建飞山宫。魏征上书反对说："隋朝所以败亡，就是因为皇帝为了个人的享乐，役使天下的百姓为其修建宫观台榭，使得大家无法活下去，才都起来反对他。现有的宫观台榭，已经够居住了！如果想到隋的灭亡，还应当把大的宫殿毁掉，住在小的宫殿里，这是最好的办法。如果舍不得毁掉，就住在现有的宫殿里，不再修建新的宫殿，这是次一等的办法。如果不想到天下的艰难，不满足旧的宫殿，又扩建新的宫殿，追求华丽和享乐，增加了百姓的劳役负担，这是最下等的办法。"魏征警告唐太宗，如果大修宫殿，役使百姓，就可能造成隋末那样的大乱。唐太宗听了，就停止了洛阳宫的修建，把备用的材料送到遭水灾的地方，帮助农民修了住房。

第二，皇帝不要到处去游幸，给百姓增加不必要的负担。隋炀帝是一个好到各地去巡游的皇帝，他每去一地，大批的官员和随从，都给沿途的百姓带来灾害。唐太宗当皇帝后，只在长安和洛阳之间活动。有一次在去洛阳途中，住在显仁宫（今河南宜阳县），因为当地供应的东西不好，唐太宗很生气。魏征认为这是一个不好的苗头，就劝唐太宗说："隋炀帝因为无限制地追求享受，所到之处让臣民献美食，结果搞得民不聊生。现在因为下面供应得不好就发脾气，以后必然上行下效，拼命供奉皇帝，求得皇帝的满意。那样下去，奢侈一万倍，也没有满足的时候。隋末的大乱就又该出现了。"唐太宗听了魏征的意见，比较注意节制奢侈浪费。后来，生产恢复了，经济形势好转，这时有的大臣就认为天下太平，鼓动唐太宗去封禅泰山。魏征反对说："皇帝的功劳虽然很大，但百姓受到的益处还不多；现在天下虽已太平，但财力还不十分充裕。隋末的战乱只过去十年，国家的元气还没有完全恢复，这个时候去封禅，说自己的功业成就，还为时太早。这个时候去进行封禅大典，必然耗费很大，赏赐很多，就是免去人民的租税，也不能减轻人民的痛苦。去图虚名，而受实害，封禅的目的是什么呢！"唐太宗听了魏征的话，觉得有道理，就决定不去封禅了。

第三，慎重处理对外关系，不轻易用兵。隋炀帝三次出兵高句丽，动用和耗费了大量的人力和财力，给人民造成了沉重的灾难，也招致了人民的暴动。这个教训对唐太宗和魏征等人，都是非常深刻的。贞观初年，外有强敌，内部又很困难，如果在对外关系上处理不当，就可能使已经十分衰败的经济，遭受更大的破坏。所以贞观初年在对外关系的处理上，魏征等人一直坚持的原则是，务求内部安定，而不去扩展领土，只要中国强大了，与周围的各种势力就能处理好关系。所以对周围各族的求婚，大多满足其要求，提倡互相在经济和文化方面的交往，处理互相之间的矛盾，不轻易动用武力。当唐太宗派出去祝贺西突厥立乙毗沙钵罗为可汗的使者还未还，就又派出了进行马匹交易的使者时，魏征就认为这有点薄义重利，好像唐朝把市马看得比立可汗还重要，即使能得到马，也已经失去了义。他主张在处理对外关系时，一定要讲德、讲义，不要求利，更不要用武力去压人。唐太宗同意了魏征的意见，马上追回了市马的使者。

魏征强调要"静"而反对"动"，目的是帮助唐太宗巩固已经取得的天下。他认为："静徭役就少，百姓耕作的时间就多，富裕得就快，富裕了就不会起来造反，君臣就可以长保富贵了。""动"的统治只看到了眼前的享受，而"静"的统治却想到了长久的统治，可见魏征作为一个封建时代的政治家，他的眼光要看得远多了。

魏征称唐太宗是一个"很注意研究古今的历史，从中找出治理天下经验"的皇帝。由于唐太宗是一位重视总结历史经验和教训的皇帝，所以在他的支持和推动下，魏征也以总结历史教训为目的，特别是总结隋亡的教训为出发点，参与进行了一些史书的编纂工作。

唐朝从李渊开始，就很注意前朝史书的编纂。早在武德四年 (621年)，当全国的统一大业还没有最后完成的时候，李渊就接受了令狐德棻的建议，下诏撰修梁、陈、齐、周、隋、魏六朝的史书，但因当时修史的条件还不具备，所以未能在武德年间完成。唐太宗即位后，贞观三年重新对修史的工作进行了部署，除《魏书》不再复修外，唐太宗命礼部侍郎令狐德棻和秘书郎岑文本修《周书》，中书舍人李百药修《北齐书》，著作郎姚思廉修《梁书》和《陈书》，秘书监魏征修《隋书》。由尚书左仆射房玄龄总监诸吏，但因房玄龄是宰相，事情较多，没有工夫过问修史的事，所以唐太宗后来又任命魏征为实际的总监。

魏征在主修《隋书》前，已有王劭写的《隋史》十八卷和王胄的《大业起居注》，但是王劭的书比较散乱，没有一定的体例，而王胄的起居注又在隋末战乱散失很多，不很完整，.所以可供魏征参考使用的资料并不多。为了弥补这个不足，魏征就利用当时还有很多隋朝遗老存在的有利条件，亲自去访问和收集。如孙思邈对以往的历史很了解，对很多事记忆得清楚，魏征就几次访问他，得到了不少宝贵的材料。他还很重视私人家传的收集和研究工作，从中也补充了官撰史书的不足。

《隋书》的纪、传都是由当时的中书侍郎颜师古、给事中孔颖达起草的，这两个人都很有学问，对历史也有研究，所以写得都很有水平。再经过魏征的修改审定，力求达到简明和正确。经过这三位高手的撰修审定，《隋书》五十五卷在"二十四史"中是比较好的一部断代史。《隋书》中的序、论，齐、梁、陈书中的总论，都是魏征亲自撰写的。它们都是总结和评论历史得失的短论，集中反映了魏征重视人民群众在历史发展中起到的进步作用，比较深刻地揭示了历代王朝特别是隋亡的政治和经济原因，是很有价值的历史论著。

贞观十年（636年）正月，五部史书同时修成，由房玄龄和魏征共同署名，进呈给唐太宗。唐太宗对他们能在六、七年的时间，完成五个朝代史书的编纂工作，十分满意，并各有嘉奖。魏征以总监之功，赏赐特别丰厚，加封光禄大夫，晋爵郑国公，还赐绢二千段，

魏征撰修的《隋书》中只有纪和传，而没有志。后来长孙无忌等又奉命补写了十志，共三十卷，收入《隋书》中，补了这一缺陷。

犯颜直谏，青史美名

唐太宗是一个比较能听臣下意见的封建帝王，所以在贞观年间，君臣共商国事，互相平等地讨论问题，政治比较开明，谏诤的风气盛行。其中敢于据理力谏，直言不留情面的，首推魏征了。

魏征本来并不是唐太宗的亲信，开始时唐太宗对他还存有戒心。但由于魏征有胆有识，敢于直言唐太宗的过错，匡正他政策上的失误，而不计较个人的安危，所以逐步取得了唐太宗的信任。他的正直，对唐太宗已经产生了相当的威力。有一次唐太宗想去南山游玩，准备工作都做好了，可是迟迟没有动身，这时魏征正扫墓归来，听到这件事，

就去问唐太宗为什么又不去了。唐太宗说："的确有过游南山的打算，因为怕你说不是，所以又决定不去了。"

从贞观初年到十七年魏征病故为止，十七年间魏征谏奏的事，有史籍可考的共有二百多项。包括了政治、经济、文化及对外关系和皇帝私生活等各个方面。魏征的谏诤一般能得到唐太宗的鼓励和支持，所以达到了知无不言的程度。唐太宗将魏征的谏诤，比做一面镜子，给了很高的评价。他说："魏征前后共提了二百多项建议，如果不是全心全意为国家着想，是很难做到的。"

谏诤的前提是皇帝能够听得进意见，所以当唐太宗有一次问魏征："什么叫明君？什么叫暗君？"的时候，魏征说："兼听则明，偏信则暗"，并对此进行了充分的发挥和阐述。魏征认为，任何个人的才智都是有局限性的，皇帝也不能例外，因为"皇帝身居深宫，对民间的事不能亲自了解，他必须通过大臣，才能了解到下情"，所以他要经常听取各方面的意见，才不会与外界隔绝。对此，唐太宗也是同意的，他认为当皇帝，"要管的事情很多，如果一人独断，不去听取臣下的意见，是不可能处理好的"。唐太宗并不认为自己当了皇帝，就不会犯错误，他一再向大臣们声明："皇帝有了过失，大臣们要指出来"，这种看法对一个皇帝来说，是难能可贵的。它正是唐初形成谏诤局面的前提。一般说来，封建君主专制主义的理论，强调君尊臣卑，一切由君主说了算，臣子即使看出了错误，也不能反对。魏征不同意这种理论。他认为，君臣要同心同德，才能治理好国家。君主再圣明，如果没有大臣的齐心协助，也是难以治理好国家的。唐太宗对此也是赞成的，他一再强调："我与各位大臣，共同治理百姓。"所以他要求大臣们，"支持皇帝正确的东西，帮助皇帝改正错误的东西，这才是君臣共同治理百姓。"正是在唐太宗的倡导下，魏征才能做到犯颜直谏，也才能出现唐初那种君臣同舟共济，兼听纳谏，广开言路的政治局面。

唐太宗虽然欢迎谏诤，但到具体的事情上，魏征反对他的意见时，并不一定总是愉快地接受的。唐朝规定十八岁的男子开始服兵役，为了多征兵，有一次唐太宗决定十六岁以上的健壮男子也都要征招入伍。

当时皇帝的命令要大臣会签后才能生效，魏征认为这个做法违反了唐朝的制度，几次都拒绝签字。唐太宗很生气，当面责问魏征为什么不签字，魏征回答说："竭泽而鱼，并不是得不到鱼，而是明年就捕不到鱼了。焚林猎兽，并不是捉不到兽，而是明年就无兽可捉了。兵不在多，而在于精，何必为了充数，而把不够年龄的人也拉来当兵呢？"魏征认为，明明规定十八岁服兵役，现在把十六岁的也征来，这就失信于天下了。唐太宗反问："我有什么失信于天下的事？"魏征举了一系列例子，说明唐太宗已经办了不少出尔反尔，失信于民的事。唐太宗最后在魏征摆事实，讲道理，说明不能征不足年龄的兵的情况下，才同意取消了这个命令。他对魏征说："我原来以为你太顽固，不通情理。现在听了你的话，觉得很有道理。政令前后不一，百姓不知所从，国家是治理不好的！"

谏净的结果，有时候唐太宗愉快地接受了魏征的意见，但有时因为意见提得尖锐激烈，冒犯了皇帝的尊严，也可能招致可悲的后果。有一次唐太宗回到宫里，恶狠狠地对长孙皇后说："迟早我要杀掉这个老家伙！"皇后问要杀谁？唐太宗说："就是魏征。他总是当众说我的不是，弄得我下不了台，有损皇帝的威严。"皇后听后，马上回去穿上朝服，向唐太宗道贺。唐太宗问："贺什么呢？"皇后说："君明则臣直。魏征那么直率，敢于犯颜直谏，就是由于你的圣明呀！所以我要向你祝贺。"这说明唐初所以能形成谏净的气氛，并不仅仅是唐太宗能纳谏，魏征敢谏净造成的，而是在唐朝的整个统治集团中，形成了一种谏净的风气，所以才能使魏征这样敢于直谏的大臣，不但能发挥谏净的作用，而且没有落得可悲的下场。

唐太宗晚年，由于国家的经济情况已经好转，对隋末战乱的影响也渐渐淡薄了，所以他开始变得傲慢起来，对大臣们的意见不那么听得进去了。这时魏征连续四次上《论时政疏》，给唐太宗敲警钟，希望他能够善始善终，把贞观初年纳谏如流的风气保存下来。后来，唐太宗更加奢纵，魏征上了著名的《十渐疏》，从十个方面指出了唐太宗的变化。魏征认为，贞观初年，唐太宗不追求物质享受，不大兴土木，关心百姓的疾苦，而现在却四处访寻珠宝，放纵嗜欲，追求享乐，还说："不动用民力，容易养成百姓骄惰，让他们多服些劳役，才容易听使唤"；贞观初年，唐太宗能够近君子，远小人，渴求人才，现在却只在表面上尊敬君子，对小人却亲热起来，听信小人的话，随便怀疑和斥退君子；贞观初年，唐太宗能孜孜不倦地与大臣讨论治国之道，虚心纳谏，下情上达，知道百姓的情况，现在却自负功大，骄傲自满，不愿再听下边的奏事，不再鼓励大臣们谏净，而热衷于打猎游乐，故意兴师动众，向四夷问罪，夸耀自己的武功。现在各地发生了旱灾，坏人也在蠢蠢欲动，如果不及时改正，后果不堪设想。魏征对唐太宗的这一警告是既及时而又尖锐的，唐太宗接受了他的忠告。他把魏征的奏章抄送史官，以便传给后世，他自己也将其贴在屏风上，随时可以看到。但是，这时的唐太宗已经功大而年老，他虽然赞扬和接受了魏征的忠告，但在实际行动上已经远远做不到了。

贞观初年，有人向唐太宗建议要用严刑峻法来治理天下，魏征反对，他认为治国不能单靠法，还要用仁义，峻法只能解决一时的问题，不是长久之计。魏征反对法家的那种严刑峻法的办法，并不认为可以无法，而主张正确地运用法律。怎么样才能正确地运用法律呢？他认为是"公之于法"，就是国家制定的法律，大家要共同遵守，皇帝也不能例外。他曾多次向唐太宗提出，制定了法律，就要依法办事，决不可因为自己是皇帝，就随意改动法律，在法外加"法"，用个人的意愿来代替法律。

唐太宗情绪容易激动，常因为个人的喜怒而滥行赏罚，他知道自己这种一时的冲动可能造成严重的后果，所以提醒大臣们要经常不断给他提出。有一次他任命瀛州刺史卢祖尚改任交州都督。卢祖尚开始接受任命，后来又反悔了，借口自己身体不适，不愿远去交州。唐太宗派人去劝说，他仍然不愿意去。唐太宗当面动员，他还是不肯去。唐太宗认为他太不识抬举，一怒之下，当场让人就把他杀了。唐太宗过后也很后悔，认为没有按法律办事，处理过分了。有一次他和大臣们在议论北齐皇帝高洋时，魏征借议论高洋批评唐太宗说："高洋很残暴，但和人讨论问题时，如果自知理亏，也还能听从别人的意见，这也是高洋的长处。"唐太宗也借机自悔说："卢祖尚坚决不服从派遣固然不对，但也构不成死罪，我一时发怒而杀了他，看来连高洋都不如了。"

在执法的时候，要赏罚分明，不徇私情，才能维护法律的尊严。魏征说："奖赏的时候，不要忘了疏远的人；处罚的时候，要不怕亲贵。要以公平为规矩，仁义为准绳，才能让人心服。"贞观初，濮州刺史庞相寿，因为贪污被人告发，受到了追缴赃款解除职务的处分。他原来是唐太宗为秦王时的老部下，就向唐太宗求情，希望原谅他。唐太宗派人告诉他：你是我的老部下，贪污大概是因为穷。我送给你一百匹绢，继续做你的刺史，以后注意不要再贪污了。唐太宗为了照顾自己的老部下，就不顾法律而徇私情了。这显然不利于执行国家的法律。魏征知道这个情况后，就上书反对说："因为庞相寿是你的老部下，就不追究他的贪赃枉法，而且还加以厚赏，留任原来的官。但是他并不知道自己贪污的不对。你过去为秦王时部下很多，如果他们都以此来贪赃枉法，这样就会使廉洁的官害怕，影响不好。"唐太宗不得不改变了

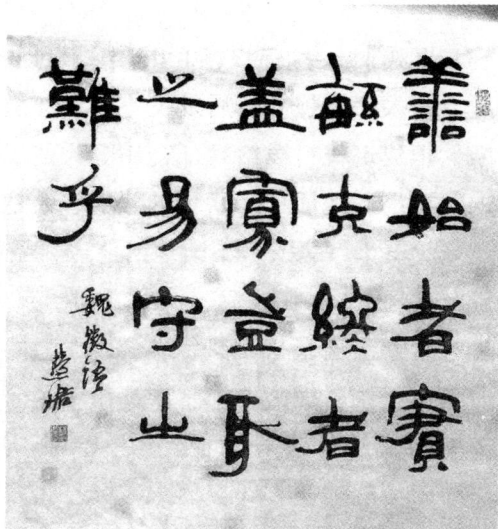

魏征书法

对庞相寿的处理。魏征还曾用"能为国家守法"六个字，表彰能为国家公正执法的法官薛仁方，同时揭露了皇亲国戚违法乱纪的事，以维护法律的公正。

魏征对执法者，要求他们要按实情来审理案件，反对严刑拷问，旁求罪证，任意牵连别人。贞观七年 (633 年) 魏征任侍中时，尚书省

积压了一批久未解决的案件，因为办案的人员意见不一，一直未能处理。唐太宗认为魏征办事一直公平，所以就让他去解决。魏征虽然并不熟习法律，但他能从案情的事实出发，有事实根据的就定案处理，事实不足的就不予以追究，加以结案释放。因为他从事实出发，处理得当，所以大家都很满意。

与世长辞，流芳千古

贞观十七年 (643 年) 正月，魏征得了重病。当时魏征家里没有正厅，唐太宗怕魏征死后发丧不体面，就停止了自己正在修建的一座便殿，把建筑材料拨给魏征，用五天的工夫就给魏征家修起了正厅。唐太宗还根据魏征喜好素雅的习惯，给他送去了白色的被褥。魏征的病越来越重了，唐太宗不断地给他送药品和食物，并派专人到他家守护，随时把病情报告唐太宗。

唐太宗还亲自到魏征家探望二次。第一次，让左右的人都避开，两人单独谈了很久。第二次还带了太子和衡山公主，魏征勉强在床上披着朝服，拖着身子拜见了唐太宗。唐太宗悲伤地安慰他好好养病，流着眼泪问他还有什么要求。魏征说："寡妇不愁织布的纬线少，只是担心周朝的灭亡！"意思就是我不发愁别的小事，只担忧国家的兴亡。唐太宗带着衡山公主，是准备把她嫁给魏征的儿子叔玉，这时唐太宗对魏征说："你再勉强看一眼你的新儿媳吧！"可是，魏征这时已经没有答谢之力了。

当天夜里，唐太宗梦见了魏征，神色和平时一样。可是第二天早晨，魏征就与世长辞了，终年六十四岁。唐太宗又亲自到魏征家里吊唁，哭得非常悲伤。他为了表示哀悼，还停止上朝五天，让太子在西华堂举哀，并命令文武百官都去参加魏征的丧仪。还赠魏征为司空、相州都督，赐给羽葆、鼓吹、班剑四十人的仪仗队，陪葬在昭陵。

临发丧时，魏征的妻子裴氏上书唐太宗："魏征生前素来节俭，现在按一品官的礼葬他，仪仗这么隆重，恐怕不合他的心意。"于是改用白木制的车子和白布缝的车帷来送葬。魏征出殡时，唐太宗让晋王去主祭，他自己还亲自书写了碑文，登上御苑中的西楼，望着魏征的灵柩西去，哭得极为哀痛。

魏征去世后，从他家里找到一份写了一半的奏稿，这也可以说是魏征的一份遗嘱。里边认得清的话有："天下的人有善有恶。任用善人，国家就安全；任用恶人，国家就要衰亡。对自己喜欢的人，要了解他的缺点；对自己讨厌的人，也要了解他的优点。要毫不迟疑地去掉恶人，也要毫不猜忌地任用善人，这样国家就可以兴盛了。"唐太宗看了，很受感动。他对大臣们说："我在这方面做得不够，你们要把魏征的这些话写在记事板上，发现我在这方面的问题，随时向我进谏。"

唐太宗把魏征看做是照自己过失的一面镜子，魏征的死使他失去了一面镜子。他说："用铜做镜子，可以端正衣冠；用历史做镜子，可以知道兴衰；用人做镜子，可以了解得失。"他把魏征看作了解自己得失的最好的一面镜子，所以他认为魏征的死对他是一个很大的损失。唐太宗对魏征的这一评价，应当说是相当正确和公正的了。

魏征死后，唐太宗给了他那么高的待遇，还在凌烟阁让人画了魏征等二十四个功臣的肖像，他亲自作像赞，不时去看像赋诗，悼痛不已。唐太宗对魏征的这种隆誉，遭到了一些人的妒忌，他们就制造各种流言蜚语，贬低魏征，挑拨唐太宗和魏征的关系。杜正伦和侯君集，魏征曾向唐太宗推荐，认为他们有宰相之才，因而杜正伦被提拔为兵部员外郎，后又改任太子左庶子，侯君集也官至检校吏部尚书。魏征死后，他们俩人都因牵连到太子承乾事件，一个被流放，一个下狱被杀。这时有人借机攻击，说魏征推荐他们二人，并不是因为他们有才，而是因为魏征和他们结为同党，互相吹捧，谋取私利。唐太宗听了，很不高兴。

又有人攻击魏征说，他谏诤唐太宗的奏章，都自己偷偷地抄录下来，交给了史官起居郎褚遂良，为了自己录之国史，名扬千载，而却宣扬了君主的错误。这与同时的重臣戴胄奏完之后，即毁掉底本，进行保密的做法不同，是为了显示自己的正确。唐太宗听了，更加不高兴。唐太宗不但令人毁掉了自己给魏征写的碑文，而且还反悔了将衡山公主嫁给魏征儿子叔玉为妻的允诺，表示了对魏征的不满。魏征的家族也自此开始衰败下来。

贞观十九年 (645 年) 唐太宗率军亲征高句丽。高句丽和袜褐联军猛攻辽东安市城 (今辽宁盖平县东北) 东南的驻跸山，由于李勣等大将率军力战，才没有被攻破。后来，天气冷了，粮食也供应不上，唐太宗被迫率军撤回。唐太宗在班师回来的路上，很后悔这一次军事行动，这时他想起了魏征，就对大家说："魏征如果还活着，他是不会同意我的这次行动的。"他派人把魏征的家属叫来，问了他家的情况，慰问赏赐了魏征的妻子，并以少宰的礼祭了魏征的坟墓，重新立起推倒的墓碑，恢复了他的声誉和待遇。不过那位答应嫁给魏征儿子的衡山公主，这时已经另嫁他人，无法再改正过来，把她嫁给魏征家了。魏征死后的这一反复，说明在封建社会的君臣关系，即使是像唐太宗与魏征这样合作共事了十七年，彼此已经够了解的了，但随着政治风云的变幻，死后仍然出现了波折。这也反映了封建社会政治斗争的曲折和多变。

魏征是以刚直不阿、勇于犯颜进谏而著名的大臣。他与唐太宗君臣之间虽然也产生过误会和矛盾，但总的说来是合作得比较好的典型。魏征作为封建社会的名臣，一直受到封建政治家的称赞，把他的思想和行为，作为封建政治家的某种典型和规范，历代都称赞不已。魏征确实不愧为一个伟大的封建政治家。

第 五 章

忧怀天下
——九全之才范仲淹

范仲淹，字希文，汉族，苏州吴县人，唐宰相范履冰之后。北宋著名的政治家、思想家、军事家和文学家，世称"范文正公"。他为政清廉，体恤民情，刚直不阿，力主改革，屡遭奸佞诬谤，数度被贬。1052年（皇祐四年）五月二十日病逝于徐州，终年64岁。是年十二月葬于河南洛阳东南万安山，谥文正，封楚国公、魏国公。朱熹对他赞誉极佳，称他为"有史以来天地间第一流人物"！

自幼孤贫，勤学苦读

宋太宗端拱二年（989年）秋八月，在武宁军（今江苏徐州）节度使掌书记范墉家，诞生了一个男孩，全家人为之欢喜不已。这个男孩，是范墉的第三子，即后来大名鼎鼎的范仲淹。

范仲淹出生第二年，父亲便病逝了。其母谢氏贫困无依，只好抱着襁褓中的范仲淹，改嫁山东淄州长山县（今山东邹平县附近）一户姓朱的人家。范仲淹也改从其姓，取名朱说，在朱家长大成人。

范仲淹从小读书就十分刻苦，朱家是长山的富户，但他为了励志，常去附近长白山上的醴泉寺寄宿读书，晨夕之间便读诵不辍。他苦读不懈的精神，给僧人留下深刻的印象：那时，他的生活极其艰苦，每天只煮一锅稠粥，凉了以后划成四块，早晚各取两块，拌几根腌菜，调半盂醋汁，吃完继续读书，后世便有了断齑划粥的美誉。但他对这种清苦生活却毫不介意，而用全部精力在书中寻找着自己的乐趣。

这样过了差不多三年，长山乡的书籍已渐渐不能满足他的需要。一个偶然的事件，暴露了范仲淹身世的隐秘。他惊愕地发现，自己原是苏州范家之子，这些年来，一直靠继父的关照度日。这件事使范仲淹深受刺激和震动，愧愤交集之下，他决心脱离朱家，自立门户，待将来卓然立业，再接母归养。于是他匆匆收拾了几样简单的衣物，佩上琴剑，不顾朱家和母亲的阻拦，流着眼泪，毅然辞别母亲，离开长山，徒步求学去了。

真宗大中祥符四年（1011年），23岁的范仲淹来到睢阳应天府书院（今河南商丘市睢阳区）。应天府书院是宋代著名的四大书院之一，共有校舍一百五十间，藏书数千卷。更主要的是这里聚集了许多志操才智俱佳的师生。到这样的学院读书，既有名师可以请教，又有许多同学互相切磋，还有大量的书籍可供阅览，况且学院免费就学，更是经济拮据的范仲淹求之不得的。应天府后来改名南京，应天府书院所以又叫南都学舍。

范仲淹十分珍惜崭新的学习环境，昼夜不息地攻读。范仲淹的一个同学、南京留守（南京的最高长官）的儿子看他终年吃粥，便送些美食给他。他竟一口不尝，听任佳肴发霉。直到人家怪罪起来，他才长揖致谢说："我已安于过喝粥的生活，一旦享受美餐，日后怕吃不得苦。"范仲淹甘于过艰苦的生活，有点像孔子的贤徒颜回：一碗饭、一瓢水，在陋巷，他人叫苦连天，颜回却不改其乐。

范仲淹的连岁苦读，也是从春至夏，经秋历冬；凌晨舞一通剑，夜半和衣而眠。别人看花赏月，他只在六经中寻乐，偶然兴起，也吟诗抒怀："白云无颓帝乡遥，汉苑谁人奏洞箫？多难未应歌凤鸟，薄才犹可赋鹡鸰。瓢思颜于心还乐，琴遇懂君恨即销。但使斯文天未丧，涧松何必怨山苗。"数年之后，范仲淹对儒家经典——诸如《诗经》《尚书》《易经》《礼记》《乐经》《春秋》等书主旨，已然堪称大通；吟诗作文，也慨然以天下为己任。

大中祥符七年（公元1014年），迷信道教的宋真宗率领百官到亳州（今安徽亳县）去朝拜太清宫。浩浩荡荡的车马路过南京（今河南商丘），整个城市轰动了，人们争先恐后地看皇帝，唯独有一个学生闭门不出，仍然埋头读书。有个要好的同学特地跑来劝他："快去看，这是个千载难逢的机会，千万不要错过！"但范仲淹只随口说了句："将来再见也不晚。"便头也不抬地继续读他的书了。果然，第二年他就得中进士，见到了皇帝。

大中祥符七年（1014年）秋和八年（1015年）春，他通过科举考试，中榜成为进士。在崇政殿参加御试时，他第一次看见年近五旬的真宗皇帝。后来还荣赴了御赐的宴席。二月的汴京（今开封市），春花满目，进士们坐跨骏马，在鼓乐声中游街："长白一寒儒，名登二纪余。"他吟着这样的诗句，想到自己已经27岁。比起旁边的滕宗谅等人，年纪显得大了许多。

不久，他被任命为广德军的司理参军（广德军位置在今安徽广德县一带，司理参军是掌管讼狱、审理案件的官员，从九品）。随后，又调任为集庆军节度推官（集庆军辖境位置在今安徽亳州一带，节度推官是幕职官，从八品）。他把母亲接来赡养，并正式恢复了范姓，改名仲淹，字希文。从此开始了他近四十年的政治生涯。

治堰督学，一心为民

宋真宗天禧二年（1018 年），范仲淹被任命为谯郡（今安徽亳县）从事，不久又升任秘书省校书郎。天禧五年（1021 年），范仲淹监泰州（今江苏泰州市）西溪镇盐税，后来历行大理寺丞、监楚州（今江苏淮安）粮料院。在这期间，范仲淹虽官位卑微，却处处以天下为任，办了很多利国利民的事情。

范仲淹监泰州西溪镇盐税仓时，泰州一带海堰年久失修，每年海浪袭击，使农田大规模被毁，老百姓流离失所。看到这种悲惨景象，范仲淹思绪翻滚，便向发运副使张纶上书，请求修海堰，保民田。张纶将范仲淹所言之事，上奏朝廷，并指出泰州兴化县每次遭受的袭击最重。于是，朝廷任命范仲淹兼任兴化县县令，主持修筑海堰工程。

范仲淹接到任命书，立即组织民夫开始修筑海堰。不巧的是，动工的第一天便遇上天下大雨，暴涨的海浪冲上堤岸，一百多民夫被海浪卷走，丧身大海。遇上这样不吉利的事情，范仲淹一面安抚死难者的家属，一面重新招集民夫。当时，迷信的老百姓说："龙王发怒，堰不可修！"一时间人心惶恐，但范仲淹镇静自若，力排众议，耐心劝说。朝廷闻知此事，也派使者来到兴化，讨论罢修海堰之事。淮南转运使胡令仪十分支持范仲淹，上奏朝廷说："海堰之事不可废！堰成，则民安，利国利民。"在胡令仪的一再坚持之下，朝廷召回了使者，允许继续修筑海堰。

经过一年的努力，长达数百里的海堰竣工了，从此泰州百姓再也没有遭受海浪的袭击，过上了平安的日子。当地老百姓为了纪念范仲淹的功绩，通通改姓范，传为佳话。

宋仁宗天圣四年（1026年），范仲淹的母亲谢氏因病去世，范仲淹因母丧去官，暂居应天府。当时，枢密副使晏殊因忤旨被贬为应天府知府，晏殊早就听闻过范仲淹的大名，见其守母丧无事，便请其执掌府学，教授生徒，范仲淹接受了晏殊的请求。

自唐末五代以来，天下学校多废，大宋王朝的仁人志士为教化民风，往往每到一处便兴办学校，晏殊、范仲淹无不如此。范仲淹来到学校之后，与学生同甘共苦，甚至经常居住在学校中，顾不得回家。对于督学之事，范仲淹勤劳恭谨，一丝不苟，特别有法度。

范仲淹像

为了便于工作，范仲淹搬到学校去住。他制定了一套作息时刻表，按时训导诸生读书。夜晚，还经常深入宿舍，检查和责罚那些偷闲嗜睡的人。每当给诸生命题作赋，他必定先作一篇，以掌握试题难度和着笔重点，使诸生迅速提高写作水平。

应天府书院的学风，很快就焕然一新。四方前来就读和专意向范仲淹问业的人，络绎而至。范仲淹热诚接待这些迢迢而来的学者，不倦地捧书为他们讲授。有时，还用自己的微薄俸禄招待他们吃饭，以致自己家中窘迫不堪。一次，有位游学乞讨的孙秀才，前来拜谒范公。

范仲淹即刻送了他一千文钱。过了一年，孙秀才又来拜谒范公，范仲淹一边送钱给他，一边问他为何匆匆奔讨，不坐下来静心读书。孙秀才悲戚地说，"家有老母，难以赡养；若每天有一百文的固定收入，便足够使用。"

范仲淹对他说："听语气，你不像乞客。待我帮你在本校找个职事，让你一月可得三千文，去供养老人。如果这样，你能安心治学不能？"孙秀才大喜拜命，从此，跟着范仲淹攻读《春秋》。第二年，范仲淹离开南京，孙秀才也辞去职事。

十年之后，朝野上下传诵着有位德高望重的学者，在泰山广聚生徒，教授《春秋》，姓孙名复，就连山东著名的徂徕先生石介，也师事于他。这位学者，便是当年那位孙秀才。范仲淹感慨地说："贫困实在是一种可怕的灾难。倘若孙复一直乞讨到老，这杰出的人才岂不湮没沉沦。"

除了孙复之外，范仲淹还联络和帮助过许多著名的学者。如胡瑗、李觏、张载、石介等。或邀聘他们到自己的管界主持教务，或荐举他们出任朝廷的学官，或指点他们走上治学之路。从海陵到高邮，从苏州到分州 (今陕西彬县)，范仲淹每到一处，总是首先兴学聘师，关心教育。后来做到宰相时，更下令所有的州县一律办学。而经他指教和影响过的很多人，往往都各有所成。

几度起落，初衷不改

天圣六年 (1028 年)，范仲淹服丧期满，经过晏殊的推荐，他荣升秘阁校理——负责皇家图书典籍的校勘和整理。秘阁设在京师宫城的崇文殿中，秘阁校理之职，实际上属于皇上的文学侍从。在此，不但

可以经常见到皇帝，而且能够耳闻不少朝廷机密。对一般宋代官僚来说，这乃是难得的腾达捷径。

范仲淹一旦了解到朝廷的某些内幕，便大胆介入险恶的政治斗争。他发现仁宗皇帝年已二十，但朝中各种军政大事，却全凭六十岁开外的刘太后一手处置，而且，听说这年冬至那天，太后要让仁宗同百官一起，在前殿给她叩头庆寿，范仲淹认为，家礼与国礼，不能混淆，损害君主尊严的事，应予制止，他奏上章疏，批评这一计划。

范仲淹的奏疏，使晏殊大为恐慌。他匆匆把范仲淹叫去，责备他为何如此轻狂，难道不怕连累举主吗？范仲淹素来敬重晏殊，这次却寸步不让，沉脸抗言："我正为受了您的荐举，才常怕不能尽职，让您替我难堪，不料今天因正直的议论而获罪于您。"一席话，说得晏殊无言答对。回到家中，范仲淹又写信给晏殊，详细申辩，并索性再上一章，干脆请刘太后撤帘罢政，将大权交还仁宗。

朝廷对此默不作答，却降下诏令，贬范仲淹离京，调赴河中府 (今山西省西南部永济县一带) 任副长官——通判。秘阁的僚友送他到城外，大家举酒钱别说："范君此行，极为光耀！"三年之后，刘太后死去了。仁宗把范仲淹召回京师，派做专门评议朝事的言官——右司谏，有了言官的身份，他上书言事就更无所畏惧了。

明道二年 (1033 年)，京东和江淮一带大旱，又闹蝗灾，为了安定民心，范仲淹奏请仁宗马上派人前去救灾，仁宗不予理会，他便质问仁宗："如果宫廷之中半日停食，陛下要怎么办呢？"仁宗愕然惭悟，就让范仲淹前去赈灾。他归来时，还带回几把灾民充饥的野草，送给了仁宗和后苑宫眷。

宰相吕夷简，当初是靠讨好刘太后起家的。太后一死，他又赶忙说太后的坏话。这种狡诈行径，一度被仁宗的郭皇后揭穿，宰相职务也被罢免。但吕夷简在宫廷中的因缘关系，依然根深蒂固。不久，他便通过内侍阎文应等重登相位，又与阎文应沆瀣一气，想借仁宗的家务纠纷，而废掉郭后。堕入杨美人、尚美人情网的年轻皇帝，终于决定降诏废后，并根据吕夷简的预谋，明令禁止百官参议此事。

范仲淹知道，这宫廷家务纠纷背后，掩藏着深刻而复杂的政治角逐。他与负责纠察的御史台官孔道辅等，数人径趋垂拱殿，求见仁宗面谈。他们伏阁吁请多时，无人理睬。司门官又将殿门砰然掩闭。范仲淹等人手执铜环，叩击金扉，隔门高呼质问："皇后被废，为何不听谏官进言！"看看无济于事，大家在铜虎畔议定一策，准备次日早朝之后，将百官统统留下，当众与吕相辩论。

次日凌晨，妻子李氏牵着范仲淹的衣服，再三劝阻他不要去招惹祸机。他却头也不回地出门而去。刚走到待漏院，等候上朝，忽听降诏传呼，贬他远窜江外，去做睦州 (今浙江桐庐县附近) 知州。接着，朝中又派人赶到他家，催促着要押他即刻离京。孔道辅等人，也或贬或罚，无一幸免。

这次至城郊送别的人，已不很多，但仍有人举酒赞许说："范君此行，愈觉光耀！"在离开谏职去浙江的路上，范仲淹心中并无悔恨，只是略感不平："重父必重母，正邦先正家。一心回主意，十口向天涯！"有人笑他好似不幸的屈原，他却认为自己更像孟轲："分符江外去，人笑似骚人。""轲意正迂阔，悠然轻万锺！"

过了几年，他由睦州移知苏州，因为治水有功，又被调回京师，并获得天章阁待制的荣衔，做了开封知府。前时一同遭贬的孔道辅等人，也重归朝廷。范仲淹在京城大力整顿官僚机构，剔除弊政，把工作安排得井井有条，仅仅几个月，号称繁剧的开封府就"肃然称治"。

范仲淹看到宰相吕夷简广开后门，滥用私人，朝中腐败不堪。范仲淹根据调查，绘制了一张"百官图"，在景祐三年 (1036 年) 呈给仁宗。他指着图中开列的众官调升情况，对宰相用人制度提出尖锐的批评。吕夷简不甘示弱，反讥范仲淹迂腐。范仲淹便连上四章，论斥吕夷简狡诈，吕夷简更诬蔑范仲淹勾结朋党，离间君臣。

范、吕之争的是非曲直，不少人都看得分明。偏偏吕夷简老谋深算，善于利用君主之势而最终取胜。仁宗这年 27 岁，尚无子嗣，据说范仲淹曾关心过仁宗的继承人问题，或许谈论过立什么皇太弟侄之类的事。这事虽出于兴旺宋廷的至诚和忠直之心，却不免有损仁宗的自尊。加之吕夷简的从旁中伤，范仲淹便被褫夺了待制职衔，贬为饶州知州。后来几乎又贬死岭南。

台官韩渎为迎合宰相意旨，请把范仲淹同党的人名，写成一榜，张挂于朝堂。余靖、尹洙、欧阳修等人，因为替范仲淹鸣不平，也纷纷被流窜边远僻地。从此，朝中正臣夺气，直士咋舌。

这次到都门外送范仲淹的亲朋，已寥寥无几。但正直的王质，却扶病载酒而来，并称许："范君此行，尤为光耀！"几起几落的范仲淹听罢大笑道："仲淹前后已是三光了，下次如再送我，请备一只整羊，作为祭典吧！"第二天，有人警告王质说，他昨日送范仲淹的一言一动，都被监视者记录在案，他将作为范党被审查。王质听了，毫无畏色，反引以为荣。

饶州在鄱阳湖畔。从开封走水路到此，至少须经十几个州。除扬州外，一路之上竟无人出门接待范仲淹，范仲淹对此也并不介意，他已经习惯于从京师被贬做地方官了。他捻着花白的髭须，在饶州官舍吟起一诗："三出专城鬓似丝，斋中萧洒胜禅师……世间荣辱何须道，塞上衰翁也自知！"

范仲淹自幼多病，近年又患了肺疾，不久妻子李氏也病死在饶州。在附近做县令的诗友梅尧臣，寄了一首《灵乌赋》给他，并告诉他说，他在朝中屡次直言，都被当作乌鸦不祥的叫声，昔日愿他拴紧舌头，锁住嘴唇，除了吃喝之外，只管翱翔高飞。范仲淹立即回了一首《灵乌赋》，禀复说，不管人们怎样厌恶乌鸦的哑哑之声，我却宁鸣而死，不默而生！

五十岁前后，范仲淹先后被调到润州（今江苏镇江一带）和越州（今浙江绍兴一带）做知州。这时，一桩重大事件震动了全国，也改变了他的命运。

西陲守土，屡立军功

原来居住在甘州和凉州（今甘肃张掖、武威）一带的党项族人，本来臣属于宋朝。从宝元元年（1038年）起，党项族首领元昊，突然另建西夏国，自称皇帝，并调集十万军马，侵袭宋朝延州（今陕西延安附近）等地。面对西夏的突然挑衅，宋朝措手不及，朝廷内有的主攻，有的主守，吵成一团，宋仁宗也举棋不定，莫衷一是。

边境上更是狼狈，由于三十多年无战事，宋朝边防不修，士卒未经战阵，加上宋将范雍无能，延州北部的数百里边寨，大多被西夏军洗劫或夺去。仁宗与吕夷简商议，派夏竦去做陕西前线主帅，又采纳当时副帅韩琦的意见，调范仲淹做另一员副帅——陕西经略安抚招讨副使。后来又把尹洙也调至西线。

52岁的范仲淹，先被恢复了天章阁待制的职衔，转眼间又荣获龙图阁直学士的职衔。进京面辞仁宗之后，范仲淹便挂帅赶赴延州，仕途上的艰辛蹉跎使他早已霜染鬓发，但是忠心报国的热忱却不减当年。范仲淹亲临前线视察，他发现宋军官兵、战阵、后勤及防御工事等，各方面都颇多弊端；如不改革军阵体制，并采取严密的战略防御，实难扭转战局。韩琦的看法却不同，他低估了西夏军优势，并激于屡受侵扰的义愤，主张集中各路兵力，大举实行反击。

夏竦为请仁宗批准反攻计划，派韩琦和尹洙兼程回京，得获仁宗诏准后，尹洙又奉命谒见范仲淹，请他与韩帅同时发兵。范仲淹与韩、尹虽为至交，却认为反攻时机尚未成熟，坚持不从。尹洙慨叹道："韩公说过，'且兵须将胜负置之度外'。您今天区区过慎，看来真不如韩公！"范仲淹说："大军一发，万命皆悬，置之度外的观念，我不知高在何处!"

庆历元年 (1041 年) 正月,韩琦接到西夏军侵袭渭州 (今甘肃平凉一带) 的战报。他立即派大将任福率军出击。西夏军受挫撤退,任福下令急追。直追至西夏境六盘山麓,却在好水川口遇伏被围。任福等十六名将领英勇阵亡,士卒惨死一万余人。韩琦大败而返,半路碰上数千名死者的家属。他们哭喊着亲人的姓名,祈祷亡魂能跟着韩帅归来。韩琦驻马掩泣,后悔不已。

范仲淹的战略防御,并非单纯或消极的防守措施。他初至延州,便全面检阅军旅,并实行了认真的裁汰和改编。他从士兵和低级军官中提拔了一批猛将,由当地居民间选录了不少民兵;又开展了严格的军事训练。按军阶低高先后出阵的机械临阵体制,也被他取缔,改为根据敌情选择战将的应变战术。在防御工事方面,他采纳种世衡的建议,先在延北筑城;后来又在宋夏交战地带,构筑堡寨。对沿边少数民族居民,则诚心团结,慷慨优惠,严立赏罚公约。这样,鹿延、环庆、泾原等路边防线上,渐渐屹立起一道坚固的屏障。

庆历二年 (1042 年) 三月的一天,范仲淹密令长子纯佑和蕃将赵明,率兵偷袭西夏军,夺回了庆州西北的马铺寨。他本人又随后引军出发,诸将谁也不知道这次行动的目的。当部队快要深入西夏军防地时,他突然发令:就地动工筑城。建筑工具事先已经备好,只用了十天,便筑起一座新城。这便是锲入宋夏交界间那座著名的孤城——大顺城。西夏不甘失败,派兵来攻,却发现宋军以大顺城为中心,已构成堡寨呼应的坚固战略体系。

从大顺城返回庆州的途中,范仲淹觉得如释重负。头年,在延州派种世衡筑青涧城,东北边防已趋稳定。西夏军中私相诚议的话,也传到他的耳朵里。他们说:"不能轻易攻取延州了,如今小范老子胸中有数万甲兵,不似大范老子那般好对付。"现在庆州北部的边防,也大体接近巩固。只是他自己的身体,却感到十分疲惫。此刻正是暮春季节,山畔的野花刚刚开放。如果是在江南,早已百花烂漫了。他随口吟起四句诗:"三月二十七,羌山始见花;将军了边事,春老未还家。"

转眼又是夏去秋来，范仲淹为了严密防务，不能不赴大顺城等处踏勘。他今年已逾54岁，满头白发在朔风中摇曳，望望天空南飞的大雁，心中有无尽的感慨。深夜失眠，他便挑灯填起词来，一连数阕《渔家傲》，都以相同的四个字开头：塞下秋来风景异，衡阳雁去无留意，四面边声连角起，千嶂里，长烟落日孤城闭。浊酒一杯家万里，燕然未勒归无计，羌管悠悠霜满地，人不寐，将军白发征夫泪。

范仲淹还采取了一些办法来提高军队的战斗力。宋朝皇帝的诏旨中曾规定了各级将领统率军队的数目，若遇敌侵犯，地位低的军官就带军队先行出阵抵御。范仲淹说："战将不选择适当的人，只以官阶高低作为出阵先后的标准，这是自取失败的办法。"于是，他认真检阅了延州的军队，淘汰了一批怯懦无能的将校，选拔了一批经过战火考验的有才干的人代替他们，他又淘汰老弱，选择18000名合格士兵，把他们分成6部，让每个将领统率3000人，分别予以训练，改变了过去兵将不相识的状况，临战时根据敌军多寡，调遣他们轮流出阵抗敌。

范仲淹又积极招募士兵，因为原来守边的大都是从内地调来的已经腐化的禁军，这批人既不耐劳苦，又因久戍思乡，斗志不高，而从本地人民中招募士兵，熟悉山川道路，强悍敢战，又因保卫家乡，斗志较强。精练士卒，提高了军队的战斗力。此外，范仲淹能以身作则，将士没喝上水他从不说渴，将士没吃上饭他从不叫饿，朝廷赏赐给他的金帛都分发给将士。范仲淹赏罚分明，奖励勇猛杀敌的士兵，提拔重用立功的将领，对克扣军饷的贪污分子则当众斩首，毫不留情。这样，在范仲淹的率领下，西北军中涌现出许多像狄青、种世衡那样有勇有谋的将领，又训练出一批强悍敢战的士兵，直到北宋末年，这支军队仍是宋朝的一支劲旅。

在范、韩等人苦心经营下，边境局势大为改观。这时，西夏国内出现了各种危机，西夏军将领中间，也矛盾重重。至庆历二年以后，边界自西夏向宋朝投诚的人，已陆续不断。宋夏两国的百姓，都希望尽快停止军事行动。双方议和的使节，也开始秘密往返于兴庆府（今银川市）与汴梁之间。庆历四年（1044 年）双方正式达成和议。宋夏重新恢复了和平，西北局势得以转危为安。

庆历新政，改革图强

从元昊叛宋起，宋朝的边防开支便突然膨胀起来。政府为了扩大收入，又不得不增加百姓负担。于是，包括京城附近在内，各地反抗朝廷的暴动与骚乱，纷然而起。

庆历三、四年间（1043—1044 年），急待稳定政局的仁宗皇帝，似乎显得格外开明和进步。他将西线的三名统帅——夏竦、韩琦和范仲淹，一同调回京师，分别任命为最高军事机关的正副长官——枢密使、枢密副使；又扩大言官编制，亲自任命了四名谏官——欧阳修、余靖、王素和蔡襄，后来号称"四谏"。

"四谏"官一声奏言，撤掉了略无军功的夏竦，以杜衍和富弼为军事长官。"四谏"官又一声奏言，彻底罢免了吕夷简的军政大权。"四谏"官第三声奏言，则驱逐了副宰相王举正，以范仲淹取而代之。面对这前所未有的出色班底，石介喜出望外。他写诗赞颂说："举擢俊良，扫除娇魅！提升众贤，就像拔茅一样，大批群起，驱逐奸邪，就像切掉鸡爪一般，永难长续。"

庆历三年（1043 年）九月，仁宗连日催促范仲淹等人，拿出措施，改变局面。范仲淹、富弼和韩琦，连夜起草改革方案。特别是范仲淹，认真总结从政 28 年来酝酿已久的改革思想，很快呈上了著名的新政纲领《答手诏条陈十事》，提出了十项改革主张，它的主要内容是：

（一）明黜陟。即严明官吏升降制度。那时，升降官员不问劳逸如何，不看政绩好坏，只以资历为准。故官员不求有功，但求无过，因循苟且，无所作为。范仲淹提出考核政绩，破格提拔有大功劳和明显政绩的，撤换有罪和不称职的官员。

（二）抑侥幸。即限制侥幸做官和升官的途径。当时，大官每年都要自荐其子弟充京官，一个学士以上的官员，经过二十年，一家兄弟子孙出任京官的就有二十人。这样一个接一个地进入朝廷，不仅增加了国家开支，而且这些纨绔子弟又不干正事，只知相互包庇，结党营私。为了国家政治的清明和减少财政开支考虑，应该限制大官的恩荫特权，防止他们的子弟充任馆阁要职。

（三）精贡举。即严密贡举制度。为了培养有真才实学的人，首先应该改革科举考试内容，把原来进士科只注重诗赋改为重策论，把明经科只要求死背儒家经书的词句改为要求阐述经书的意义和道理。这样，学生有真才实学，进士之法，便可以依其名而求其实了。

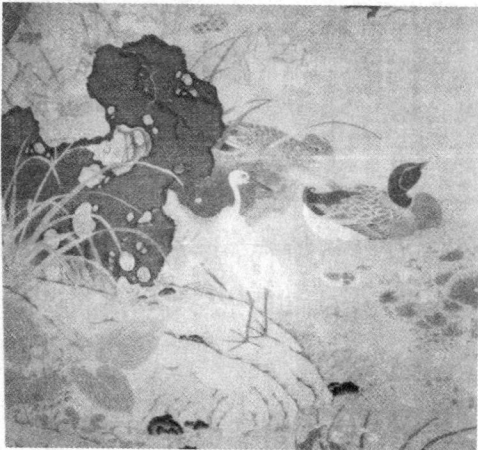

宋·缂丝莲塘乳鸭图

（四）择长官。针对当时分布在州县两级的官员不称职者十居八九的状况，范仲淹建议朝廷派出得力的人往各路（北宋州以上的一级监察和财政区划）检查地方政绩，奖励能员，罢免不才；选派地方官要通过认真地推荐和审查，以防止冗滥。

（五）均公田。公田，即职田，是北宋地方官的定额收入之一，但分配往往高低不均。范仲淹认为，供给不均，怎能要求官员尽职办事呢？他建议朝廷均衡一下他们的职田收入；没有发给职田的，按等级发给他们，使他们有足够的收入养活自己。然后，便可以督责他们廉洁为政；对那些违法的人，也可予以惩办或撤职了。

（六）厚农桑。即重视农桑等生产事业。范仲淹建议朝廷降下诏令，要求各级政府和人民，讲究农田利害，兴修水利，大兴农利，并制定一套奖励人民、考核官员的制度长期实行。

（七）修武备。即整治军备。范仲淹建议在京城附近地区招募强壮男丁，充作京畿卫士，用来辅助正规军。这些卫士，每年大约用三个季度的时光务农，一个季度的时光进行军事训练，寓兵于农，实施这一制度，可以节省给养之费。京师的这种制度如果成功了，再推广到各地仿照执行。

（八）推恩信。即广泛落实朝廷的惠政和信义。主管部门若有人拖延或违反敕文的施行，要依法从重处置。另外，还要向各路派遣使臣，巡察那些应当施行的各种惠政是否施行。这样，便处处都没有阻隔皇恩的现象了。

（九）重命令。即要严肃对待和慎重发布朝廷号令。范仲淹认为，法度是要示信于民，如今却颁行不久便随即更改，为此朝廷必须讨论哪些可以长久推行的条令，删去繁杂冗赘的条款，裁定为皇帝制命和国家法令，颁布下去。这样，朝廷的命令便不至于经常变更了。

（十）减徭役。范仲淹认为如今户口已然减少，而民间对官府的供给，却更加繁重。应将户口少的县裁减为镇，将各州军的使院和州院衙署，并为一院；职官厅差人干的杂役，可派一些州城兵士去承担，将那些本不该承担公役的人，全部放回农村。这样，民间便不再为繁重的徭役而困扰了。

《条陈十事》写成后，立即呈送给宋仁宗。宋仁宗和朝廷其他官员商量，表示赞同，便逐渐以诏令形式颁发全国。于是，北宋历史上轰动一时的庆历新政就在范仲淹的领导下开始了，范仲淹的改革思想得以付诸实施。新政实施的短短几个月间，政治局面已焕然一新：官僚机构开始精简；以往凭家世做官的子弟，受到重重限制；昔日单凭资历晋升的官僚，增加了调查业绩品德等手续，有特殊才干的人员，得到破格提拔；科举中，突出了实用议论文的考核；全国普遍办起了学校。

范仲淹还主张，改变中央机关多元领导和虚职分权的体制，切实扩大宰臣的实权，以提高行政效率。为了撤换地方上不称职的长官，他又派出许多按察使，分赴各地。按察的汇报一到，贼官姓名就从班簿上勾掉。富弼看他一手举簿、一手执笔，俨若无情的阎罗判官，便从旁劝谕："你这大笔一勾，可就有一家人要哭！"范仲淹回答说："一家人哭，总该比几个州县的人哭好些！"

改革的广度和深度，往往和它遭到的反对成正比。大批守旧派的官僚们，开始窃窃私议。御史台的官员中，已有人抨击某些按察使——说什么"江东三虎""山东四伥"。范仲淹在边防线上的几员部将，也遭到秘密的调查，并遇到许多麻烦。欧阳修等"四谏"，企图撵走这些保守派的爪牙，另换几名台官。但他们很快发现，台官背后，掩藏着更有权势的人物。欧阳修本人，反被明升暗撤，离京出使河东。范仲淹预感到，事情绝不像石介颂扬的那么简单：改革路上，隐患重重；新政前程，也岌岌可危。

庆历四年 (1044 年) 仲夏时节，台官们忽然声称破获了一起谋逆大案。该案直接涉及的是石介和富弼。仁宗不信会有这种事情。石、富二位，更觉莫名其妙。但是，台官却有石介给富弼的亲笔信件作证；而信中又隐然有废黜仁宗之意。石介对此矢口否认，富弼还没来得及辩解，就已经惶恐交加。其实，此事纯为夏竦一手策划。从他被撤去枢密使职、并被石介斥为"奸魅"时起，便秘密买通婢女临摹石介的手迹。

此案一兴，蜚语四起。后来，甚至牵连到范仲淹改革的诚意，乃至扩大相权的居心之类。宋仁宗虽然对这件事未必全信，但看到反对革新的势力这么强大，他开始动摇了，这时，宋夏之间已正式议和；政治危机，也大略消弭。仁宗对于改革的兴致，已渐冷漠和淡释。富弼为了避嫌，请求出使边地。范仲淹也自知无趣，带职去视察河东与陕西。

宰相章得象和副相贾昌朝，当初曾附和过范仲淹的新政。但在实际执行中，他们却阳奉阴违。待到新政受挫，革新派遭诬，他们便立即转向。范、富离京之后，他们索性与保守势力联合，对范仲淹等人落井下石；并通过台官，制造新的冤案，将在京的革新人物一网打尽。

庆历五年（1045 年）初，曾慷慨激昂，想励精图治的宋仁宗终于完全退缩，他下诏废弃一切改革措施，范仲淹和富弼被撤去军政要职。实行仅一年有余的各项新政，也先后纷纷取缔。京师内外的达官贵人及其子弟，依旧歌舞喧天。范仲淹革除弊政的苦心孤诣，转瞬间付之流水。他被调做那州（今陕西彬县一带）知州，准备为这范氏祖先的发祥地，做些力所能及的好事。

为国为民，先忧后乐

这一次被贬后，范仲淹再也没能回到朝廷的权力核心。庆历五年冬天，五十八岁的范仲淹身体已大不如前，边塞的严寒威胁着他的健康，仁宗下诏允他迁至较和暖的邓州做知州。此时，富弼已贬至青州（今山东省益都一带），欧阳修贬去滁州（今安徽省滁县等地），滕宗谅贬在岳州（今湖南省岳阳一带），尹洙则流窜筠州（今江西省高安附近），并备受凌辱。范仲淹经过申请，把尹洙接到邓州来养病，尹洙临终，极为贫困，他笑着告诉范仲淹："死生乃是正常的规律。既无鬼神，也无恐惧。"

在此期间，范仲淹写下了那篇脍炙人口的《岳阳楼记》，表达了自己"居庙堂之高，则忧其民；处江湖之远，则忧其君"的忧国忧民、心系天下的情思，并以"先天下之忧而忧，后天下之乐而乐"之句，抒发自己要继续以天下安危为己任的政治抱负。但被排斥在朝廷之外的范仲淹直至去世，再也没有机会实现自己的远大抱负。

宋仁宗皇祐四年（1052 年）五月二十日，范仲淹因病逝于徐州（今江苏徐州），终年 64 岁。范仲淹死后，朝廷谥其为"文正"，赠官太师、中书令兼尚书令，封爵楚国公，于同年的十二月葬于河南洛阳县尹樊里之万安山下。宋仁宗亲笔撰写碑额，名之为"褒贤之碑"。欧阳修撰写碑文，富弼撰写墓志铭，赞颂范仲淹的文、德、才。到了南宋，朱熹称赞范仲淹说："范公乃天地间第一流人物！"

后人为纪念范仲淹，将他的诗文言论汇编成书，这就是我们今天所读到的《范文正公集》，那恢廓的气度，忧国忧民的高尚品德，足以使后人"高山仰止，景影行止"。

第 六 章

铁面无私
——公义之神包拯

　　包拯，字希仁，宋庐州合肥人。天圣朝进士出身，初授大理评事。宋康定元年，由天长县令调任端州知州；皇祐四年，任龙图阁直学士，人称包龙图；嘉祐元年任开封知府。后任京官枢密副使。嘉祐七年病逝任上，终年64岁。死后追授礼部尚书，谥号"孝肃"。包拯做官以断狱英明刚直而著称于世。知庐州时，执法不避亲党。在开封时，开官府正门，使讼者得以直至堂前自诉曲直，杜绝奸吏。立朝刚毅，京师有"关节不到，有阎罗包老"之语。后世人们则把他当作清官的化身，称他为"包青天"。

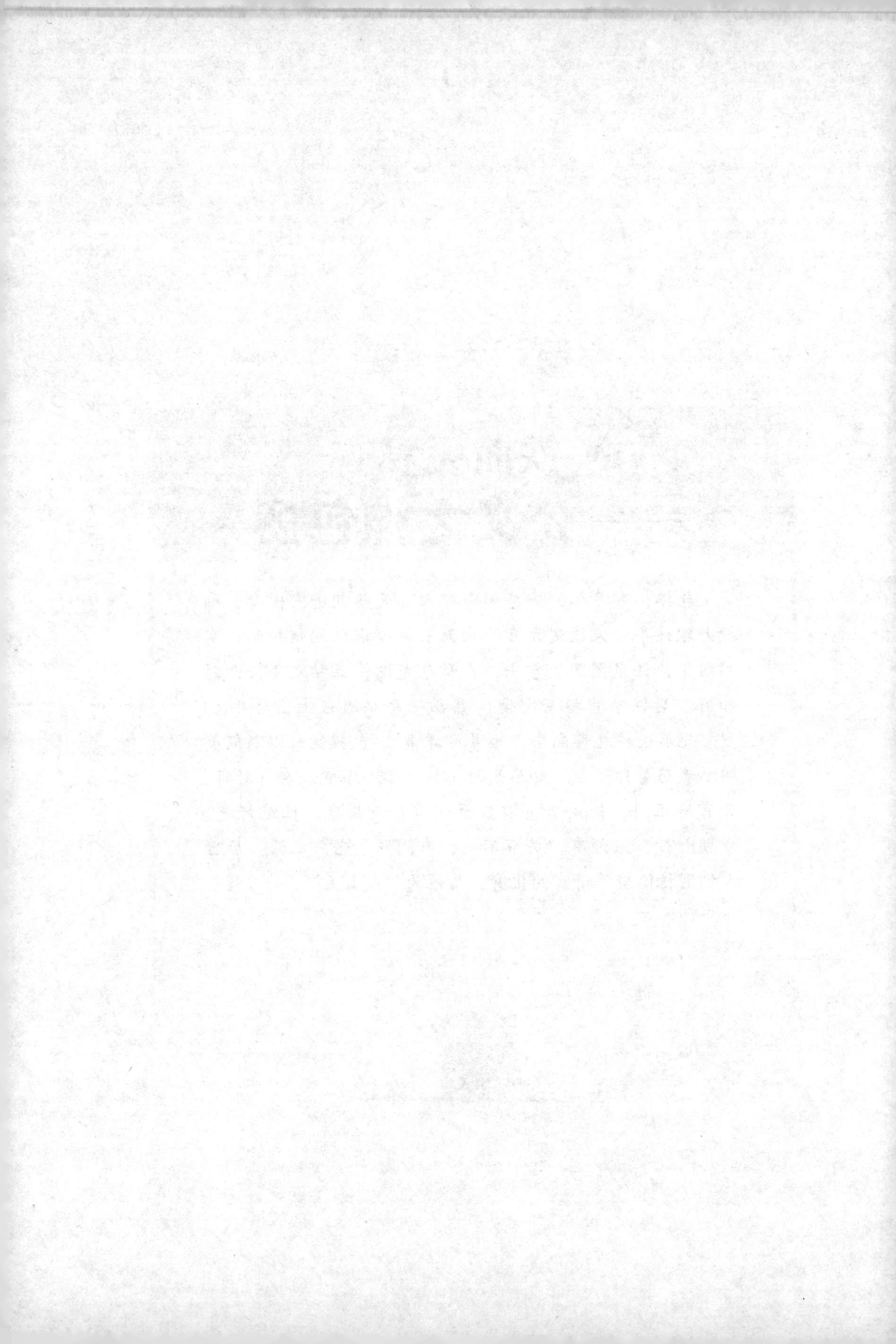

少有孝行，闻于乡里

　　包拯自幼深受父母宠爱和教养，他天资聪颖，读书十分勤苦。古圣先贤的教诲，忠义救国之士的事迹和他们的爱国主义精神在他幼小的心灵中埋下了端方、正义、刚健有为的种子。"天行健，君子以自强不息。"天体运行，永无休止；君子法天，故应自强不息。儒家经典中所缊含的这种积极进取、奋发有为、刚直不屈的基本精神，成为包拯一生立身行世的准则。"尽信前书之载，窃慕古人之为，知事君行己之方，有竭忠死义之分，确然素守，期以勉循。"包拯读书，为求知，也为砥砺志节，陶冶情操，树立"辅佐君王，治国安民"的远大抱负。不只是为了走当时文人们共同的科举入仕之路。在所读书中，包拯最喜欢《孟子》。"生，亦我所欲也，义，亦我所欲也，二者不可得兼，舍生而取义者也。生亦我所欲，所欲有甚于生者，故不为苟得也。死亦我所恶，所恶有甚于死者，故患有所不避也……"这些话，他不知读了多少回，背了多少遍，但每次诵读，他依然感到新鲜和激动，他感到有一股至大至刚的浩然之气在心中渐渐地蓄积，有一种精神让他变得坚实有力。在后来的为官生涯中，他以自己的行为实践了孟子所说的"富贵不能淫，贫贱不能移，威武不能屈"，终成一代名臣。

　　忠与孝，是中国传统文化的两大内涵，在包拯身上体现得也最为充分。仁宗天圣五年（1027年），二十九岁的包拯考中进士，被授为大理评事，实职为建昌知县。

　　当时包拯父母亲年纪都大了，包拯不忍远离，恳请在当地任职。但宋制规定任官回避当地，所以派包拯到与庐州毗临的和州担任掌管矿税的官，但父母又不想让他离开，包拯就辞去官职，回家赡养老人。这一待就是十年。古人曰"三十而立"，包拯不会不懂得这个道理。其间不少人也劝他尽早出仕，免得错过了机会。但包拯仍旧选择了在家侍奉双亲，他说："一个人如果对自己的亲生父母都不能尽孝，怎么能对国家尽忠呢？"一席话说得人们又是点头又是敬佩。待到父母相继去世，包拯又在双亲的墓旁筑起草庐，直到守丧期满，还是徘徊犹豫，不忍离去。这种对父母的至尊至孝，受到家乡人的交口称颂。近年，安徽合肥发现了一块包拯为父亲立的神道碑，碑上阴刻篆书"宋故赠刑部侍郎包公神道碑"十二字。这既是包拯留下的珍贵文物，也是他力尽孝道的见证。

后来，在同乡父老多次劝慰勉励下，又过了很长时间，包拯才接受调遣，于景祐四年（1037年）出任扬州天长县的知县。这一年，他已经接近四十岁了。三年后，包拯升任端州知州。任知州三年被召入朝，此后一路升迁。先是任监察御史，后改任户部判官、户部副使和地方三路转运使，掌管中央财政。一年后擢知谏院任谏官。此间，包拯不但对横行不法的权臣屡次抨击，而且对时政的许多方面提出了革新建议。可惜的是，两年之后，包拯改任为龙图阁直学士，这是个虚衔（从此人们又叫他"包龙图"），并且离开京城，出任都转运使、安抚使和瀛州、池州、江宁府知州（府）。直到嘉祐元年（1056年）才回到京城，任开封府尹一年有余，然后升任御史中丞、三司使和枢密副使，相当于副宰相之职，总掌国家军政。不久，在处理政务时突然病倒，于嘉祐七年五月二十五日去世，享年六十四岁。仁宗皇帝亲到包拯家中向包拯道最后一别，追授他为礼部尚书，赐谥"孝肃"，故史称"包孝肃"。与包拯同时代的欧阳修称赞包拯"少有孝行，闻于乡里；晚节有直，著在朝廷"。

所以，包拯既留得一世英名，万人颂扬，成为中国历史上最负盛名的清官，又仕途平畅，权倾朝野，连皇帝都对他敬重有加，这到底是什么原因呢？

治理水患，为民兴利

包拯做官，首先以断狱英明、执法如山，不畏权势、为民做主而著称于世，人称"包青天"。在小说、戏曲中，包拯最多的也是以法律与正义的代表出现在舞台上。历史上的包拯也的确爱民如子，铁面无私，因而博得当时和后代人民的颂扬，把他作为救苦救难的救世主。

包拯担任大长县知县时，有一天，有个农民牵着头满嘴淌着鲜血的大黄牛来到衙门，状告有盗贼将他家的牛的舌头割掉了，请求包拯替他做主。包拯却若无其事地说："你只管回家，把牛杀掉卖了。"那人不解，争辩说："我的牛让人割去舌头，够倒霉的了。再让我把它杀了，我拿什么耕地？再说，杀牛那可是犯国法啊！我可不想掉脑袋。"包拯说："你只管回去杀牛卖肉，别的不用多问。"那人虽然不明白，但包拯断案的神威他早有耳闻，于是，回家真的把牛杀了。这次，果然是包拯有意设下的圈套。包拯的推理判断是："既然有人要害别人，那么别人犯法，那人一定要乘机告状。"不久，果然有人来控告，说有人私自杀掉耕牛。堂下，那人正煞有介事地大声控告，却听包拯慢慢说道："不是你割了人家的牛舌头吗？为什么反而来控告人家呢？"盗贼听罢，顿时如五雷轰顶，哑口无言。他又惊又怕，那高坐堂上的仿佛已不是县官老爷，而是无所不知的神明了！只得乖乖地束手就擒。

包拯断案如神，除了过人的聪明，更重要的是他处处以百姓利益为重。他到任开封府后，首先改革不合理的诉讼程序。原来百姓申诉，须把状纸交给"门牌司"，由他们收转。有的人便从中勒索钱财，造成"天下衙门朝南开，有理无钱莫进来"的坏名声。包拯洞悉其弊端，撤销了"门牌司",百姓可以直接到他面前投递状纸,有理无钱也能伸冤雪恨了。

开封城里有一条惠民河,是由江南向开封漕运粮物的重要航道。这里交通方便,景色宜人,许多达官贵人看中了这块风水宝地,纷纷在此修建府邸。河两岸原本居住着的平民百姓,全被挤到了低洼地带。

包拯任开封府尹时,天降大雨,河水泛滥,许多平民房屋被淹,无家可归,惠民河成了一条"害民河"。"过去开封曾下过比这还大的雨,可并没听说导致河水泛滥啊,今年这是怎么了?"包拯满心疑虑,就带人亲赴河道察看灾情。只见淹在水里的都是平民百姓的茅草屋,而豪门贵族的高宅深院却安然无恙。眼前的景象使包拯陷入了沉思,难道只是因为下雨吗?到底有没有人为原因呢?包拯决心查清此事。

经过周密的调查,他了解到河道拥塞不通、不能排水是造成河水泛滥的主要原因,而河道拥塞是由于大官僚和贵族们在河上拦坝筑堤造成的。包拯探访了几家贵族府邸,发现他们将堤坝拦起的水面同自家的住宅连为一体,在里面种花养鱼,有的还修建了亭台水榭,成了供私人享乐的水上花园。河道因此变得狭窄、淤塞。一旦大雨到来,哪有不淹的道理?因此,要疏通惠民河,为民造福,就只有将这些堤坝挖掉,冲走水上花园。

消息一传出,贵族们个个"义愤填膺"。有的辗转托人求情,有的轻蔑地一笑置之——量他一个小小知府,也没这个胆!也有的干脆骂上门来,还有的威胁说,包拯胆敢拆他们的花园,就先让他自己身败名裂。气氛一时紧张起来。好心的人劝包拯别再追究此事,但包拯不为所动。邪恶势力越猖獗,反而越是坚定了他一查到底的决心——包拯就是这样的铮铮铁汉。他对同僚说:"我包拯为民兴利,为国除弊,何惧之有?"但包拯并不蛮干,他有办法。他画了地图,让占地的贵族交出地契,一一审验,发现有许多是伪造的。包拯心里有底了,他拿到了证据,下令把所有的堤坝、花园统统拆毁。同时把名单报到皇上那里,请求撤去这些人的官职。这一招果然灵验,没有谁再敢闹事。只有个别几个自恃权大位显,跑到仁宗那里去告状。包拯拿出证据,证明他们非法建造水上花园，仁宗也只得睁一只眼闭一只眼，不能为皇亲国戚们说话了。

就这样，河道疏通了，惠民河又成了一条名副其实的施惠于百姓的河流。

在封建社会，能不畏权贵，为民请命，需要多么大的胆识和勇气啊！像包拯这样的使"贵戚宦官为之敛手，闻者皆惮之"的朝廷命官，更是被百姓倚为救世主。他们说："关节不到，有阎罗老包。"意思是，如果你找不到打通关节的路，也不要着急，因为有包拯为我们做主。

包拯为官一任，造福一方。他的政绩远不止于明断狱案，秉公执法，更主要的还在于他能认识到维护百姓利益对于国家稳固的重要，做了许多有利于百姓，当然也有利于国家、皇权稳定的事。

在政治上，包拯主张对时政进行整顿和改革，建议裁撤冗官，改革选人用人制度。北宋统一后，官吏大幅度增加，到了仁宗时，授官制度已经混乱之极，官僚机构更加庞大臃肿。皇族皇室原来七岁授官，到仁宗时，甚至还在襁褓之中，就可以授官。为此，仅庆历七年（1047年）一年内，单是属籍皇族授官的就有一千多人。皇后、皇太后、太皇太后的家族可以授官，文武官员中地位高的家族亲属可以恩荫授官。此外，还有多种授官法，如遇灾荒，地主肯开仓出粮，按出粮多少授官；朝廷也可公开卖官，如出钱六千贯给予簿尉官，出钱万贯给予殿直官等。除正官之外，等候官缺的人员，更是"不知其数"，大约三员守一缺。这仅指朝中而言，地方州县官吏，更是多到数不清的地步。庆历六年，包拯曾上书指出："臣伏见景德、大中祥符（真宗年号），文武总计九千七百八十五员，今内外官属总计一万七千三百余员。较之先朝才四十余年，已逾一倍多矣。是食禄者日增，力田者日耗，则国计民力，安得不窘。"他力主裁撤冗官，反对滥设官职，任意封官许愿。皇祐二年（1050年）秋天，开封一带连续十余天大雨不停，仁宗吃斋祈晴，不久天霁雨晴。仁宗大喜，祭祀天地，大赦天下，文武百官迁升一级，称为"遍地恩泽"。对此包拯一开始就激烈反对，诏书下来后，他仍旧上书仁宗，指责这是败坏朝政，紊乱纲纪。他建议提拔"奋不顾身，孜孜于国"的"素有才能，公直廉明之人"。同时主张官员年届七十必须离职；即使是恩赐，即由父亲的功劳而录用的子孙，也要通过考试，等等。这些都是为了解决北宋冗官成灾的问题。

经济上，包拯一方面主张压缩开支，一方面主张不能苛剥平民。包拯在担任三司使时，非常注意发展生产，关心百姓疾苦。他认为"民者，国之本也，财用所出，安危所系"，必须注意爱护民力。当时有一种政策，由政府向百姓强行购买国家需要的物资，价格比市场价格低。这就成了剥削民众的一种手段。包拯坚决反对这种害民政策。陕西秦陇斜谷专门置办造船用的木材，随意向老百姓摊派征取，而且这里的七个州负责提供造河桥用的竹索，常常多达几十万，包拯都一一上奏朝廷，停止了这些摊派。他巡视山西，见良田沃野却被用作牧马场，就上奏说："漳河地区土地肥沃，百姓却不能耕种，邢、名、赵州有民田一万五千顷，都用来牧马，请求全部给老百姓耕种。"朝廷答应了他的请求。包拯还请求不要轻易大兴土木，禁止妖妄荒诞的事情，等等。此外，包拯还曾主张方田均税，即丈量地主豪强的土地，防止他们漏税逃役。他还曾鼓励民间采矿炼铁等。可见，包拯的经济主张和措施，目的在于"宽国利民"。

在国防和对外政策方面，包拯同样认为民富则国强，主张改善现行的边防措施，维护国家的独立和尊严。他出使辽国时，辽国典礼官对他说："雄城新开了一个便门，是不是想招诱我国叛逆之人，以刺探边疆情报啊？"包拯回答说："涿州城也曾经开过便门，刺探边境情报何必用开便门的方式呢？"对方顿时无言以对。回国后，包拯积极建议朝廷加强辽宋边境的战备，朝廷采纳他的建议，加强了河北、山西一带的防卫。更可贵的是，包拯建议加强国防与军事力量，是以不增加百姓的负担为前提的。当时中原地区的农民苦于运送军粮，包拯曾提出，在丰收之年，可以购买当地农民的粮食，储备起来用作军粮，以减少运输困难。

包拯把老百姓视作国家的根本，认为只有老百姓的日子过好了，不受贪官污吏欺压了，国家才能富强，才能太平无事。如果过分榨取，使苍生处于水深火热之中，就会导致官逼民反，动摇封建统治。他之所以主张改革，成为我国历史上著名的"清官"，其思想渊源就在于此。

刚毅不阿，为政清廉

包拯为后世所歌颂和怀念，不仅是由于他当时为人民做了好事，而且也由于他个人高尚的道德品质，以及由此而折射出的强大的人格力量。

包拯为人刚直，敢于忠言直谏，从不趋炎附势。他敬佩、效法唐朝的魏征，自称"披肝沥胆，冒犯威严，不知忌讳，不避冤仇"。他多次批评仁宗朝令夕改、失信于民的行为，并谏请仁宗广开言路。听取逆耳之言，对仁宗下令赦免的罪人，包拯也敢于抵制，他专门给仁宗上《请绝内降》的奏折，指出凡是皇帝亲自下令赦免的罪人都曾求得人情，走的后宫或宦官的门路。言肯理切，仁宗也只得表示要"严切禁止，示信天下"。

对违法违纪官吏的弹劾，包拯更是不论亲朋故旧，不避显官贵族。史载他："立朝刚毅，贵戚宦官为之敛手，闻其者皆惮之。"有名的"三弹张尧佐"事件就是一个很好的证明。

张尧佐是张贵妃的伯父，这人没什么真才实学，却极善投机取巧，特别是最会讨好皇上。仁宗晚年不理政事，只是贪恋酒色，整天在宫中宴饮享乐，后宫藏宫女数千人，赏赐动辄以万计。张尧佐看准了这个拍马屁的好机会，为仁宗广罗美女，遍寻山海珍奇，变着法儿地讨皇上欢心。为了显示自己的"才干"，他还常常不失时机地谈几句"治国方略""用兵之道"。这一招果然灵验，他很快就受到仁宗的青睐。皇帝颁旨授予他宣徽南院使、淮康军节度使、景灵宫使、群牧置制使等四项要职。

因为官员任用不当，满朝震惊。包拯和群臣一同极谏，恳请皇帝收回成命，仁宗不听，说："朕看中的人还能有错？"张尧佐也四处散布谣言，说包拯此举是出于对他的嫉妒，并扬言："看谁敢动我张尧佐一根汗毛？"一些大臣看皇上表了态，又慑于张尧佐的淫威，不敢再言此事。可是包拯不为所动，他连续动本，尖锐指出："赏者必当其功，不可以恩进；若滥赏肆行，必然有损于皇帝尊严，使朝纲紊乱。"由于包拯的极谏，仁宗又迫于舆论压力，最终免去了张尧佐的景灵宫

包公祠包拯坐像

使和群牧置制使两项要职。同时规定一条："凡是后妃家庭成员，今后不得担任国家的军政要职。这就杜绝了外戚擅权的悲剧。"

"七弹王逵"是包拯又一著名的弹劾案。王逵曾任湖南、江西、湖北等路转运使，每到一

地，随意加派苛捐杂税，装入自己的腰包，有一次竟多收了三十万贯。任湖南路转运使时，许多百姓被他逼得逃往深山，人们对他恨之入骨，可又无可奈何，就刻了木偶写上王逵的名字，时时鞭打以发泄心中的愤恨。当王逵调往池州时，湖南百姓数千人聚会庆贺，城中居民接连三天张灯结彩，通宵达旦。但是由于王逵常把搜刮来的民财进奉给朝廷，博得皇帝的欣赏，官运亨通。有人告发，王逵便进行诬陷、排挤。洪州知州卞咸告发王逵，王逵便编造罪名逮捕卞咸，株连五六百人。包拯屡次上书弹劾，仁宗把王逵贬为徐州知府。由于王逵交际广，行贿多，不久又恢复原职任转运使。包拯得知，第七次上

书，切言王逵之恶，指责其"累任皆惨虐不法，降黜差遣，纵该赦宥，不可复任原职，乞追还敕命"。由于包拯的据理力争，仁宗最终罢免了王逵，为民除了一大害。后来，包拯七弹王逵的故事被编成评话，在民间广为流传。

在皇帝面前，包拯从来都是直言不讳，不怕冒犯天颜。为了立太子的事，包拯曾冒死进谏。他上奏说："太子空缺的时间已经很久了，天下人都很担忧，陛下长时间犹豫不决，这是为什么？"仁宗说："你想让谁立为太子呢？"包拯说："微臣我没有什么才能而担任朝廷官职，之所以请求皇上预立太子，是为国家长远着想。陛下问我想让谁做太子，这是怀疑我啊。我已年届七十，又没有儿子，并不是谋求好处的人。"皇帝高兴地说："我会慢慢考虑的。"由于包拯"有直节，著在朝廷"，因此对包拯的提议，"朝廷多施行之"。

包拯这种刚正不阿的大无畏气概，不仅受到当时百姓的仰慕，也使一些有正义感的官吏从内心感到钦佩，欧阳修称他"天姿峭直"，连仁宗皇帝也格外尊重他的意见。

无私才能无畏。包拯不畏权贵的忠肝义胆，正是源自于他的廉洁奉公、坦荡无私。

端砚被誉为中国诸砚之冠，产于广东古端州端溪水一带，历来被达官贵人、名人雅士所珍爱。许多人不仅爱用端砚，而且还在这坚实、细腻、纯净的砚台上寄托自己的志节。南宋民族英雄岳飞留有一块自用的端砚，背面镌刻有铭文："坚持、守白、不磷、不缁。"寄寓自己"精忠报国"志如磐石之坚。此砚后由人于咸淳九年转赠于文天祥。文天祥得砚后，又在旁边刻下铭文："砚虽非铁磨难守，心虽非石如其坚，守之弗失道自全。"

端砚还是上乘的贡品，每年要向朝廷进贡。包拯的前任知州假借上贡的名义，随意多征几十倍的砚台来送给权贵们。包拯在任端州知州时，下令工匠只按照上贡朝廷的数目制造。一年过去，他自己没拿过一块砚台回家。在他离任端州时，只身而行，百姓仰慕他的清廉，感谢他的恩德，特意制作了一块上好的砚台恳请包拯带上。包拯执意不肯，他搀起跪送的百姓说："你们的心意我领了，但这砚我不能收。如此自然清白之物，决不容丝毫的玷污。我要为自己，为端州这块好地方，也为这么好的端砚留个好名声。"

百姓知道这砚台包拯不会带了，就偷偷地将端砚放在他的行李中。行至半路，包拯发现了砚台，但已无法送还了。包拯拿起砚台，仔细端详了半天："是块好砚啊！"他转身看到路旁一泓碧蓝的湖水，自语道："我为你找个好去处吧。"说罢，就把砚台投入了湖水中。那砚果然不凡，不久，落砚处现出一座沙洲，人称"墨砚沙"，有人写诗赞曰："星岩朗耀光山海，砚渚清风播古今。"

包拯出任过许多地方官，在各州府任上，最棘手的是庐州和开封府。在开封府，他面对的是达官贵人的专横，而在庐州，他面临的是另一种考验。因为，那里是他的家乡。亲朋故旧，熟人熟事，易受人情包围，徇私枉法。包拯又是个至仁至孝的人，面对故里乡亲，他还能做到铁面无私吗？

果然，包拯到任不久，就碰上了一件棘手的案子。

这天，艳阳初照，柳色乍新，是个难得的好日子。知庐州以来，包拯的心情也难得片刻的轻松。他正拈起一片柳叶在庭院里观赏，忽报门外有人喊冤。包拯即刻升堂，当跪在地上的被告抬起头来，包拯吃了一惊——那人竟是他的堂舅！但包拯很快就静下心来，他的心里有杆秤："王子犯法，尚且与民同罪，何况自己的堂舅。"包拯喝令堂舅跪好，然后让原告如实禀告。包拯这才知道，堂舅倚仗他是现任知府，胡作非为已不止一天了。"一人得道，鸡犬升天。"老百姓谁不懂这个理，所以受欺负的人一直忍气吞声，无人敢告。直到今天，才碰上这么个天不怕地不怕的原告，把这位"堂舅"揪到了公堂上。

在传唤了其他几个证人后，包拯大怒，当堂命行役依法打其堂舅七十大板。消息传开，百姓拍手称快，盛赞包青天铁面无私。"自是亲旧皆屏息"，族人中再也没有人敢为非作歹了。

当初，包拯刚一调任本籍庐州时，亲戚朋友奔走相告，个个笑逐颜开。他们纷纷赶来拜访，以为这下好了，不管做什么，都会有人为他们撑腰了。但事实很快就令他们大失所望了。前去拜访的人全都吃了闭门羹。如今，那些企图仗势凌人的人，不仅没讨得便宜，反而受到了严厉的处罚。家乡的人这才领略到了"包青天"的威严。于是，有人赞许，有人不解，也有人咒骂，说他无情无义。其实，包拯何尝不爱这故乡故土、父老乡亲。但他是朝廷命官，代表的是国家的利益和法律的尊严，还有他自己的正直和良心。但是他也深知这样做的后果，于是他选择了回避。所有熟人来访，全部谢绝，概不接见。触犯条令刑律，一律绳之以法。由此，"故人、亲党皆绝之"。包拯虽深为所苦，却矢志不移。他认为："法令者，人主之大柄。"因此有法必依，执法必严。即使自家亲戚，也不能留一点情面。旧时戏文《铡包勉》、《包公赔情》虽为虚构，但戏中那个大义灭亲、刚正忠直的包公形象，却达到了高度的真实。在忠与孝发生冲突时，包拯义无反顾地选择了忠，这是忠实于国家，更是忠实于法律。同时人们也看到了忠孝两难下的包拯内心的隐痛。在家乡任职时，包拯面对误解和流言，曾写下一首诗，形象地勾画出自己无所畏惧的性格，吐露了不苟且求荣的心迹和为国家百姓做一番事业的抱负：

清心为治本，直道是身谋。

秀干终成栋，精钢不作钩。

仓充鼠雀喜，草尽狐兔愁。

史册有遗训，无贻来者羞。

这也是包拯留给后人的唯一诗作。

包拯一生俭朴，虽然官位很高，但吃饭穿衣和日常用品都跟做平民时一样。他曾不止一次的说："后世子孙做官，有犯贪污之罪的，不得踏进家门，死后不得葬入大墓。不遵从我的志向，就不是我的子孙。"他还把这些话刻在石头上，立为家训。

宋代官吏贪污成风，生活淫逸奢侈，在历史上是有名的。特别是仁宗治内，更加严重。有一年，杭、越、苏、秀等州"旱涝连年"，

"饿尸横路",仁宗命淮南转运使魏兼去安抚灾民。魏兼到苏州,不但不加抚慰,反倒昼夜歌舞娱游,过起花天酒地的生活来。而对饥民,不仅不闻不问,甚至将他们都赶到庙里关起来,不给饭吃,三天中饿死很多人。魏兼所到各州,州官个个遣送歌妓迎候,以致民间流传歌谣说:"绕梁歌妓唱,动地饥民哭。"

这样的例子数不胜数。但同时在朝为官的包拯,高官显位二十余年,却能做到一身正气,两袖清风,实在难能可贵。

官运亨通,一心为民

继恢弘繁盛的大唐帝国之后,宋朝整体就显得相对羸弱些,从唐诗的雄杰豪壮和宋词的纤细委婉中,也大抵可以感受到诸如此类的区别。

有趣的是,宋是中国历史上第一个由职业军官创立的朝代,但其在军事上反不及前朝历代。别说是全无汉代开疆拓土的雄悍,连唐代戍边的坚韧顽强也未能继承下来,而是隐忍退避,纳币息事,花钱买得一夕平安。这饮鸩止渴的苦果,一百多年后就由他们自己尝到了。

景德元年(1004年)秋,宋真宗在刀兵之下与辽国签订"澶渊之盟",同意每年给辽国绢二十万匹,"岁币"银十万两。宋朝以屈辱妥协的办法,取得了暂时苟安。

宋仁宗在位四十一年,也就是包拯在朝为官的这些年,虽然经济和文化都有所发展,但积贫积弱的局面并没有改善,一遇外族侵略,就只能忍辱求和。自"澶渊之盟"后,北宋有较长时间没有遭遇大的战争。康定元年(1040年)正月,边关再次吃紧。这回,是西夏的军兵打来了。宋军连遭败绩,结果是北宋答应每年送给西夏七万二千两白银、十五万三千匹绢和三万斤茶叶，两国由此罢兵。北宋再次以大批金钱财物换取了西北边境的暂时平安。

但是，就是这样一个以军人为首脑组成在军事上少有作为的国家，在学术上反颇有成就。中国历史上许多大政治家、思想家和文学家均出于宋，文人受到充分重视，有位至丞相，高官厚禄；有"奉旨填词"，倒也快活。这与宋朝，尤其是北宋初年政治的相对宽松不无关系。

中国封建社会是家天下，封建官僚的命运，除受大的社会环境影响外，还与在哪位皇帝手下吃官饭有着直接的关系。

宋仁宗赵祯是宋代的第四任皇帝，1023—1063 年在位，任内改年号九次：天圣、明道、景祐、宝元、康定、庆历、皇祐、至和、嘉祐。包拯 1037 年出任扬州天长知县，1062 年殁于枢密副使任上，其为官之日，几乎与仁宗在位相始终。像他这样生性耿直，犯颜强谏，连皇亲国戚都敢不放在眼里的官吏，能屡获擢拔，且能得善终，与仁宗的性格不无关系，也算是他有福，赶上了一个"好脾气"皇帝。

《宋史》上说，仁宗"天性仁孝宽裕，喜愠不形于色"。事实上也的确是好脾气。包拯每每与皇上的意见相左，且不避圣怒，犯颜直谏，并屡次上书弹劾皇上身边的宠臣，惩治为非作歹的皇亲国戚，非但未见仁宗发火，反而多是好好好、是是是，就照你说的办。仁宗尚能开通言路，采纳善言。庆历七年三月诏曰："天下有能言宽恤民力之事者，有司驿置以闻，以其副上之转运司，详司可行者辄行之。"从他对包拯等人态度上，也可以看得出他还是听得进善言忠告的。

仁宗也能体恤百姓。翻开《宋史》，仁宗治内水旱、地震、蝗虫等灾害不断，他都下旨赈济。皇祐元年春河北水灾，仁宗遂罢上元张灯，停止作乐，下诏以缗钱二十万买来谷种分发灾民。是年冬又下诏，河北灾民凡八十岁以上或有残疾，生活不能自理者，"人赐米一石，酒一斗"。次年，再次以"岁饥罢上元观灯"。

对百姓的疾苦、冤怨，仁宗也能给予关注。皇祐元年，他曾下诏："民有冤、贫不能诣阙者，听诉于监司以闻。"他还下诏责备下属对贪赃枉法、横征暴敛的地方官举报、弹劾不力，责令他们今后恪尽职守，"毋挠权幸，毋纵有罪，以称朕意"。从仁宗这一态度看，也就不难理解包拯在朝廷所受的特殊待遇了。尽管仁宗对贪官、昏官、冗官的打击并不得力，而且有包庇、纵容之事，但他毕竟表过这类惩贪治冗的态，所以也不能不顾及颜面，对包拯这样的人表现出大度包容。再者，对于封建帝王来说，问题不在于他是否愿意整治吏治，而是封建社会的本质决定了他们不可能在这方面有所建树。包拯"三弹张尧佐""七弹王逵"所费的周折和最后的结局，就很能说明问题。

宋代官僚机构庞大臃肿，冗官泛滥，可是官吏的俸禄并不高，尤其是五品以下的小官吏，薪俸甚至不足以养家糊口。但却鲜见吃不上饭的官宦人家，反倒是奢侈浪费者比比皆是，这当然多依赖于来路不明的"灰色收入"了。就仁宗而言，对官僚的奢靡生活，还是希望有所节制的。并且自己也做出一些姿态。他曾下诏："中外臣庶，居室、器用、冠服、妾媵，有违常制，必惩毋贷。"他自己也以身作则，有人请求把玉清这块地方辟做皇家苑囿，仁宗制止说："吾继承有先帝的苑囿，已经很大了，为什么还要再建呢？"他死前留下遗言，嘱咐后事从简："山陵制度务从简约。"《宋史》称赞他"恭俭仁恕，出于天性"。

仁宗在位四十一年，要说有所建树的话，那就是他曾推行范仲淹提出的新政。范仲淹是真宗大中祥符八年（1015 年）进士，于庆历三年（1043 年）被仁宗授任为参政知事，同年，提出十项改革主张，其内容包括考核官吏、整顿吏治、惩办贪污、裁汰冗官、改革科举、选拔人才、提倡农桑、减轻徭役、发展军屯、加强国防，等等。仁宗采纳后，下诏颁行全国，号称"新政"，因是庆历年间实施的故称"庆历新政"。但是，这个有远见的政治改革方案，由于触犯到贵族官僚的利益，从一开始就遭受到保守派的反对和攻击。仁宗迫于压力，遂罢去了范仲淹的副宰相职务。庆历五年范仲淹降知邓州，"庆历新政"也随之夭折。不过就仁宗本人来说，在位期间并未搞"顺之者昌，逆之者不死则亡"，反而一直是宽以为政。景祐四年（1037 年）侍御史知杂事庞藉，在上疏中就把官吏贪污腐败的原因归于仁宗的宽政，他说："近年贪吏益众，盖由宽法所致。"《宋史》说，仁宗治下"国未尝无弊幸，而不足以乱累世之礼；朝未尝无小人，而不足以胜善美之气。君臣上下恻怛之心，忠厚之政，有以培壅宋之三百余年之基"。这当然是誉美之词，但包拯能以刚直之性、清正之身而稳居朝堂，不但从未遭贬斥，反而权位日隆，实在也是因为他赶上了仁宗这样的皇帝。这是包拯的福气。

从另一方面说，为国者也需要包拯这样的忠勇之臣。除了帮助自己明查明断，少受蒙蔽外，也可以依靠这些人正大光明、堂而皇之地整肃朝纲，剪除异己。当然，也不排除沽名钓誉，树立"圣明君主"形象的心理。历史上唐太宗之重用魏征、武则天之用骆宾王，概皆如此。

唐太宗李世民脾气暴烈，有一次想让卢祖尚任交趾镇抚，敦促再三，卢坚辞不受。太宗大怒，力斩卢于朝堂，曰："我连你这样的人都不能驱使，如何能驾驭天下！"但是，就是这样一种脾气的君王，竟也能不计前嫌，将前太子洗马魏征接收过来，倚为顾问。偏魏征又是个不给面子的人，仅贞观一朝就向皇上诤谏二百余事，他屡屡违拗太宗旨意，不仅未受惩治，反被宽容优待。这是为什么呢？《资治通鉴》记载着这样一件事：有一次，太宗退朝后，怒气冲冲地对皇后说："我早晚要杀了那个'田舍翁'！"皇后问是谁，太宗说："还能有谁？就是那个魏征，今天又在朝堂上公开羞辱我！"皇后听罢没说什么，入内穿起上朝的服装，然后郑重其事地恭贺太宗。太宗不解，说我正在气头上，有什么好贺的？皇后说："我听说国君圣明，大臣才刚直，如今魏征刚直不阿，不就是由于陛下您圣明吗？我怎敢不向陛下您祝贺呢？"太宗这才高兴起来。

这事今天听起来，有点像夫妻俩演的双簧。由此可见，皇上宽怀纳谏，其中不少是为了给自己装点门面，捞取政治资本。宋仁宗是以何种心态纳谏的，史书中没有详细记载。但作为封建帝王，所谓从善如流，宽大容忍，也都是有限度的，至少需有利于他的统治。否则，纵使宋仁宗脾气再好，那黑脸的包公怕也早就遇到麻烦了。

宋代初年，统治者鉴于五代覆亡的历史教训，十分重视刑政建设，着手整治"刑狱冤滥"、草菅人命等时弊，务使"天下无冤民"。为加强立法，宋太祖建隆四年（963年）编成有宋一代的基本法典《宋统刑》三十卷，于同年七月下诏"模印颁行"。据统计，中国历朝官家所藏前朝及本朝的法典和法律书。要数宋朝为第一。就内容来说，以上法典的重点有两个，一是镇压人民的反抗和臣子的篡权阴谋，二是惩治官吏的贪污活动。

除立法之外，宋代还有一整套监司制度。

宋代监司有一个形成与发展的过程。最开始有转运使、副使、转运判官之职，后有提点刑狱、武臣提刑等。其中转运使设立最早，自太宗太平兴国二年（977年）始，"边防、贼盗、刑讼、金谷、按廉之任，皆委于转运使"。淳化二年（991年）又设提点刑狱，与转运使平起平坐。当时，监司被视作外官之要任。选任监司的途径有皇帝亲择、开科选取，中枢选擢、大臣举荐等四种，选择标准是："公正聪明可备监司科""刚方恺悌可备监司郡守""择吏才明敏，望实兼约"者充转运使、提点刑狱。

包拯曾先后担任过京东、陕西、河北转运使。在他看来，"转运使、提点刑狱在于察官吏之能否，辨狱讼之冤滥，以至生民利病，财赋出入，莫不莅矣。事权至重，责任尤剧"。这是包拯责人的标准，也是他自律的标准。

庆历六年（1046年），包拯擢升为京东转运使。宋初，转运使是掌一路财赋，并监察地方官吏，即是我们常听到的"漕"。这官实权高于府、州行政长官。而包拯则是主要负责京东诸路（即宋州、兖州、徐州、曹州、青州、郓州、密州、齐州、济州、沂州、登州、莱州、单州、濮州、潍州、淄州、淮阳军、广济军、清平军、宣化军等）的财赋，治所在宋州。其中后两军是景德三年（1006年）增设的。

庆历七年四月庚戌，包拯更擢升为尚书工部员外郎、直集贤院，改陕西转运使。后又改任为河北转运使，直至进京"入三司户部副使"。这时，发生了一件事。秦陇斜谷在宋时专门生产造桥用的木材，而当时相关部门却对当地百姓横征暴敛，而且秦陇相关的七个州为了提供造桥用的竹索，于是，便强行要求百姓去负责，致使有时候劳累百姓"恒数十万"，而包拯看见后，便如实上报，"奏罢之"。

不久，契丹又聚兵边境，"边郡稍警"，朝廷就命包拯"往河北调发军食"。包拯据实说："漳河一带土地肥沃，但老百姓却不加以利用，而'邢、洺、赵三州民田万五千顷'，却拿来当牧马之用，当还给老百姓耕种。"朝廷听从了包拯的建议。

此时，包拯还发现"解州盐法"给百姓带来负面影响，于是，他就亲自去治理经营，为百姓谋切身利益。

皇祐元年三月"辛丑，命户部副使包拯往河北提举计置粮草"（《续资治通鉴·宋纪五十》）。

在三司户部副使任上，包拯体察民情，深入百姓中间，积极向朝廷禀告，使得百姓受益。这就是包拯之所以名扬天下，百姓称为父母官的一个有力历史依据，而包拯深入民间，且被小说家进行杜撰的，基本上是出自这个时期的。

包公雕像

宋代司法行政制度使监司手中掌握有实际的权力。这种权力一旦被包拯这样的清官所掌握，就能为百姓做些有益的事，并能给赃官以应有的惩治。对于清官来说，有了这等合法的身份，自然也就有了制度上的保障。

像包拯这样的忠勇之臣，其所作所为都是为了维护封建王朝的统治，自己既无私欲亦无权欲，刚正耿直而断无野心，不必担忧其权重侵主。所以，仁宗提携、嘉许包拯，也是为我所用。可见，包拯这样的清官能够善始善终，不是由于他们的命运好，从根本上说是因为他们适应了封建统治者的需要。

勤勉一生，流芳百世

包拯一生劳碌不休，直到生命的最后一刻。嘉祐七年（1062 年）包拯六十三岁，一次正在府衙理事时突然发病，手下慌忙把他抬回家，不久就去世了。

包拯真正做到了鞠躬尽瘁，死而后已。人们听说他去世的消息，"忠党之士，哭之尽哀，京师吏民，莫不感伤，叹息之声，闻于衢路"。

仁宗派专人护送包拯灵柩回到合肥，安葬于合肥城东五十里大兴集。今合肥包公祠里有一副对联："理冤狱，关节不通，自是阎罗气象；赈灾黎，慈善无量，依然菩萨心肠。"高度概括了包拯一生不谋私利，廉洁爱民的品格。因此，后人称包拯为"真御使中丞"。一个"真"字表达了人们对他的高度评价。《孝肃包公遗像赞》曰："龙图包公，生平若何？肺肝冰雪，胸次山河，报国尽忠，临政无阿。杲杲清名，万古不磨。"生前死后，包公一直受人尊敬，甚至远及塞外。《甲申杂记》载，西羌于龙呵归顺宋朝后，对押伴使说："平生闻包中丞拯，朝廷忠臣，某既归汉，乞赐姓包。"神宗答应了他的请求，赐名包顺。

从包拯的政绩、为人及其所处的时代等方面看，可以肯定地说，包拯能以刚正不阿之身得以善终，且身后声誉日隆，不是他精于权术，明哲保身，更不是运气使然，实在是那样一种环境里的必然结果。也就是说，作为一个封建官吏，包拯的命运不是一个特例，而是一个常例。

包拯去世了。就个人来讲，他一生的命运就此画上了一个圆满的句号。但是就世人来说，他之后的命运才刚刚开始。祖祖辈辈，倍受侵辱与损害的黎民百姓不能没有"包青天"——那是他们精神的期盼与慰藉。于是有了我们今天所见到的包公包青天。作为中国历史上最负盛名的清官，其在历史上的真实地位与之是很不相称的。但是人们宁信其有，不信其无。这不是人为的吹捧，而是百姓的自觉。

对包公形象的再塑造，从宋代就开始了。在现存宋人话本中，写包拯的就有《合同文字记》《三现身包龙图断案》等，后来歌颂包公的传说越来越多。经过南宋说书艺人的加工塑造，包公的形象更加丰满、鲜明，不断地流传于后世。在这一过程中，包公的事迹越积越多，包公的本事越传越神，也越为老百姓所敬重和喜爱。《龙图公案》依旧令人爱不释手，"包公戏"至今盛演不衰。这其中，有的是全然虚构，如《铡包勉》《龙图公案》中的某些故事；有的是加工改编，如戏曲《陈州放粮》就是根据包拯七弹王逵的事迹，加以渲染、虚构而成的。但不管怎样，都是艺术地再现了历史上真实的包公。直到今天，包公的形象仍活跃在人们心中。不仅是旧书老戏，还有新编历史剧，人们永远不会忘记这位刚直不阿、为民请命的清官廉吏。

只要世道上还有不公，只要百姓的心里还有冤屈，包青天就注定要永远为民操劳，死而不已。这，是他必然的使命。

第 七 章

绝世奇才
——改革大师王安石

　　王安石，字介甫，号半山，北宋抚州临川人，中国历史上杰出的政治家、思想家、文学家、改革家。唐宋八大家之一，在文学方面具有突出成就。其诗"学杜得其瘦硬"，擅长于说理与修辞，善于用典，风格遒劲有力，警辟精绝，也有情韵深婉的作品；著有《临川先生文集》。去世后获赠谥号"文"，封荆国公，世人又称其为王荆公。

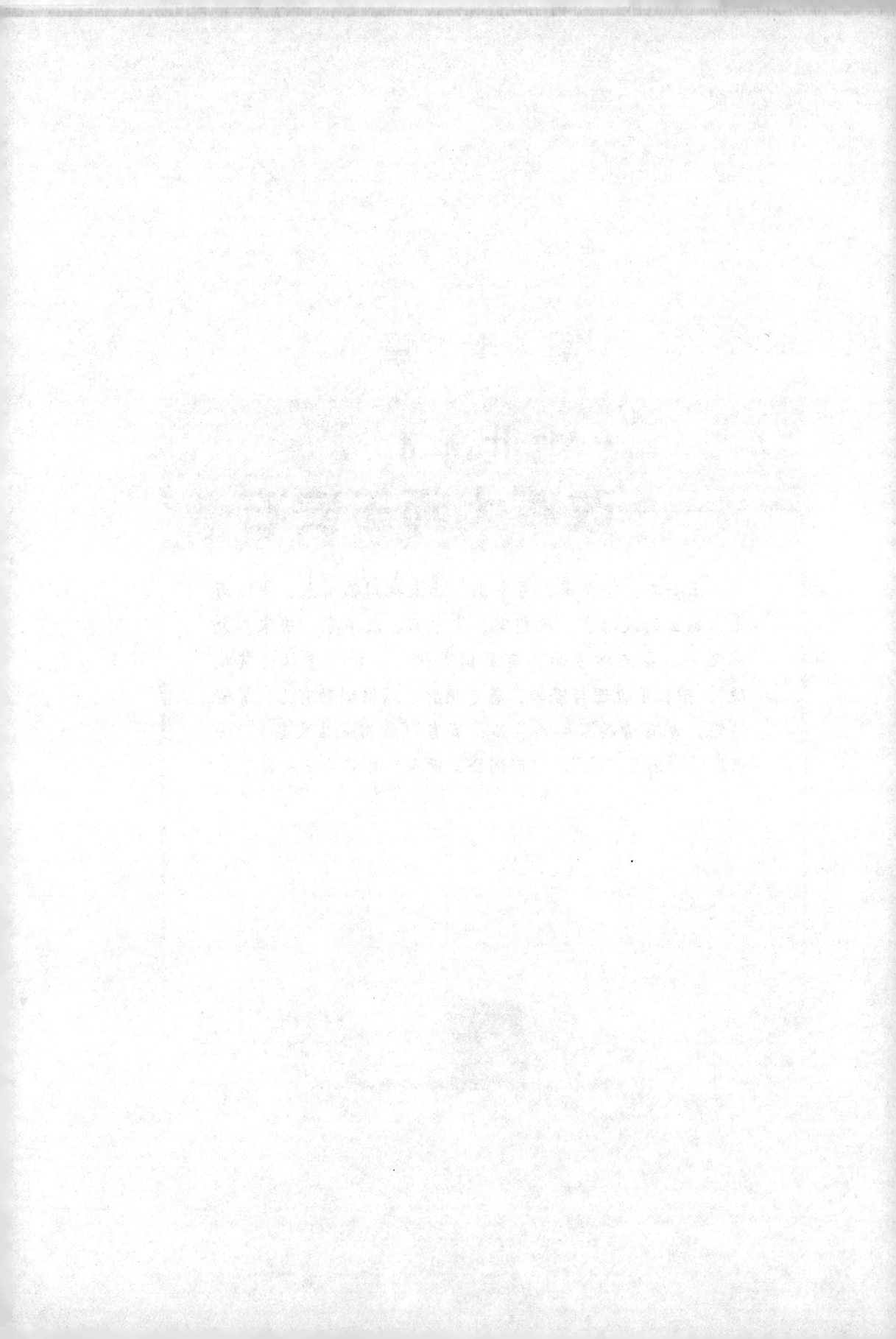

少年英才，出类拔萃

公元 1021 年（天禧五年）十一月十二日，一个初冬的早晨，临江军判官王益夫人生下了一个儿子，全家上下沉浸在一片欢乐的气氛之中。这时一只小獾从外面跑入室内，欢跳不已，仿佛也在祝贺王家得子，王益夫妇于是给孩子取乳名獾郎。这个男孩便是后来的王安石。

王安石，字介甫，祖籍江西临川人，临川王氏一家，到他父亲王益时，才跻入仕途，即使不算"名门宦族"，也称得上是官宦人家。王安石十岁随父亲来到韶州开始识字，他悟性极高，恃才傲物，吟风弄月。后来他回忆起那段时光，曾作一首诗，诗曰："此时少年自负恃，意气与日争光辉。乘闲弄笔戏春色，脱略不省旁人讥。坐欲持此博轩冕，肯言孔孟犹寒饥。"那时的他不管人世间事，只专心学习以博取功名利禄，甚至不把安贫乐道的孔孟放在眼里。

十七岁那年，他随父亲来到了江宁府。经过一年的交游，有一天他在家里忽然悟到：时光如逝，不会止步。少壮时如不确立一生的奋斗方向，将会一事无成。于是他谢绝一切应酬，闭门苦读，并自许为后稷和契，决心为国家作一番贡献。这番感慨在他的一首诗中可以反映出来：

> 端居感慨忽自窹，青天闪烁无停晖。
>
> 男儿少壮不树立，挟此穷老将安归。
>
> 吟哦图书谢庆吊，坐室寥寥生伊威。
>
> 材疏命贱不自揣，欲与稷契遐相希。

从此以后，他深入研究儒家经典，如《诗经》《尚书》《周礼》《论语》《孟子》等。可是他并不满足于学习儒家旧说，而是在此基础上追求变通之理。他说："我读书惟求其中的道理，有合我心的，即使是樵牧之言也不废弃；言而无理，就是周、孔之言也不屈从。"不但如此，他还广泛阅读诸子百家之书，《难经》《素问》《本草》，诸子小说无所不读；农事、女工无所不问。他还做调查研究，验证书本中的知识。由此王安石就在这样一个广阔视野中审视中国传统文化，汲取其中有用的成分，同时他也逐渐形成了自己认识世界和观察世界的思想体系。

对于先贤的文学作品，王安石可以过目不忘，手摩心追，苦志探赜，渐成自己的写作风格。经常是动笔如飞，起初似乎不经心用意，待整篇完成以后，观览者无不被他的精妙构思所折服，认为他的文采不减扬雄。曾巩是他的好朋友，常将他的文章送给文坛泰斗欧阳修阅示。欧阳修非常赏识王安石的文章，逢人便夸。王安石因此而名声大振。

少年时代的王安石一直跟随父亲王益宦海四游，先后去过都城开封和南方的四川、南京、韶州等地。在韶州知州任上，王益依法整治和打击了当时欺行霸市的奸商和为害一方的强梁地主，受到人民的称颂。

1037年（景祐四年）王益被朝廷任命为江宁府通判。1039年（宝元二年）二月二十三日，王益病逝于江宁府通判任上，享年四十六岁，葬于江宁牛首山。王安石一家便在江宁府落了户。自此，江宁便成了王安石的第二故乡。

王安石随着做官的父亲辗转南北十多年，北宋社会萧条衰败的景象在他脑海里打下了深深的烙印。特别是他父亲那些压制强暴势力、为民请命，使同僚为之侧目的作为给少年王安石以极大的影响。为纪念他的父亲，1048年（庆历八年）他写了一篇题为《先大夫述》的文章，记述了他父亲的生平事迹。不久，王安石又请曾巩依照这篇《先大夫述》写成先父的墓志铭。透过这旌扬先人事迹的孝行不难看出王安石力求改变这种社会现状的决心。

入朝为官，志在改革

1042 年（庆历二年）春，经过三年多的努力，二十二岁的王安石终于考中了进士，名列第四名，被任命为"签书淮南节度判官厅公事"。这年他随祖父回到了家乡临川。在此他写下了有名的散文《伤仲永》。八月他到扬州赴任，做起扬州地方行政长官韩琦的一名幕僚。三年秩满，根据宋代官制，可以将自己的文章呈给有关部门，请求在史馆试官。但王安石却例外，被任命为明州鄞县知县。

鄞县地处今浙江东部沿海，甬江的上游，奉化江从境内流过。这是一个跨江负海的水乡泽国。五代十国时期，吴越国王钱镠曾经在这里镇海围田，大兴水利，还派营田卒年年疏浚河道，造福一方，为后人所乐道。这时已入宋近百年，水利设施年久失修。王安石到任后，用了十多天走遍了东西十四个乡，了解了不少情况。老百姓都讲："这几十年没有水患，风调雨顺。一旦有灾，就难以抵御了。"这年又是一个丰年，王安石决定利用冬闲时间修复水利工程。在他的亲自带领和督导下，老百姓上阵出工，战斗在建设工地上。经过一冬苦战，有隐患的河渠被掘掉，建起能防御洪水的高大堤堰，使鄞县变成东南水陆便利的大县。1049 年（皇祐元年）二月，王安石撰写《救善方》刻在石碑上，竖立在县衙外面。鄞县大治。

以往老百姓每到青黄不接时，常常贷钱于豪门大户。王安石到任第二年，将政府粮仓中的粮食借贷给乡民，并规定加收一定的利息，到秋后本息一并偿还。这样既可以免除乡民受高利贷盘剥之苦，又能够使粮仓的粮食新陈相易。

由于政绩卓著，王安石调任舒州通判。当时文彦博任宰相，认为王安石恬退无竞，淡泊名利，应该破格提拔，以此激励下层官吏的奔竞之风。因此，舒州任满后，朝廷召他入京，任史馆之官，他坚辞不就。北宋时代，人们把史馆、秘书省等机关称为"储才之所"。在这些部门供职，是晋升上层集团最方便的阶梯，因此大多数中举的士大夫都希望待在这里，但王安石却希望到地方去做官，充分发挥他的才智。因而他的任职问题一直拖到夏天仍未解决。王安石离开了汴京，来到了褒禅山（安徽含山县），写下了著名的散文《游褒禅山记》。欧阳修又推荐他做谏官。他以祖母年事已高，需人照料为理由，推掉了这个官职。经欧阳修再次推荐，他才担任了开封府群牧司判官。和他同时任职的还有司马光。但他仍十多次上书，请求任外官，希望多做些实际工作，整顿时弊。

1057 年（嘉祐二年）调任常州知州。1058 年（嘉祐三年）春调任江南左路提点刑狱。在饶州（江西波阳县）办公。掌管监察、司法和刑狱，兼管农桑之事。江南原先有"茶法"。所谓"茶法"就是政府对于茶叶的专卖。我国民间饮茶的时尚始于唐代。及北宋此风愈来愈盛，已经成为人们日常生活中的必需品，因而有"开门七件事，柴米油盐酱醋茶"的俗语。北宋时候产茶区主要在淮南和江东诸路，这里的茶叶由政府统一收购，然后在各地设茶场向茶商和消费者出售，目的是为了增加政府收入。因此禁止私人

王安石纪念馆

私藏、私运和私贩茶叶,违者绳之以法。但各茶场茶叶由于长途运输及风吹雨淋等缘故,使得茶叶质劣价高,无法饮用,所以百姓饮用的茶叶都来自私贩。王安后因势利导,建议将茶叶由政府专卖改为商人运销、政府抽税的方法。北宋政府接受了这一建议,在官道上设置税官,征收茶税。这种做法收效极佳,收入不下专卖。

1058 年(嘉祐三年)十月,他又被调回京城开封,做了三司度支判官。时年三十八岁,王安石已有了十五六年做地方官的经验,对北宋社会和政治问题有了深刻的认识,政治上也逐渐成熟起来。1059 年(嘉祐四年)春,他将积存于心中多年的想法,写成了《万言书》,呈送给仁宗皇帝。主要内容有以下几点:

1. 吏治败坏,缺乏人才。改革科举制度,从地方上选拔那些有实际工作经验的人才,以达到国家大治。

2. 理财,解决吏禄。用发展生产的方法来解决下级官吏的俸禄问题。

3. 用现实和历史的经验,告诫朝廷注意处理好内外矛盾。宋廷对辽夏作战,民族矛盾激化,农民不断起义,阶级矛盾空前尖锐。只有变法,改弦易张。

4. 扬起"法先王"的旗号。效法先王改革旨意,而不效法先王的具体施政办法。

王安石洋洋洒洒的《万言书》(《言事书》)既没有引起仁宗的注意,也没有引起执政大臣的注意。

1061 年(嘉祐六年),王安石被任命为知制诰,当阁门吏拿着任命书送到他家时,他拒不接旨,转身就走,阁门吏跟着他下诏书,他避入厕所。阁门吏无可奈何,只好将诏书放在他的书案上。王安石追上阁门吏,把诏书还给他。他又上辞职书,皇上不准,不得已,才接受了任命。

王安石怪诞的脾气已表露出来了。这一年,京城里有一位少年养了一只斗鹑。和他一同玩耍的小伙伴要借斗鹑去玩,这少年不同意。小伙伴由于平日和他关系要好,就下手把斗鹑抢去了。养鹑少年情急之下，抄起一把菜刀，追上去把那个小伙伴砍死了。事发后，养鹑少年被告到开封府。开封府判养鹑少年死罪。案卷送到王安石那里，他提笔批道："按照律令，公然明抢、偷窃者是强盗行为。这个不给，那个抢去是强盗行为；追而杀之，是捕盗行为，虽杀伤人，但不应论罪。"王安石追究开封府判案人员失于明察，有渎职之罪。开封府判案人员不服，上告大理寺。大理寺判定开封府判案无误。这事又惊动了皇上，皇上下诏指责王安石，命他去开封府道歉。王安石抗辩道："我无罪。"并不理会。御史又弹劾他，他依旧置之不理。此事也就不了了之了。

王安石要求改革的呼声，此时已引起士大夫的注目，并在社会上有所反响。他的名声也与日俱增，成为士大夫中要求改革的代表人物，大家也都把希望寄托在他身上。

1063年（嘉祐八年）仁宗赵祯去世，他的过继儿子赵曙即位，即英宗。可以说，英宗所继承的是一个千疮百孔的宋王朝。国库空虚，仅存空账，已难以维持宠大的官僚机构和禁军的开支了。

仁宗去世后，似乎给变法带来了一个新环境。英宗向大臣们提出了国家"积弊太多，如何裁救"的问题，欲进行改革。但这一年王安石因母亲过世，辞掉了知制诰，回金陵丁忧去了。这一去就是三年。在那个时代，守孝是衡量士大夫是否遵循伦理道德的一个重要标准。

尚健在的仁宗皇后曹氏，是一个"祖宗法度不宜轻改"的守旧派，她垂帘听政，常常和英宗政见相左，因而两个人关系非常紧张。后宫内如此，殿堂上的两位宰相，富弼和韩琦也不和，势同冰炭，使英宗大伤脑筋。再加英宗身体欠佳，体弱多病，没有太多作为，便于1067年（治平四年）正月去世。

这一年王安石一直在金陵，英宗也几次想起用王安石变法，但他鉴于宫内的各种矛盾斗争，认为改革时机尚不成熟，因而屡召不起。王安石在金陵兴办私人书院，收徒讲学，陆佃、龚原、李定、蔡卞等此时都是王安石的高足。这为后来变法培养了一批人才，也为变法做了舆论上的准备。

君臣议政，入相变法

1067年（治平四年），赵曙二十岁的儿子赵顼即位，这就是神宗。王安石作《贺皇帝登基表》，遣人从江宁送到汴京，献给神宗。神宗一即位，立即任命王安石知江宁府。这是为什么呢？

王安石做官以后，结交韩、吕两家巨室望族，和韩绛、绛弟韩维及吕公著交为朋友。这三个人更相称赞他，名声始盛。神宗在颍王邸时，韩维是他的记室秘书。他给神宗讲史时，每每讲到神宗称好时，辄讲："这不是维之说，是维之友王安石的见解。"韩维升为太子庶子时，又推荐王安石自代。因此神宗见到贺表后，便想起了王安石，立即传谕，召王安石陛见。等了很长时间，总不见人来，神宗便问辅臣："王安石这个人先帝曾屡次辟召他，他却称病不起，朕怀疑他是狂妄之人。现在又不肯应召，究竟是什么原因。"曾公亮答道："王安石有宰相之才，一定不会欺罔朝廷。"参知政事吴奎又进言道："臣以前在外地做官，曾和王安石共事过。此人护非自用，所作所为又十分迂阔，不近人情，一旦重用，必定会扰乱朝纲。"神宗不听，又下了一道诏书，任命王安石为江宁知府。

王安石在江宁府上任半年后，朝里有人诋毁韩琦，说他执政三朝，权力太大，是个不倒翁。神宗也感到韩琦遇事专擅，不和他商量，心中也不高兴。这时曾公亮见时机已到，又向神宗推荐王安石可以大用。神宗立即补王安石为翰林学士。韩琦感到上下压力太大，请求辞去宰相，神宗顺水推舟，把他降为镇安武军节度使兼相州通判。他进宫辞行之时，神宗问他："韩卿一去，谁可主持国政？"

韩琦回答："皇上心中必有人选。"

神宗又问："王安石怎么样?"

韩琦又答道："王安石做翰林学士，绰绰有余。如果任宰辅，恐怕他的气量还不足。"

神宗沉默不语，韩琦只好告退。

王安石接到诏命后，心里非常兴奋，吟诗道：

> "荣禄嗟何及，明恩渐未酬。
> 欲寻西掖路，更上北山头。"

这首诗表达了他报效朝廷的决心。但他却迟迟不进京，过了七个月，他才到开封府报到。神宗听到王安石来到汴京，立即召见。

这是一个阳光灿烂的日子，王安石身着一身官服，进了朱雀门，来到州桥上，望着波光粼粼的汴河水，心情十分激动。因为此时的他已被任命为翰林学士兼侍讲。给皇上讲解经书和历史，这样神宗可以直接倾听王安石关于改革的意见。

神宗皇帝年方二十，非常好学，经常向大臣征询改革的意见。他比起英宗更有朝气，决心除旧布新，欲改变真宗、仁宗以来政治上废弛的状况，希望有一个像魏征那样的人来辅佐他。当王安石来到御书房时，他问王安石："应该从哪里入手来治理国家?"

王安石答："首先选择一个好的办法。"

神宗又问："唐太宗怎么样?"

王安石答："陛下应该效仿尧舜之道，何必学习太宗皇帝。尧舜治国之道非常简单，又能切中要害，简便易行。后世人不能通晓其中道理，以为不可企及。"

神宗说："你这不是责难朕吗?朕见识短浅，难以实行你的宏伟理想。但是，只要你悉心辅佐朕，你我君臣就可以共建伟业。"神宗已经开始接受王安石及他的政见了。

过了十天，下了早朝，神宗皇帝的御书房里讲席又开始了，照例是宰相、枢密使、三司使参加，讲席完了，神宗将王安石单独留下，等君臣落座后，神宗讲："朕今天想和你好好议论一下。"接着又讲，"刘备得了诸葛亮，唐太宗得了魏征，然后才有所作为。这两个人是万世难得的人才。"

王安石说："陛下能行尧舜之道，就会出现像皋陶那样的贤臣，能做像武丁那样的君王，就会出现像傅说那样的贤臣。魏征和诸葛亮已经作古，不值得一提。我大宋江山之大，民众之多，百年承平，学者不能说不多，但陛下为什么又时常担心无人来辅佐圣躬呢？这是陛下择术不明，诚心不至所造成的。因此，虽然有皋陶、傅说那样的贤人出现，也被小人所阻挡。不得近身，只好身怀至宝而去。"

神宗讲："哪朝哪代没有小人？尧舜之时不是也有共工、驩兜、三苗、鲧这四凶吗？"

王安石答："尧舜之所以能成为尧舜，就是因为他们能辨别四凶而流放荒蛮。假如使四凶肆虐不道，那么皋陶、傅说会为国家效力吗？"

神宗听了感到非常顺耳，过了一会儿，神宗又问："我朝立国百年，升平无事，这是什么原因呢？"王安石并未立即作出回答。他心里想，这是一个涉及面广，又关涉先帝声名，事件极大，不能贸然回答。因而说道："容臣稍后回复皇上。"

王安石出了皇宫，回到家里，就神宗提出的本朝百年无事的问题写了一篇题为《本朝百年无事札子》的奏章。文章说："本朝建立百年以来，累世因循圣上太祖的典章制度，无所改制，因而弊端丛生。农民不堪承受沉重的徭役，放弃耕稼；军队管理手段陈旧，士兵疲弱，难以征战，抵御外寇，国家外弱，盐铁、户部、度支理财无法，最终形成了百姓不富、国家不强的局面。整个国家是一种得过且过的衰敝模样。这是由于北方少数民族还未强盛起来，上苍又没有降水旱之灾，所以百年无事。"接着王安石笔锋一转，又讲道："国家的这种情况虽说升平无事，但是天助的。天助不可常恃，皇上不要怕天，充分发挥人的作用，那么今日正是大有作为的时代。"这篇奏章热情地鼓励和劝勉神宗皇帝励精图治，变法改革。

写完奏表，王安石又提笔作诗："但愿君王诛宰嚭，不愁宫里有西施。"

这道奏章通过政事堂送到神宗的御案上。神宗阅览着热情洋溢的奏章，赞叹不已，决心要用王安石变法。因为他和王安石有着要求变法、达到富国强兵的一致愿望。从此君臣之间相互有了较为深刻的了解。

仁宗庆历以后，朝廷上出现了许多要求变革的人物，改革的呼声也愈来愈高涨。司马光的学生刘安世当时讲："仁宗嘉祐末年以后，天下的种种事情似乎有些舒缓不前，萎靡不振，士大夫也有所感知和厌恶，大多要求改变这种现状。"

神宗即位后，要求改革的人越来越多。在所有主张改革的人物中，王安石的声望最高，大家都希望他出来执政，来改变这种社会现状。王安石的好友——翰林学士司马光给他写了一封信。信中讲：

"你独负天下盛名三十年，才高八斗，学富五车，不能退，只能进。现在天下的人，不管认识你也好，不认识你也好，都认为只要你王安石执政，天下太平可以立致，生民百姓尽被润泽。"

司马光给予王安石以极大的支持。刘安世又把这番话广泛传播于世，一时间天下公论："金陵王安石不做执政大臣，是王安石的不幸，也是朝廷的不幸。"舆论纷纷扬扬，王安石身价倍增，一时间成为妇孺皆知的名人。

就在这个时候，神宗皇帝仍想在改革上取得老宰相富弼等人的支持。1068 年（熙宁元年）他在宫里召见富弼，向他询问治国之道。富弼答道："君王的好恶，实在令人难以窥测。"

神宗皇帝有些不高兴，又问道："你看边防如何搞好？"

富弼答道："臣愿二十年不言战事。"君臣不欢而散。

1069 年（熙宁二年）富弼又向神宗上了一道奏章，大讲各地最近不断发生灾患，这是天意所致。并劝神宗要敬畏上天。若不敬畏上苍，任何事都难以实现。这道奏章使神宗对富弼大失所望，彻底丧失了对他的信任。这样君臣之间的距离就加大了，神宗不得不另外物色可以担当改革重任的大臣。他认为只有王安石才是最佳人选。

二月，神宗任命王安石为参知政事（副宰相），全权负责变法，这年他四十九岁。

任命后，神宗召见王安石，和他进行了一次长谈。神宗说："有些人不了解你，认为你只懂经术，不晓事务。"

王安石答道："学习经术，正是为了经世致用。但后世被人们所称为儒者的人大抵都是庸材，所以世俗之人都认为经术不能服务于现实。"

讲到这里，神宗插话问道："不知你上任以后，要从哪里着手变法？"

王安石答道："移风易俗，建立法度，这是当今最关键的事。"神宗点头称是。

人们凭着对王安石的好感和印象，尽管不清楚即将开始改革的新法的具体内容，但对执政的王安石还是非常信任的，抱有极大的希望。因为他们认为王安石是他们心目中最合适的人选。

王安石也认识到对他非常有利的政治局面，立即上奏神宗，设立制置三司条例司，作为变法的指导机构。神宗让王安石和他早年的朋友知枢密院事陈升之一同主持工作。王安石又让他的亲信吕惠卿具体负责日常工作和事务。他又推荐章惇为编修三司条例官，曾布为检正中书五房公事，苏辙为检详文字，制定新法，后来所实施的新法大多是从这里制定和颁布到全国实施的。

王安石变法的主要目标是富国强兵，就像他和神宗谈话所讲的那样："改革政刑，将会使官吏称职，财谷富足，军兵强大。"因此整个改革都围绕这个总目标有条不紊地进行着。

1069 年（熙宁二年）七月，均输法出台。王安石任命淮南等路发运使薛向在淮南、两浙、江南、荆湖等地区推行均输法。国家拨给五百万贯钱、三百万石米作为周转的费用，均输法依据首都开封库存物资情况，以及一年开支数量和所需物资，均输官可以根据情况将物资变卖成钱，或用钱买成物品。并按照徙贵就贱和用近易远的原则，降低购价和运输费用。王安石想利用这个办法将东南地区的物资运送到开封，供应皇族、官僚和大量军队消费，以达到民不加赋而国用丰饶的富国目的。

均输官薛向到任后，觉得任务繁重，请求设置属官，神宗全都准奏，所补吏役都模仿衙署体制。这时在开封府做推官的苏轼上疏谏诤：

"衙署刚刚开办，就设置官吏，未免太铺张了。官吏俸禄增加，日后势必从盈利中开支。层层盘剥的官卖物品必定比民间要贵，谁会过问，买进的情况恐怕也是这样。他们所领的几百万官本，将永无收回之日了！就算有些获利，征收商人物品的费用也很大，所得已不能偿其所失。"

接着刘琦、钱翊等人上疏请求罢去均输法。被神宗拒绝。

1069 年（熙宁二年）九月四日，青苗法出台。这个新法主要针对当时非常猖獗的高利贷而制定的。

隋唐时代，国家在各州设置常平仓来调节谷价，用以青黄不接时纾难农民遭受高利贷盘剥的痛苦。到了宋朝，各地官员厌烦常平仓籴粜米谷的工作，又不赚钱，因此常平仓成为徒有虚名的仓库了。一些仓库中所存的粟米也被挪做军粮，以致造成了储藏几尽的局面。

王安石依据自己早年在鄞县实施的"贷谷于民，立息以偿"的经验，并参照了陕西路推行青苗钱的方法，决定改革常平仓，实行青苗法。

这项法令由吕惠卿草拟，经过张端、苏辙会同吕惠卿复议审定。规定把常平广惠仓现有的一千五百万石粮米，由各路转运司兑换成现钱，在每年正月三十日以前和五月三十日之前贷给城乡百姓，分别称作"夏料"和"秋料"。加息二分，分别随夏秋两税交纳还贷。遇到灾荒，可以延期归还，等到稔熟之年再交。

贷款的具体数额是客户（佃农）和第五等户（北宋户籍制度根据财产多寡将百姓分为五等）不得超过一贯五百文；第四等户不得超过三贯；第三等户不得超过六贯；第二等户不得超过十贯；第一等户不

得超过十五贯。借贷时，每五户或十户结成一保，由第三等以上人户充做保人，防范由于人户逃亡或其他原因造成政府折本。

青苗钱起先是硬性摊配，由于反对派的压力，改成由民户自愿请领。青苗法凭借政府经济力量对豪强高利贷行为进行弹压，使他们不能在青黄不接时以两倍至三倍的利息盘剥和兼并农民，解决了农民缺粮少食的后顾之忧，把精力放在发展生产上。同时，国家也从中获利不少，增加了国库收入。

1069 年（熙宁二年）十一月十三日，农田水利法出台，也称为"农田利害条约"，要求各地开垦荒田、兴修水利工程，由将受利的农户出工出料修建。如若工程浩大，民力不能自给，可根据青苗法向官府借贷钱谷，限期归还。如果费用仍然不够，州县官吏就应劝谕富户出钱贷款。

全国官吏对这个法令反应热烈，农民、商人积极响应，纷纷争言水利。好多人由于提出兴修水利工程的建议极好，被召到朝廷任职。还有些人由于兴修水利，灌溉民田，为利一方。如进士程义路提出关于兴修汴、蔡等十条河的水利工程，被朝廷采纳，参与了这几条河道的浚修工作。

从熙宁三年到元丰末年的十多年时间里，疏通了汴、蔡等十多条河，又重新修复了古陂河堰，重新发挥了它们的灌溉作用。同时新开农田总计一亿亩左右。

这些田大致分为三类。灌溉型。例如京东济州南李堰；濮州马陵泊；永兴军（陕西）耀州漆水堤、武功县六门堰、州石门堰等，灌溉能力极强。

淤田型。所谓淤田，就是引河水冲灌盐碱地、沙碛荒地，使淤泥沉积下来，成为肥沃土地，种植庄稼。北宋科学家沈括在《梦溪笔谈》中曾写道："淤田之法，其来盖久。"他认为汉代泾水流域曾出现过淤田。当时，有民谣："其泥数斗，且粪且溉，长我禾黍。"粪即淤。北宋初年，刻印了一部专门指导淤田的《水利图经》。不过大规模地进行淤田，是从熙宁开始的，为此王安石还设置了淤田司，专门管理和指导全国的淤田工作。熙丰年间总共淤田三千万亩左右，这是中国封建社会淤田史上绝无仅有的纪录。

由于淤田，使沙碱瘠薄盐卤之地变成膏腴，创造了极高的经济效益。元丰元年，神宗派人到淤田地区取回一些淤土，亲自检验，土质极其细润。赞叹之余，神宗对熙宁年间的淤田工作给予了极高评价："我中华大河，源源流长，山川天水，膏腴渗漉，浇灌民田，可以变斥卤为肥沃。"

干旱半干旱垦荒型。就是把荒地开垦成耕田。这些耕地缺乏灌溉系统，往往听命于大自然的喜怒哀乐，也就是所说的广种薄收之地。

这条法令集中反映了王安石的变法思想。他主张依靠天下的力量创造天下的财富，以天下的财富供给天下的消费。王安石充分认识宋朝经济命脉所系是农业，认为应该以农业为根本，充分保护农民从事农业的积极性，摧抑兼并，解除农民的疾苦，使农民和土地永远牢固地结合在一起，最终为以神宗为首的封建官僚集团创造财富。

农田水利法颁布后，正如王安石所预料的那样，产生了极大的社会效益和经济效益。

开粥场赈济灾民，是历代政府解决流亡灾民沿袭已久的方法。王安石结合农田水利法，实行"工役救灾"，将沿用多时的施粥赈济革除。因为王安石来自基层，熟谙个中的弊端。以往北宋政府将灾民集中在城郭中，开粥场煮粥散给饥民。往往因为人多粮少，漕运粮食又跟不上，使待哺饥民仆死路途。也由于人多产生疾病，病菌传播，造成灾民枕藉。因此王安石招募饥民兴修农田水利工程，进行生产自救。这种办法无疑是积极的，生产自救一举两得。南宋思想家朱熹在《朱子语类》中写道："赈济没有奇策良法，不如搞水利。"

有一个名叫程昉的农田水利官，他募民整治滹沱河，新开好田一百万亩，引滹沱河水淤造良田四十万亩。又修漳河，开出沿河三县不少新田。百姓集体出川资，派遣代表去汴京待漏院，磕头感谢朝廷派程昉治河开田，消除百姓二三十年的灾害。一时间这成为京城议论的热门话题。

北宋中期，贫者欲耕而无地，富者有地而乏人的情况十分严重。这就使劳动力与土地占有者之间的矛盾日益尖锐。王安石结合农田水利法着手解决土地兼并问题。将流亡在外地主的土地收归国有，招募农民耕种。随后又在农田水利法中规定："凡是兴修水利工程所要占的土地，归私人所有，或者私人的土地距河港太近，影响众人利益，都依法收归国有。招募农户承佃土地，按英宗年间较低的百分之四的税额收税。"这样使很多狭乡农民前往宽乡就业。一方面打击了兼并势力，另一方面也缓和了土地和劳动力之间已经存在的矛盾，改善了生产关系，提高了生产力。据统计，熙丰年间新开的一亿亩土地，年产十六万石粮食，其中百分之九十左右以私有形态存在于农民那里，真正实现了民不加赋，而国用充裕的目的。

安史之乱后，中国经济重心逐渐南移。到宋代已造成积重难返之势，所谓"国家根本，仰给东南"，"大众之命，惟汴河是赖"。因为推行了农田水利法，北方大兴水利，大范围地实现了粮食自给，所以出现了历史上空前绝后的经济重心北移的现象。

北方不但粮食自给，而且有盈余，因此熙丰年间缘边的屯田、营田机构全部撤除，这些机构原先所属士兵也都在农田水利法下承佃土地，解决部分军粮生产和供给问题。

在经济南重北轻的局面下，北方的缺粮往往通过漕运解决。北方粮食自给有余，减轻了南方农民的负担，给南方农业的发展提供了一个迅速发展的机会。以致出现了南方米谷狼戾的现象。

1076年（熙宁三年）十二月，将兵法和保甲法同时出台。

宋初实行"更戍法"，将禁军的驻防地区每隔几年调换一次，三司将领不变。三司将领即禁军最高首领：殿前都指挥使、步兵都指挥使以及马军都指挥使。也称三帅，都由一些资历浅、容易驾驭的人担任，这就形成了"兵无常将，将无常师"的局面，防范了军队被将领私人掌握，遏制了武人的专横跋扈。

历史的辩证法告诉人们，什么事情都可能走向自己的反面。宋代皇帝在集中军权时，将军队弄得兵不知将，将不识兵。临阵打仗又按照在御前制订好的作战方案——阵图实施，结果削弱了战斗力，往往打败仗。这就是被宋太宗以后历任皇帝奉为圭臬的"祖宗之法"。

王安石在改革伊始就提出了"三不足"口号："天变不足畏"，"祖宗不足法"，"人言不足恤"。他正是在这种"三不足"的思想指导下实施变法工作。

置将法从精简军队、裁汰老弱开始。不能任禁军者，降充厢军，不能任厢军者，回家为民。

经过整编的禁军留在京城进行训练。神宗每隔十天都要来到便殿，看望在这里进行训练的禁军将士。他劝谕将士认真训练，同时奖励训练有功人员。形成了"人人奋励"的大练兵热潮，使禁军素质大幅度地提高了。

在此基础上，用将兵法代替了以前的"更戍法"。首先在开封府、河北、京东和京西等路试行，并设置三十七个将。将即一个编制在三千人左右的军事单位，同时还设副职一人。正副将官都选择有作战经验和有才能的人担任，驻地固定在一个地方，使将兵互知。不久又在陕西设置了四十二个将。这样在与辽夏接壤的边境地区，就有了大量经过正规训练的军队，增强了抵御辽、夏侵扰的力量。

治军，重在对外御敌对内息乱。这一点王安石是非常清楚的。因为宋朝是一个内忧外患不断的朝廷，从宋太宗时起便起义不断。王小波、李顺为首的四川农民起义，便爆发在这时。历时二三年，给太宗震动不小。真宗朝四川又发生兵变。仁宗朝王伦在沂州率领士卒暴动；伏牛山、终南山、武当山有一支在张海、郭邈山领导下的农民起义军，等等。连开封府附近也是"寇盗充斥，劫掠公行"。当时欧阳修大声疾呼："暴动一年多如一年，一伙强如一伙，大有遍布天下之势。"这些暴动最终被朝廷镇压下去了，但这只是解决矛盾的暂时之法。

为了从根本上解决问题，防患于未然，王安石及时提出了保甲法。

这条法令，是由改革派赵子几提出的，他建议首先在他任职的开封府地区试行保甲法。依照他的建议，王安石让司农寺制定了《畿县保甲条制》（保甲法）。即把农民加以编制，十家为一保，设保长一人；五保为一大保，设大保长一人；十大保为一都保，设都副保长各一人。保长由家财最富裕的人担任。凡是有两个男丁以上的人家出一人做保丁，自备弓箭，进行训练。每一大保在夜里派五人轮流在保内"巡警"，提防盗窃、杀人、放火等案件发生。把那些身份和行业不明的外来人收捕送官。

经过一年的试行，保甲法在开封府已初见成效，发案率也减少了十之七八。此法很快推广全国。

王安石推行保甲法的另一个目的，是为了以保丁部分替代正规禁军，成为宋朝国防力量的一部分。为此，宋政府投入了大量的人力和物力对保丁进行训练。经过训练的保甲兵，马上功夫有些胜过了正规军。到熙宁末年，经过训练的保甲兵已有五十六万人。其中四十万人散布在西北沿边地区。因此保甲兵除了保护汴京安全外，还起到了保护西北边防、抵御辽夏侵扰的作用。王安石曾对神宗讲："他日兼并夏国，恢复汉唐版图，这就是我们的基本力量。"

至此，大部分新法已经颁布和实施了，并取得了预期的成效，改革已走向了高潮。因此，神宗任命王安石和韩维为同中书门下平章事（正宰相）。但这时朝堂之上已然危机四伏，一场改革和反改革的斗争正在酝酿着。

党争祸身，罢相归乡

1070 年（熙宁三年）二月一日，远在大名府的韩琦的上疏送到神宗手中。上疏中指出了四点："一官府向民间借贷青苗钱，与放高利贷一样，有失官府体面；二如遇荒年，青苗贷款收不回，就会亏官本；三老百姓都不愿贷青苗钱；四在他管辖的地区不执行青苗法。"神宗看后内心非常不安，思想上有些动摇。

第二天早朝，神宗对执政大臣们说："韩琦是一个忠臣，虽然在外面，心不忘王室。朕原先以为青苗法可以利民，不料竟如此害民。以后颁布法令要三思而行。"

曾公亮、陈升之立即附和指责青苗法的不妥之处。王安石非常气愤，立即站出来讲道："这是件小事，利害非常清楚。州县抑配上等户十五贯钱，出息二分，一年所赔不过三贯钱，无损大体。广常仓平时的储蓄，是为了备荒灾。这种做法比前代让百姓出来建义仓，不能不说是一种进步。况且现在又不强行抑配，有何坏处可言，而让圣上如此操心过虑呢？我论及此事已有数十万言了，陛下还有疑义。如果圣上被异议和流俗所迷惑，那么天下还有什么事可以做成呢？"

王安石的一番陈辞使神宗和其他大臣不语。半晌，神宗才道："要让别人讲话。文彦博、吕公弼也认为此法不可为，只是埋在心里不讲，唯独韩琦讲出来，真是个大忠臣。"

在神宗的动摇，反对派的攻击下，改革有夭折的危险。第二天，王安石"称疾不出"，并奏上《乞罢政事表》。

神宗看到奏表后，又矛盾起来，变法是继续进行下去，还是像"庆历新政"那样半途而废。但思及大宋王朝千孔百疮的政局，他决心留王安石继续执政。这时韩绛也来劝神宗挽留王安石。于是神宗让司马光草拟诏书命王安石视事。

但司马光托借神宗的口吻狠狠地把王安石斥责了一番："如今士大夫沸腾，黎民百姓骚动……你的雄才大略不会无用武之地，朕的希望全寄托在你的身上。希望你照常处理公务，不要废辞推托。"

王安石接旨看到"士大夫沸腾，黎民百姓骚动"时，怒不可遏，立即上章自辩。

神宗看了王安石的自辩书后，有些吃惊，司马光怎么和他的好友王安石作起对来。为了安定大局，神宗封还了王安石的自辩书，并写了一则手谕，让吕惠卿送到王安石府上。

吕惠卿来到王家打开手谕念道：

"诏中二语,乃为文督迫之过,而朕失于详阅。今览之甚愧。"

十天以后,王安石打着青绢金伞盖入宫晋见神宗。神宗一见王安石便说:"青苗法一事,朕被大家的议论弄糊涂了。前几天寒食节中仔细思考了一番,没有什么坏处。只不过损失一点钱物而已!"

王安石答道:"只要力行变法,不让小人坏法,必定不会有损失钱物。"

这场危及变法成败的轩然大波,终于因为神宗态度的回转暂时平息下去了。但王安石也感到了反对派的压力。

王安石执政以前,人们凭着对他的好感支持他执政变法。自从他执政后,所制定的变法条令损害到他们利益时,就乱箭齐发,群起而攻之。事实上王安石变法的宗旨,用他自己的话讲:"所宽优的是乡村那些不能致富发达的贫民,所抑损的是仕宦、兼并之人及左右舆论的豪绅。"正因这样,他的一些好友,如司马光等劝他放弃改革。

这年二月二十七日司马光写了《与王介甫书》。王安石没有答复。三月三日司马光又写《与王介甫第二书》。没有办法,当日王安石作书回复。

王安石故居

这就是那篇有名的《答司马谏议书》。

这封信就司马光的第一封来信作了答复。回信开头讲:

"窃以与君实游处相好之日久,而议事每不合,所操之术多异故也。虽欲强聒,终必不蒙见察,故略上报,不复一一自辩。"

很显然,司马光的政见和王安石是背道而驰的。既如此,当然没有商量余地,也就不必一一做答了。

可是司马光并不罢休,仍写了《与王介甫第三书》。王安石对此置之不理。

司马光决心和王安石决裂。他从王安石"三不足"口号开刀,以此作为政坛上的奇谈怪论，出成策问，来考谋求馆职的李清臣等人。司马光所拟策问是：

"今之论者或曰：天地与人，了不相关，薄食、震摇，皆有常数，不足畏忌。

"祖宗之法，未必尽善，可革则革，不足循守。

"庸人之情，喜因循而惮改为，可与乐成，难与虑始。纷纭之义，不足听采。

"意者古今异宜，诗书陈迹不可尽信耶？将圣人之言深微高远，非常人所能知，先儒之解或未得其旨耶？愿闻所以辩之。"

很显然，以"愿闻所以辩之"结束这道策问，就是想听一听对策人对"三不足"的辩驳。

司马光把这道"策问"送交神宗审定时，神宗让人用纸把它贴起来，并在旁边批示道："另出题目，考清臣等。"

次日，王安石去见神宗。神宗问道："你知道不知道有'三不足'这个说法？"

王安石一愣，随后委婉地说："臣没有听过。"

神宗讲："陈荐讲，外人都说：'如今朝廷以为天变不足畏，人言不足恤，祖宗不足守。'昨天学士院考馆职策问中，专指这三件事，是什么意思？朝廷什么时候有这样的话，我让他们另出题目了。"

王安石觉得不妙，语气平和地讲："陛下躬亲政事，无暇享乐，每做一事，都害怕伤害百姓，这就是畏惧天变。陛下征询大臣意见，只要有益于国家，事无大小，唯言是听，这不是恤人言吗？但是人言也有不可听采的时候。至于祖宗之法不足守，更是如此。仁宗皇帝在位四十年，几次修订律令。如果一味守成法，那么祖宗为什么要屡次改变呢？"

从这里我们能够看出，神宗已开始对王安石的"三不足"思想产生反感。司马光也从王安石的朋友变成了他的政敌、反对派的首领人物。王安石也认识到了这一点，于是加快了改革的步伐。

1070年（熙宁三年）十二月，在王安石的建议下，神宗召集判司农寺曾布、邓绾和知开封府事韩维等讨论募役法条目。会后曾布按照讨论结果制定了募役法的总则，及按户等的高下收取募役钱；原先享有免役的人员，例如官吏、僧道等减半交纳募役钱，并下达各州县征求意见。这条法令改变了以往那种按户等轮流充当职役的旧制。

早在 1022 年（真宗乾兴元年）时，就有人对按户等轮流任差提出异议。按照户等分派差役主要有管理仓库财物和运送官物，一旦出现丢失或损耗，照数赔偿，当差人往往因此破产。还有管理赋税交纳，当差人如果遇到恶霸或税户逃亡，只得自己垫付，被搞得倾家荡产。

草案下达一个月后，民间没有异词，这才在开封府试行一年。然后在 1071 年（熙宁四年）十月向全国推行。实施前仍征求意见一个月，待没有意见后，才颁布全国。

此法令的施行使百姓很高兴。农民免除了苛捐杂役，将全部精力投入农业生产，增加了收入。

神宗非常关心募役法的收入如何用在地方，并询问王安石，王安石回答道："用在赈灾和兴修水利上。这就叫取之于民，用之于民，国家没有坐收其利。"神宗听后非常高兴。

御史中丞杨绘、监察御史刘挚坚决反对募役法，认为它困穷了上户，逃逸了下户。王安石有力地回击了这些言论，他讲道："如今的兼并胜过亡秦，收取募役钱，税金不为太重。"

1072 年（熙宁五年）初，有一名叫魏继宗的上书，请求政府在开封府设置常平市易司。根据市场上物价的贵贱，贱时略加价收购，不损害商人利益；贵时，略减价卖出，不损害百姓利益。这样买卖公平，通商旅，便百姓，足国用。

王安石和改革派根据他的建议向神宗上了一份奏折，请求在开封府设置市易务。

1072 年（熙宁五年）三月二十六日，神宗批准了这个奏请，成立了市易务，并拨给了一百万贯钱作为本金进行交易。

市易务把在京商贩的产业或金银并抵押，并让人担保，赊购给货物，到市场去交易。半年或一年后，还本并按一分或二分收取利息。

市易法推行后，王安石向神宗汇报了实施的情况："最近臣到茶行了解了一下情况，效果不错。原本茶行有大户十家，外来茶贩到京后，要给他们送礼，还要设宴请吃，这些大户才会收购茶叶。一旦收下后，又高价批发给小商贩，从中牟利。如今大户和小商贩都能够直接进货，购销两旺，茶税收入也较过去成倍增长。可见市易务对摧抑兼并，均天下之利是有好处的。"

但是反对派也加紧攻击。枢密使文彦博给神宗上了一道奏章说："臣近来在相国寺行香，看到市易务把水果交易都监管起来。瓜果之利极微，分铢是争，有损朝廷大体，也会被外人所耻笑!"

神宗看了奏章后，又动摇起来，对王安石说："市易务卖水果，工作太繁细了，不如罢去怎样?"

王安石答道："市易务本来没有卖水果。最近有水果商贩投书希望官家向他们赊购水果，于是市易务才购进水果的。再者，朝廷设官监酒，一升也卖，难道也说是细碎之举吗? 所立法只有当它有害于人物时，才可罢去，不应以其琐碎而废除。"

市易法虽然受了一些攻击，但终究推行下去了。不久在杭州、成都、永兴军（西安)、广州、扬州都设置了市易务。因而开封市易务改名都提举市易司，其他各大城市易务都隶属于它。

短短的几年时间，开封府的市易司仅利息获益达一百多万贯。若再算上其他各城市市易收入，数字将是相当可观。这实现了王安石当初设置市易司时的"钱货通流而国用丰饶"的初衷。

这年八月，在免役法公布半年后，王安石又颁布了方田均税法，力图通过对全国的田地重新清丈，按土地肥瘠分等收取田赋，以此减轻农民负担，增加国家收入。派巨野县尉王曼为指教官，首先在京东路及陕西、河东等路推行。清丈工作进展得非常缓慢。如果某州县受到三分灾害，这项工作就得停止。再由于丈量后发生词讼，或大地主等的反对，清丈工作就得重新返工。

这项工作直到 1085 年（元丰八年)，才将全国民田的一半清完，但到此也就全部停止了。

反对派不仅在具体变法条文上反对王安石，而且继司马光之后又向他的"三不足"口号开刀，企图从舆论上打倒王安石。

翰林学士范镇向神宗上疏说："天下土，地生毛，天鸣、地震，都是劳民的征兆。希望陛下观天地之变化，罢去青苗和农田水利法。召回使者，自然民心安定而百官释疑。"攻击王安石的天变不足畏。

谏官范纯仁上奏讲道："王安石改变祖宗法度，掊克财利，使得民心不安。"御史刘挚也在奏章中攻击王安石罪在不赦，使国家百年之成法消除废乱，荡然无存。枢密使文彦博借议政的机会向神宗进谗言道："祖宗法制未必皆不可行。祖宗法制俱在，不必更改。改则必失人心。"可见用心之良苦。

当时宋人把王安石的第三个口号"人言不足恤"写成"流俗不足恤"。参知政事在弹劾王安石的奏章中讲："王安石强辩自用，抵毁公论为流俗。"御史中丞召公著在反对青苗法的奏章中讲："当今大臣都认为青苗法不合时宜，而王安石却把反对派的意见斥为流俗。"

王安石坚决地反击这些反对派的攻击。所以陆佃对王安石讲："外间都讲你拒谏。"王安石置之一笑，说道："我怎么会拒谏，是邪说太盛，不值得理睬而已。"

面对这种情况，王安石心里更加平静，变法决心愈为坚定。正如他在除旧那首诗中说的那样：

> 爆竹声中一岁除，春风送暖入屠苏。
> 千门万户瞳瞳日，总把新桃换旧符。

决心厉行新法，除旧布新，显示了他力战天下之人，必与之一决胜负的非凡气魄。

谁知一波未平一波又起，改革派内部有人反对。顶住了来自外部压力，却祸起萧墙。由于元老重臣的群起反对，改革派内部开始动摇。首先是苏轼、苏辙两兄弟，要求远离京城，到外地去任职，以便远离变法派。还有一个是参加过农田水利法实施的御史程颢，干脆直接在王安石跟前提出废除青苗法，搞得王安石一时不知所措。

这时天公不做美，从 1073 年开始，各地连续天旱。尤其河北旱情尤为严重，农民四处流亡，使变法派苦于安排。这时神宗下《旱灾求言诏》。这又给反对派提供了一绝好机会，一时间京城谣言四起，说是要发生大乱了。变法派内部冯京和郑侠两人又秘密谋划，绘制了十二幅"流民图"献给神宗。

这个郑侠本来是王安石在江宁收的学生，是王安石把他从广州调到京城，任职做监安上门，一同参与变法工作。那个冯京，和王安石是同年生。王安石视他为至交，亲昵地称他为"齐年"，并推荐他做枢密副使。而当时神宗想任用司马光，因王安石极力反对才作罢。后来冯京做了参知政事。

这十二幅"流民图"上画的是什么呢？神宗打开一看，上画一群百姓扶老携幼困顿于冈沙之中。有的一身疮疡；有的身着破敝之衣；有的身裹芦席稻草。另一幅画有百姓在路边掘草根剥树皮当饭充饥。还有一幅有百姓拆下自家房屋的木料还官债，等等。

最后加上一道奏疏："请将掊克不道之政令，全都罢去……如果陛下按臣的意见行事，不出十日天即下雨。如其不然，请杀臣于宣德门外，以正欺君之罪！"

王安石是何等冤枉！他是非常同情河北百姓的。请看他的诗《河北民》：

"河北民，生长二边长辛苦。家家养子学耕织，输于官家事夷狄。"

神宗将这十二幅"流民图"带回后宫。于是乎宦官、皇戚及两宫太后（仁宗曹后、英宗高后）把社会上的谣言都吹到神宗耳里，要求废去免行法。

免行法是王安石在市易法颁布后不久推行的。把原定宫中所需物品向各商行摊派，改为由市易司向各商行收取免行钱后，再购买各种所需物品。这样就使一贯在购物时贪污和向商人索贿的宦官无利可图。也使一贯在购物时欺诈商人的神宗皇后的父亲向经无法从中牟利了。因此宦官在神宗面前伏地叩头、流涕讲道："如今祖宗之法已扫地无遗。王安石所行之法，害民虐物，希望陛下罢免王安石。"

据说神宗和他两个皇弟——岐王赵颢和嘉王赵頵比赛击球时，以玉带做赌注，嘉王赵頵讲："我赢了，不要玉带，只求皇兄废掉青苗法。"两宫太后也拭着眼泪向神宗讲："王安石废除祖宗之法，祸乱百姓。"神宗听后也流泪不已。

次日神宗召王安石进宫，一见面就叹息道："从去年秋天以来，直到今天，仍滴雨不下，众人多归咎于新法，不如将不合宜的法令废除。"

王安石回答说："水旱是时常发生的灾害，尧舜时也在所难免。自从陛下即位以来，连年丰稔，现在旱情持久，就应当善修人事，来应付天灾，不值得陛下如此过虑。"

神宗不悦地讲："朕所害怕的正是人事不修。免行钱收的太重，积怨太多，从近臣以至后族，无人不说它有害无益。请你回去商议一个裁减新法的方案。"

王安石只好退出宫。当他走到大街上时，觉得这繁华的汴京城似乎也比往日逊色不少。这时听到有人喊："去安石，天乃雨，去安石，天乃雨！"

王安石回到宅第后，马上写了《乞解机务札子》。略云："伏念臣孤远疵贱，众之所弃，陛下收召拔擢，排天下异议而付之以事，八年于此矣……今乃以久擅宠利，君疑并兴，众怨总至，罪恶之衅，将无以免；而天又被之疾，使其意气昏惰，而体力衰疲，虽欲强勉以从事须臾，势所不能，然后敢干天威，乞解机务。"

札子递上，神宗览后，提起御笔批了"准"。但又让吕惠卿传谕，让王安石留在京里做顾问。王安石坚辞离京。神宗无法，只好放行。王安石的长子天章阁待制兼侍讲王雱随父离京赴江宁。这时王安石的身份是吏部尚书、观文殿大学士知江宁府。时年1074年（熙宁七年）四月中旬。

西夏叩边，激辩国事

1072 年（熙宁五年）秋，河北雄州报警。

驻宋辽边境官员派五百里疾足传报汴京：辽国军队已越过拒马河，准备在河南设置哨所。

神宗接到边报后，立刻召集文武大臣进行讨论。

神宗讲："契丹兵已过了河，准备驻兵扎哨，我们不可不防！众爱卿认为该怎么办？"

王安石道："能有所纵，然后能有所操；所纵愈广，所操也愈广。根据目前的情况看，契丹未必想破坏两国已有的盟约。对付周边诸国，应有个先后。首先制服夏国，我们就不必和契丹在置哨所问题上争长论短，契丹也必定不敢移动哨所。"

很明显王安石的意见是把主要力量用在对付西夏上，应以对西夏的军事胜利制止辽的军事挑衅，而不应就事论事地和契丹斤斤计较。

其实早在 1068 年（熙宁元年），王韶早就提出，居住在熙河路（大约在今青、川、甘交界地方）的蕃族内讧不断，西夏想以武力插手这件事。如果西夏占据这个地方，就会威胁大宋的秦凤、四川诸路。如果大宋占据这个地方，就会进而夺取兰会而拊西夏之背。鉴于这种局面，神宗派王韶去那里筹措军务。

对此王安石非常支持。1072 年（熙宁五年）八月王韶大破吐蕃。筑武胜城，作为帅府。王安石给王韶去信讲："洮河东西，蕃汉附集之地。今日筑城，诚非小事，秋凉宜自己多加保重。"

这次胜利后，契丹也就再没有扰边。而宋军继续在进取河湟之地。

1073 年（熙宁六年）三月，王韶又攻克河州。王安石又给王韶去信："对于诸蕃人，不宜多杀，应辅以招抚。"

王韶在王安石的指导下，恩威并用，又于当年十月大破吐蕃于河州，收复了洮、泯、岩、叠等州。王韶派李元凯入汴京奏捷。王安石上表庆贺大捷。神宗非常高兴，大排宴席，招待群臣。酒席间，大臣们不时吟诗助兴，祝贺大捷。王安石也诗兴大发，连赋几首，有一首诗云：

城郭名王据两垂，军前一日送降旗。

幕府上功连旧伐，朝廷称庆具新仪。

神宗听后龙颜大悦，立即取下自己所服的通天带赐给王安石。

宋朝在河湟地区的军事胜利给辽贵族以极大的震动，他们立刻拿出贯用的手段对宋进行讹诈，以破坏北宋的改革，延缓宋强国富兵的速度。因而1074年（熙宁七年）三月辽派萧禧来到宋朝，要求重新划定蔚、应、朔三州之界。

蔚、应、朔三州在后晋石敬塘割让燕云十六州范围之内。从那时起到熙宁六年，已历时一百四十年，双方不曾发生过边界争执。只是在英宗治平二年（1065年），契丹兵曾经在北宋境内的长城和六蕃岭设置哨所，而北宋的边防军毁掉了哨所，契丹也没有生事。可见双方界限是非常清楚的。

谈判一开始，辽人就提出以分水岭重新划分双方边界。但又不指明哪儿叫做分水岭。另一面，又在边境集结兵力，进行挑衅，对宋朝代表施加压力，以便在谈判桌上捞取更多的实惠。

神宗又惊慌起来，召集文武商议对策。

王安石首先讲："据臣了解，辽国境内盗贼蜂起，他们虽然全力围捕，还不能禁止，哪里会有精力与我们为敌？我料定辽国不会大举用兵，希望圣上不要过虑。"

神宗问："如果契丹坚持要两属之地，我们怎么办？"

王安石答："不给。"

神宗又问："辽国不答应，又怎么办？"

王安石答："据理力争！"

神宗说："江南李唐，又何尝输理，而被太宗灭掉。"

王安石答："今非昔比。如今地非不广，人非不多，财谷非少，正与太祖的形势相同，足以和辽相抗衡。"

这一谈判还未结束时，王安石便被罢相离京回江宁了。这件事对他来讲也成为对己无关紧要的事了。

1075 年（熙宁八年）二月，王安石又再次为相。那次谈判还没有结果。在谈判桌上，辽国声称要派军队拆除宋朝越界修筑的军事设施。对此王安石仍主张不示弱，不示怯，全力抵敌。

三月，辽国再次派萧禧来汴京谈判。

四月的一天，神宗在天章阁召集文武继续商讨怎样对付辽国来使。

王安石讲："陛下不要担心契丹。契丹不过是探我虚实，进行军事讹诈而已。"

神宗说："中原无必胜契丹的把握，所以我心神不安！"

王安石道："正因为没有必胜的把握，才不应如此。如果卑词对待辽使，必灭我威风，而长敌人气势。更何况契丹国又四分五裂，不可能大举进攻我们。"

虽然王安石一再表明契丹不足虑，仍不能消除神宗的顾虑，他又给韩琦等元老重臣下手诏，希望听听他们的意见。

手诏说："朝廷通好北虏，几十年了。近年以来，生事弥多。万一发生不测，如何应付，古之大政，必询及故老。卿固怀忠义，历相三朝。本身虽然在外，心却不忘王室。希望见状以闻，朕将享览。"

韩琦接手诏后，马上修撰奏章。他对神宗讲："辽人的挑衅，完全是由于王安石改革的措施，引起了辽人见形生疑而招致的。"他举例讲：

河西之地，吐蕃部散居山野，并未给边境造成威胁。但听说强取其地，所以使契丹生疑。

北边边防之地，又遍植榆柳，挖掘塘泊，限制虏骑，这又使契丹生疑。

赵、冀、北京之地，又修城堡，开壕堑，又使契丹生疑。

近来又在河北设置三十七将，各专军政。这又使契丹生疑。

最后说，希望把这些使契丹生疑之事全都罢去，方可释北虏之疑，则国家可迁延岁月。

韩琦的这些言论纯粹一派胡言，完全站在辽国人的立场上讲话。

韩琦的奏章送到神宗的御案上后，神宗对王安石说："韩琦的用心可知。昔日向他询问北边之事，他仍说罢去以前的新法，契丹自然无事。"

王安石讲："如果陛下与他合计国事，正所谓'启宠纳侮'。"

神宗权衡两方面的意见，认为不对契丹做些让步，契丹很可能举兵来犯；也可能联合西夏，对宋朝构成犄角之势，使宋两面受敌。为此，他决定把辽人以前在长连城和六蕃岭两地安置哨所的地方作为辽方的南境。双方在蔚、应、朔三州的边境全依分水岭划定。

至此，一场持续几年的纷争，使宋君臣惊慌不已的划界风波终于平息下去了。但我们也可以看出王安石关于划界的不妥协的态度是非常坚决的，平定挑衅的对策也是积极和可行的。只是神宗最后没有完全听取，才使北宋丧失了七百里大好河山。

步履维艰，再次罢相

1074 年（熙宁七年）六月王安石回到了他思念已久的江宁北山。正如他在《思北山》诗中讲的那样："日日思北山，而今北山去。寄语白莲庵，迎我青松路。"

六月十五日，王安石到江宁府升堂办公。他给神宗奏上《谢知江宁府表》，以拜谢皇恩。

王安石在江宁处理政务之余的大多闲暇时间都用在吟诗之上。所吟所写往往不离往事。王安石心系朝廷、心系改革，汴京那已逝的旧事，仍使他魂牵梦绕。

王安石辞相后，推荐韩绛为宰相、吕惠卿为参知政事。韩绛被反对派叫作"传法沙门"、吕惠卿被叫作"护法善神"。他们继续进行着过去的改革。

面对灾荒，改革派依靠提举司易市在开封粜出了数十万斤粮食，稳定了汴京百姓的生活。另又对灾荒非常严重的河北和浙江地区，利用当地的青苗钱米，募集灾民兴修水利工程，进行生产自救，度过了灾荒。这些成果有力地回击了反对派对新法的攻击。

可是，事情并非都如人所意。前面已经讲过，王安石变法集团已经开始出现分裂。此时，这种裂痕随着时间的推移愈来愈大。

吕惠卿是变法的中坚人物，许多法令都是他亲手拟定的。但是他又是一位政治野心极大的人物，在担任了参知政事以后，就在改革上标新立异，企图阻止王安石复相。首先制定了"给田募人充役"，作为免役法的补充条文。王安石听闻消息后，从江宁给他写信，指出这种做法是有百害而无一益的。吕惠卿接信后，束之高阁，置之不理。

消息传到江宁后，王安石非常生气，但又无可奈何，只好赋诗以宣泄心中的愤闷之情。《金陵郡斋》云："谈经投老弃悠悠，为吏文书了即休。"这时王安石的身体状况也不好，已经是"藏疾里闾"了。因此他向判南京留司御史蔡挺索要种山药的办法，蔡挺送给他生头山药百十茎，他便在家中自己开田种起山药来了。

江宁的闲散和汴京的忙碌给人形成鲜明的对照。这时吕惠卿颐指气使，遇事不和宰相韩绛商量，自己行起"首实法"来。这个"首实法"是根据户籍的等级收取役钱。具体做法是，户主自己申报家业，官府折合成金额，再确定户等高低。如若谁隐瞒不报，允许别人告发，然后官家没收所隐瞒部分的家产。这项工作非常烦难和琐碎，稍有不慎，就会酿成大乱。事实也是如此，"首实法"实行后，老百姓不胜其苦，以至于上下骚动。

这时韩绛借机向神宗建议："天下之人思念荆公，请陛下恢复王安石的相位。"

神宗采纳了建议，下旨恢复王安石的宰相之职。诏书讲："逊波稽天，敦斧之铁；忠气贯日，虽金石而自开……可待受依前行吏部尚书同中书门下平章事昭文馆大学士兼译经润文使，加食邑一千户，食实封四百户。"

王安石接到诏书，那原本平静的心又激动起来。他掩饰不住自己的心情，挥毫写下了《世故》一诗。诗云：

> 世故纷纷漫白头，欲寻归路更迟留。
> 钟山北绕无穷水，散发何时一钓舟。

王安石没有任何迟疑，立即动身前往汴京赴任，去完成那未竟的改革大业。

回相府后，王安石立即招拢旧部，壮大自己的力量。他陆续从各地召回了李定、程昉、赵子几、吕嘉问。这些人均因拥护和参与变法而被反对派排挤在外。例如程昉和赵子几，都是王安石推行农田水利法的得力助手。抱有政治野心的吕惠卿则同王安石在人事上发生矛盾和冲突。

不久，王安石又提拔练亨甫兄弟，吕惠卿公开反对，他对王安石说："练亨甫哥俩因为我们兄弟小时候非常赤贫，现在时常小瞧和嫉妒我们。"故而他在选择人时，把自己的亲族和接近自己的人全都提拔起来，如吕升卿、吕和卿、方希觉等。就这样他的用人准则和王安石对立起来，因此两人之间在政治上产生冲突就不可避免了。

王安石经过一番紧锣密鼓的准备，1075 年（熙宁八年）六月，首先在市易法上进行变革。由于市易法对限制大商人垄断市场起到了作用，所以王安石决定在修订法令、使之愈加趋于合理的指导思想下进行操作。一方面在一些城市继续增设了市易务，扩大市易法的实施范围，另一方面又在河北实行"便籴法"。"便籴法"是让市易司依据农民田亩收入的多少，预先支借给钱和物，待丰收后，农民就近在缘边各州籴买米麦交给政府贮存起来。这样北宋政府每年能够节省给河北运输军粮的费用三十七万贯钱。就是这样一个既节省又不伤农的措施，吕惠卿由于对吕嘉问不满所以坚决反对。

不久，王安石又建议在边贸比较发达的陕西使用交子，以扩大那里贸易。交子是一种纸币，便于携带，又能够在异地银号汇兑，较之铜钱使用起来要便当得多。这个建议吕惠卿也不同意，竟当面和王安石争执起来。

1075年（熙宁八年）八月，王安石下令将官户应交纳的免役钱减免一半。九月王安石又改成减免一份（10%）。这条规定是王安石迫不得已向官户做出的让步，但吕惠卿并不支持。

吕惠卿为了扳倒王安石，跑到神宗那里告状："王安石自复相以来，屡屡称病，不到相府办理公务，凡事都推诿给臣。臣恐怕这样会把陛下交待的事情弄糟，因此预先自责，免得陛下以后怪罪。"很明显，吕惠卿是想取代王安石。神宗心里非常清楚，没有理睬。

王安石的追随者看到吕惠卿"每事即言其非"，处处阻挠，便联合起来告发吕惠卿勾结地方官，利用自己的职权，给自己置办田业。又暗示台谏弹劾吕惠卿。弹劾表章到了神宗那里，神宗御批彻底追查。经过调查，吕惠卿等和苏州地方官及豪绅大户勾结起来，形成一个政治小集团。他还利用自己的权势，向地方大户借了四千多贯钱，在苏州购买了大片田产。十月，吕惠卿被免去参知政事之职，罢出汴京知陈州。同时还有三司使章惇也被革职，罢出京城知湖州。

事后神宗告诉王安石："吕惠卿兄弟嫉贤妒能，只要才能过己便排挤打击。这兄弟俩不济事，不是帮你成事的人。"王安石听后心里非常沉重。

王安石一次罢相前，曾布也由于反对市易法而身败名裂。市易法颁布不久，反对派就对此进行了猛烈的攻击。一向软弱的神宗又动摇起来，批评中书省将事情搞乱了。1074年（熙宁七年）三月的一个夜晚，神宗差人给曾布送了一道手札，希望他将市易司有关妨碍百姓经营的事一一奏明。

曾布揣测到了神宗的意图后，马上从新法中坚人物变成了新法的反对先锋。他联合起创议搞市易法的魏继宗，首先向吕嘉问发难，斥责他广收市易钱，是为了邀功请赏。又攻击说吕嘉问领导的市易司垄断了商业贸易，是"挟官府之名，而行兼并之事"，将市易司的工作完全否定了。

曾布又跑到神宗那里说道："召问街市行人，人人都涕咽不已，盛赞陛下能垂意关心小民，虽天下久旱，足以感格上苍而降甘霖。"这种论调已和反对派的言论别无二致了。

王安石看在眼里，急在心里，他要求神宗不要操之过急，容他一步步推究市易司的兼并行为。神宗讲："让吕惠卿和曾布共同调查此事吧！"吕惠卿和曾布之间有矛盾，所以在王安石复相后，才将此事搞清楚。王安石复相后，便毫不留情地将曾布逐出朝廷。

这样王安石的两位得力助手，一个吕惠卿，一个曾布，从变法派中游离出来，离他而去，改革派彻底分裂了。王安石遇到前所未有的打击，暗自神伤地说："变法之初，天下议论纷纷，唯有惠卿和曾布始终不易，其余人都是一进一出而已！"

1076 年（熙宁九年）正月，王安石决定从今以后只将库存青苗钱的一半用于贷款。很显然，他又向高利贷者让出了一块对农民进行盘剥的地盘。虽然王安石在发布决定时讲：这是为了减少官府财物的损失。可是毕竟这是一种妥协的行为。

正月十五日，神宗皇帝在集禧观设宴招待王安石及众大臣。席间，神宗对王安石说："爱卿还须继续努力！"王安石给神宗上酒祝寿，并说道："谢陛下。臣一定努力，不辜负陛下的厚望。"到了晚上，神宗又率文武大臣登上了玄德门，观看御街两边店面挂起的五颜六色的灯笼。在这火树银花的不夜城中，大家免不了吟诗作赋一番。

王安石从此以后，便满足于已取得的改革成果，原先那种刚毅坚拔、勇于进取的精神消失了。行动上甚至有些迟顿起来，并经常称病不视事了。神宗对此也有些不满意。神宗希望增加赋税，"用于收复中国旧有失地，以成盖世之功名"。因而在变法的方向上，两人的意见逐渐相左，王安石的建议常常被神宗否定，而不像变法初期那样对其言听计从。对此，王安石叹息道："天下的大事如煮羹，下面添一把火，上面随手下一勺水，羹什么时间能煮熟呢？"王安石的言语已经表现出了对神宗的无奈。

新春过后，王安石就向神宗提出辞呈，神宗下诏不准。六月，王安石的长子王雱病死，王安石极度悲伤，精神上受到极大的刺激。王雱性极聪敏，不到二十岁，已著书数万言，官至天章阁待制兼侍讲。王安石对他抱有很大的希望。不料英年早逝。王安石吟诗哭道："一日凤鸟去，千年梁木摧。"

王安石在情绪极度消沉的情况下，给参知政事王珪写信。信中说："我的所作所为不足以取悦众人，反而取怨积怒于王公贵族；我的智慧不足以知人善任，隆邪奸佞之人常常出于交游最密的朋友中间。"他希望王珪代他向神宗转达自己辞掉相位的意愿。

十月，王安石又提出辞呈，要求辞去相位，神宗批准，罢为镇南军节度使、同平章事、判江宁府。

淡泊养性，金陵遗恨

1076 年（熙宁九年）十月，王安石经瓜州渡回到了他的第二故乡江宁。

王安石临离京前，神宗恋恋不舍地对他说："你身居通衢大邑，有什么嘉谋奇猷，不要忘了朝廷啊！"并赐给王安石一匹骏马代足。

次年，王安石辞掉了判江宁府这个官职，只剩下使相兼集禧观使这个官衔。不久，神宗封王安石为舒国公，领集禧观使。从此王安石靠大蕃府发给的祠禄在江宁生活。

1079 年（元丰二年）夏天，王安石在江宁府城东的白塘修建园子。这块地方是他在汴京时托人买下的，作为退身后居住之处。白塘距城七里，距钟山也是七里。他在这里修筑了几间宅第，种植了些花卉树木，并且把洼地开浚成池塘小港，还垒石作桥，挖凿水渠，把离此不远的八功德水引入园子，俨然一个天成园囿，遂取名"半山园"。

风景秀美的半山园成了王安石高卧吟诗的对象。《浣溪沙·百亩中庭半是苔》词云："百亩中庭半是苔，门前自道水萦回。爱闲能有几人来？小院回廊春寂寂，山桃溪杏两三栽。为谁零落为谁开？"还有题咏园中杏花，诗云："还如景阳妃，叹堕今宫井。惆怅有微波，残妆坏难整。"

王安石还喜欢到江宁府附近的蒋山、钟山等地游玩，时而骑

王安石 – 梅花

上神宗赐他的骏马，时而骑上毛驴，外出很随便，身着便服，只带一个僮仆，不讲究排场。路上有人劝他："老年人出外旅游最好坐轿子。"他回答说："古代的王公贵族也太不道德了，让人代替牲畜。"

据说元丰末的一年，王安石骑驴到蒋山游玩，当时正值盛夏，提点刑狱李茂直去见王安石，两人在道边相遇。王安石下驴后，把李茂直让到路旁，递给他一把小折椅，自己坐在小杌子上，就谈了起来。谈话持续了很长时间，太阳已经西斜，李茂直让属下张伞，阳光正好漏在王安石身上，李茂直赶紧让左右人移伞为王安石遮阳。王安石摆摆手说："不用了。如果来世做牛马，还得给他人在日头下耕田。"一句话逗得大家直乐。

半山园北面不远处，有一个土堆，相传是东晋谢安故宅遗址。百

姓都叫它谢公墩。王安石经常来这里凭吊，坐在那里摩挲着生满青苔的基石，遥想谢安淝水之战胜利后在这里居住的情景，每次都使他感慨万分，便吟起诗来，有一首《谢安墩》诗表达了他此情此景的心境。

> 我名公字偶相同，我屋公墩在眼中。
> 公去我来墩属我，不应墩姓尚随公。

王安石这种近乎耕读式的田园生活引起了神宗的关注，派遣中使甘师颜送来了五十两黄金。王安石没有把金子留作私用，而是把它施给了定林寺。寺里的僧人给他安排了一所禅房，供他居住。从此，只要他不出游，大多时间就在这间禅房里读书、著述，或接待来访客人。

1083年（元丰六年），书画家米芾来到江宁，专门去定林寺拜见王安石。他给那间禅房题名为"昭文斋"。还有画家李公麟也在这"昭文斋"中为王安石画了那幅神态逼真的"著帽束带"像。

在昭文斋中，王安石完成了他的《字说》。罢相前，他完成了《三经新义》，并作为教材在学校推广。这部《字说》，用他自己的话讲是为建立道德规范和行为标准而编纂的。正因为如此，他是非常看重这项工作的。他在序言中讲："这同伏羲制八卦、文王演成六十四卦一样，是异用而同制的。"书成后，王安石把它献给朝廷。这些都表明，王安石虽然"身在山野"，却是"心系魏阙"的。

有一天王安石在昭文斋中午休，梦见一个身穿衮服，头戴冕冠，身材非常魁伟的人来找他，并自我介绍说："我是夏桀，和你商讨治国之道。"于是两人反复相诘百余个回合不分高下。忽然有客来访，把王安石惊醒。王安石惊得满身是汗，把被子都浸湿了。他对客人把梦中之事讲述了一遍，并说道："难道我的习气还是这样？"后来他作了一首《杖藜》小诗。诗中有"尧桀是非常入梦，固知余习未能忘"的句子。从这两句诗中也可以看出王安石是难以忘却他在汴京政治舞台上的政治使命。

大旱之后，必有丰年。熙宁末年那场大旱后，元丰元年、二年、三年连续三年庄稼大丰收。幽居江宁的王安石扶杖来到白下门外，微风吹来，麦浪滚滚，心里特别高兴，随口吟道：

> 元丰圣人与天通，千秋万岁与此同。
> 先生在野固不穷，击壤至老歌元丰。

元丰初这几年，神宗继续推行改革，只是取掉有关摧抑兼并条款，扩大了增加田赋和各项税收的条款。神宗把增收的钱一部分封存起来储蓄备边，另一部分用来扩编禁军，增买战马，使变法朝着加强军事进行备战的方面进行了。

经过几年的准备，1081 年（元丰四年）七月，神宗调集李宪、沈括等部三十五万大军向西夏发起了强大攻势，但是由于缺乏统一指挥。粮草不济，最后李军在灵州城下大溃。此役宋朝的军兵加上民夫共伤亡三十万人。

神宗并不甘心这一失败，而是继续出兵，想要通过战争实现他收复失地，完成盖世伟业的理想。翌年（元丰五年）九月，神宗听取徐禧的建议，在横山修筑永乐城，准备第二次进攻西夏。永乐城刚筑成，西夏便倾全国之兵来围攻。由于徐禧不善指挥，又不听取同僚的建议。西夏兵很快切断了永乐城赖以生存的水道。永乐城陷入重围之中。再加上友军坐视不救，永乐城被攻陷，徐禧及宋军将士二十万被俘。

永乐城失陷的消息传入宫中后，神宗不知所措，彻夜徘徊于龙榻前，无法入睡。永乐之役给宋神宗精神上打击极大，使神宗陷入了极度的悲哀之中。

1084 年（元丰七年）七月，苏轼从黄州赴任汝州团练副使，经过江宁，王安石热情地接待了他。

苏轼船到江宁的那天，王安石身穿便服，骑上驴子到河港舟边迎接苏轼。苏轼未戴官帽从船上走下来，作揖说道："轼今日以便服见大丞相了！"

王安石笑着道："我俩还拘什么礼节!"

苏轼又说："苏轼自知相公门下用不着我了!"王安石再没回答,手挽苏轼邀他游蒋山。

苏轼在江宁住了一个月,王安石只和他吟诗酬唱,绝不谈及政事,这又和他内心世界是极为矛盾的。

就在会见苏轼之前的春天,王安石生了一场大病,头晕目眩,喉中多痰,有一次竟两天神志不清,后经神宗派遣来的御医诊治,方才脱离危险。病愈后,他把半山园捐作寺院,神宗题名为"报宁禅寺"。他一家又在城里租了一个院落居住。

1085年(元丰八年)三月神宗去世,王安石写挽词悼念他。同时,他也非常担心政局的变化,常常借读书来化解这种担忧。五月,司马光拜相的消息传来后,王安石的心情就更加忧郁。接着又传来朝廷禁止读《字说》,使他的自尊心受到了极大伤害。以后,有关废除新法的消息接二连三地传到江宁,当他听闻市易、方田均税和保甲法被废时,仍能稍作镇静之态,等到得知连募役法都废除时,再也坚持不住,不禁潸然泪下地说:"此法不可罢!这是我和先帝花了两年的心血才定下来的呀,怎么也能罢去呢?"

1086年(元祐元年)春,王安石病情严重。四月六日,六十六岁的王安石怀着无限的忧伤和悲愤与世长辞了。王安石死后被追封为"太傅";绍圣年间,赐谥号为"文",配享神宗的庙庭;徽宗时,又配享文宣王庙。而钦宗时,皇帝下诏停止他文宣王庙配享。高宗采纳赵鼎、吕聪的意见,削去了其"舒王"的封号。

第 八 章

真骨傲霜
——旷世奇才苏轼

苏轼，眉州人，字子瞻，又字和仲，号"东坡居士"，北宋著名文学家、书画家、诗人，豪放派词人代表。其诗、词、赋、散文，均成就极高，且善书法和绘画，是中国文学艺术史上罕见的全才，也是中国数千年历史上被公认文学艺术造诣最杰出的大家之一。其散文与欧阳修并称欧苏；诗与黄庭坚并称苏黄，又与陆游并称苏陆；词与辛弃疾并称苏辛；书法名列"苏、黄、米、蔡"北宋四大书法家"宋四家"之一；其画则开创了湖州画派。与其父苏洵、其弟苏辙合称"三苏"。

初出茅庐，名震京城

嘉祐二年（1057 年）正月，北宋汴京正沉浸在一派祥和、忙碌的氛围之中，峭寒的空气里还散发着阵阵鞭炮硝香，让人感到好不温馨！汴河两岸人来人往。玩杂耍的，就地设摊，亮出了把式，不时传来阵阵叫好声。小吃摊旁热气腾腾，挤满了老少爷们儿。空阔的地方，搭起了戏台，早已是人头攒动。大姑娘、小媳妇悄悄地抹了脸，描了眉，相约为伴，走街串巷，一路上嘻嘻哈哈，好不热闹。

此时此刻，礼部官署大院周围却三步一岗、五步一哨。卫兵一个个面无表情，严肃得像一座座石雕。手中的武器，寒光凛凛，有一种逼人之气，令过路的市民噤若寒蝉，不由自主地放轻了脚步，匆匆离开。官署大院里面，正在进行本年度礼部考试的阅卷工作，一派严肃冷然。

屋外，春寒料峭。屋里，热气腾腾，甚至让人感到沉闷。朝中重臣韩绛、王皀、范镇、梅公仪等一个个脸色阴沉，手中的朱笔一动不动——实在没有一个人的试卷让他们满意。怎么全都是一些歌功颂德、粉饰太平、以割裂剽窃为能事的平庸之作呢？本次主考官，礼部侍郎兼侍读学士欧阳修心里暗暗着急，有些坐不住了。国子监直讲、著名诗人梅尧臣负责编排议定等具体事务，忙上忙下，看到欧阳修那威严、冷峻的面孔，心里也感觉沉甸甸的，毕竟刘筠、杨亿这些有地位的贵族文人所创的"西昆体"已经在文坛上流行了三四十年之久。想要革除这形式主义的文坛时弊有多么难啊！

梅尧臣摇头叹息，漫不经心地浏览着试卷。突然，当他读到"……当尧之时，皋陶为士，将杀人，皋陶曰杀之三，尧曰宥之三……"时，眼前一亮：它的逻辑方法，它的论证力量，它的文笔畅达朴素而又精练，以及阐发的正统的儒家思想，大有孟轲之风。梅尧臣欣喜若狂，马上向欧阳修推荐。欧阳修还未看完，不禁击掌叫绝。韩绛、王珪、范镇、梅公仪等扔下手中朱笔，纷纷围拢过来。众人看后均赞口不绝，一致认为是大手笔，纷纷建议他把这份试卷定为第一名。欧阳修欣然同意，可是转念一想，这篇文章的风格多么像自己的门生曾巩啊，如果是他，舆论岂不说我有所偏爱吗？为了避嫌，就忍痛定为第二名。后来一揭晓，这篇《刑赏忠厚之至论》的作者不是别人，正是苏轼。同时，他的弟弟苏辙也被录取在高等。

接着参加礼部复试，苏东坡以"春秋对义"获第一。同年三月五日，仁宗赵祯在崇政殿亲试进士，苏轼兄弟同科进士及第。这时苏轼二十二岁，苏辙才十九岁。欧阳修在得到苏轼谢表后说："读苏轼书，不觉汗出。快哉！快哉！老夫当避此人，放一出头地！"后来的事实证明，苏轼在文学上成为一个全能大家，也确实是青出于蓝而胜于蓝。

在苏轼兄弟应试的同时，苏洵持张方平的举荐信，带着自己所作的二十二篇政论文拜见了欧阳修。欧阳修很赏识，认为其文有荀子文风，一时公卿士大夫争相阅读。在欧阳修、梅尧臣的大力推荐和延誉下，"苏氏文章遂擅天下"，竟致当时文风为之一变。

其实，欧阳修如此褒赞苏轼不是没有原因的。蜀地自古山川奇秀，豪杰之士辈出。汉代的司马相如，《子虚》《上林》二赋流传千古，扬雄、王褒步其后尘。唐代的陈子昂自言蜀中多豪侠。李白青少年时代在四川仗剑侠游，杜甫晚年流落四川，初唐四杰也和四川结下了不解之缘。一时间"天下诗人尽入蜀"。晚唐五代，中原混战不已，西蜀相对安宁，各路文人学士，如韦庄、牛希济、薛绍蕴等避乱而来，进一步促进了西蜀文化的繁荣和发展，使西蜀成为当时全国的文化中心之一。当地百姓"释耒耜而笔砚者，十室而九"。在苏轼参加进士考试这一年，仅眉山一县举荐参加礼部进士试的就有四五十人之多，进士及第的更是高达十三人！由于相对封闭的环境，西蜀文风较少受五代浮靡气息的影响，西蜀文人仍"以西汉文词为导师"，与欧阳修等人所倡导的古文革新运动合拍。苏门三父子的文章内容充实，诗赋朴素而畅达，和晚唐五代词藻华丽而空虚的文风内容迥然不同，因此深受欧阳修赏识，成为北宋古文运动的干将。"唐宋八大家"，苏氏一门独占其三，真可谓中国文学史上一道灿烂的风景！

苏轼的祖上，可追溯到唐代武则天时期的苏味道。苏味道九岁能文，与同乡李峤都以文翰著称，号称"苏李"。此外还有崔融，以及杜甫的祖父杜审言。时号"文章四友"，在初唐文坛上也掀起过一阵不小的波澜。

苏轼的父亲苏洵是一个很有趣的人，少年时不喜读书，游荡不学。寒窗苦读的大好时光早已过去，他还是吊儿郎当只知玩乐。苏轼的祖父苏序也从不加管教。待苏洵像做春梦一般地醒来之后，已经是二十五岁，早就过了"弱冠"之年。当时，他的哥哥早已步入仕途，功名在身。苏洵这才意识到问题的严重性，于是他谢绝了平时一帮狐朋狗友的邀约，闭门苦读。经过几年头悬梁、锥刺股的苦读后，苏洵满怀信心地去应试，结果却一次次落第。

宋代的科举录取名额比唐代大为增多，唐代每科仅录取二三十人，甚至有些年根本不录，而宋代一次就取五六百人。屡试屡败，对苏洵来说不仅是一个沉重的打击，更是一种无形的讽刺。他苦闷、彷徨，甚至想和科举、功名分道扬镳。后来有了苏轼、苏辙，"二子"从小就显露出天生不凡的天赋和才能，这又激起了苏洵莫大的希望。他以自己追悔莫及的惨痛经历勉励两个儿子刻苦攻读。

苏轼的母亲程氏，是大理寺丞程文应的女儿，一个非常有文化教养的家庭妇女，她以个人主义的上进以及封建名节观念来教育、勉励苏轼、苏辙兄弟。有一次，程氏为苏轼讲读《后汉书·范滂传》，当读到范滂因反对宦官专权误国而被诬言中伤，被捕前其母与他诀别时的一段话时，她喟然叹息。这勾起了少年苏轼的一番思想活动，从此，"慨然有澄清之志"，敢于坚持正义、敢于斗争的范滂在他心中埋下了一颗奋发有为、志在必得的种子，成为指引他在黑暗中前进，寻找主宰命运之舟的航灯。

在这样的社会影响和家庭环境的熏陶之下，两位血气方刚、才华横溢的小苏在年逾五十、两鬓已白的老苏带领下，如同骤然从西蜀冲过来的一股狂飙，以无比的威力和绝世的才华横扫当时的汴京文坛。积弱不振、腐朽沉闷的空气被含有西蜀秀丽山川气息的清新之气取而代之，令人神清气爽，耳目一新，文坛上立即刮起一股学苏风。难怪后来有"苏文熟，吃羊肉；苏文生，嚼菜根"的美谈，自称为"西南布衣"的苏氏父子实在是出手不凡。

此时苏东坡刚满二十二岁，出川的第一仗打得如此漂亮。他自豪地把自己和弟弟同科入第与晋代陆机、陆云联袂入洛轰动京都的盛况相媲美，不无自负地写道：

当时共客长安，似二陆初来俱少年。有笔头千字，胸中万卷；致君尧舜，此事何难！

年轻气盛的苏轼雄心万丈，似乎看到了一条金光大道展现在自己面前向前延伸，直指理想的彼岸。

嘉祐六年（1061年），欧阳修因赏识苏轼才识兼茂，力荐于秘阁，让他参加制科试，以优异的成绩和吴育同列三等，成为北宋以来，仅有的入策三等的两人之一。之后，朝廷除苏轼为大理评事、签书凤翔府判官。苏轼正式步入其政治生涯。

锋芒毕露，仕途坎坷

治平四年（1067年）英宗病逝，神宗赵顼继位。赵顼是位立志有为的青年君王。当他名正言顺地登上皇帝的宝座后，他就踌躇满志地算计着把胸中的宏图展现出来。

可是，祖上传下来的这份千疮百孔的家业多么令他寒心啊！财政危机已经直接威胁到生存的根基；政风吏治每况愈下，颓废不振；百姓在各种苛捐杂税的压榨下如同倒悬；外患在边地索钱并地，虎视眈眈，如同卧榻之虎，令北宋朝廷寝食不安，改革积弊势在必行。

其实，宋王朝又何尝没有过改革？仁宗朝范仲淹、富弼雄心勃勃，可最终溺死在中伤、诽谤的唾沫之中，"庆历新政"昙花一现。

英宗也是一个"有性气、要改作"的皇帝，可是庆历新政的阴影还笼罩在那些执宰大臣们的心头，他们敷衍搪塞，力图做一个太平官员。英宗身体极弱，未能等到这班庸才醒来，便带着他惩弊的美好心愿弃世归天了。

但神宗毕竟是神宗，经过一段时间的考察，他不顾所有人的反对，于熙宁二年（1069 年）拜王安石为参知政事，开始具体实施变法。王安石首先设置"制置三司条例司"作为变法的总机构，以理财为中心，对政治经济进行全面改革，一场继"庆历新政"后的革新运动轰轰烈烈地全面展开了。

苏轼虽然在仁宗朝主张改革，反对因循守旧，但不同的是，他主张稳扎稳打，不可急于求成。王安石认为"三冗"之根本在于法制不健全，因此大力推行法治；苏轼却认为关键在于人，选好了官吏，吏治自然清明！熙宁二年苏轼从凤翔回京城，王安石变法也开始付诸实施，两人便处于直接敌对的状态。

在变法中，王安石充分表现出作为一位政治家的果敢。他对那些企图阻止变法的人毫不手软，坚决驳斥，甚至外贬。同时把一些政治地位较低、资历较浅而又赞成新法且有才能的人，积极加以引进，集合在自己周围，形成变法派的中坚力量。韩琦、富弼、欧阳修纷纷自求外任或隐退，吕惠卿、曾布、章惇等人纷纷升迁。面对如此频繁的人事变动，苏轼十分不满，为曾巩、欧阳修鸣不平，并开始攻击王安石，把他比作曹操、张汤。

熙宁四年，苏东坡借机向神宗进言，劝诫神宗不要"求治太急，听言太广，进人太锐"，引起王安石不悦。王安石本来就不满意苏轼对自己所持的异论态度。从凤翔回中央后，苏轼任监官告院。在去年的贡试放榜问题上，苏轼反对王安石一手提拔起来的吕惠卿，反对把改革派的叶祖洽列为第一。这一次王安石就不能忍耐了。命苏轼当开封府推官，推官是掌管刑狱的，事务繁杂，他想"以多事困之"。

王安石在大刀阔斧地进行改革时，也确实有用人不当的地方。正如苏轼在《上神宗皇帝书》中反对置制三司条例司那样，王安石选择的四位执政大臣——曾公亮、富弼、唐介、赵抃，连同自己，被人称为生、老、病、死、苦。但王安石雄心勃勃，对苏轼这样不倾向于自己的意见自然听不进去。不但听不进去，还时时提防着他。当神宗下诏两制举谏官时，范镇曾经推荐苏轼。而苏轼如果担任谏官这个职务，于新法和王安石自然不利，变法派就对苏东坡予以打击。王安石通过他担任御史的姻家谢景温诬奏苏轼，说他在苏洵去世，扶柩返川时，曾在船中贩运私盐。王、谢还兴师动众下令淮南、江南、东西荆、湖北、夔州、成都六路转运司，严加调查、搜集罪证，并逮捕篙工水师，严加穷究。真有些"黑云压城城欲摧"的恐怖气氛。

苏轼塑像

其实王安石等人大错特错了，想要在钱财上找苏轼的茬，实在是不明智的举动。苏轼的父亲苏洵死时，英宗诏赐银绢，韩琦赠银三百两，欧阳修赠银二百两，苏轼均婉言谢绝。如果苏轼贪财，会放过这到手的名正言顺的银子，而提着脑袋去干贩私盐的勾当吗？谢景温真是利令智昏，难怪要无功而返了。苏轼不屑同这些人争辩，既然当权者采取了如此卑劣的手段，自己还强留朝中有何意思呢。此时朝中已是王安石的天下，欧阳修、富弼、范镇、曾巩、吕海、韩琦、司马光纷纷"致仕"（退休）或外迁。于是苏轼亦自求外任，于熙宁四年出杭州通判。这是苏轼第一次被诬陷。

苏轼因政见不同被排挤，孰是孰非，千百年来聚讼纷纭。欧阳修、文彦博、范镇、富弼、韩琦，这些元老重臣都支持过范仲淹的"庆历新政"，如果说是因为政治地位改变而使他们变得保守，那么王安石的亲家吴光，两个亲兄弟王安礼、王安上也反对变法，就非常值得让人回味了。但是这些人的命运又有谁比苏轼更惨呢？

知子莫若父，苏洵对苏轼的性格最为了解，他在《二子说》中写道："轼乎，吾惧汝之不外饰也。"苏轼性格豪放不羁，锋芒毕露，确实"不外饰"，不像其弟苏辙，"善处乎祸福之间"。

另一个最亲密的人，苏轼的爱妾朝云也被他引为知己。一日退朝，苏轼拍着肚皮问侍儿们："肚子里有什么东西呢？"众说纷纭，唯独朝云说道："学士一肚皮不合时宜。"真是一语中的。

苏轼置身于激烈的变法与反变法斗争中，一生始终标榜自己既不是旧党，也不是新党；既不是反对派，也不是变法派；既不追随王安石，也不追随司马光。他似乎想在激进的改革派与顽固的保守派之外寻找第三条道路，始终固执地坚持着他的温和改革思想，所以在王安石执政时期，他与激进的王安石分手，在王派的人看来似乎在向司马光靠拢；而司马光上台，他又不同意完全废除新法，让保守派觉得他是改革派的人。这种特立独行的固执己见，给苏东坡的政治生涯带来了深刻的悲剧性：既不见容于王安石这样的变法派，也不见容于司马光这样的顽固派，当然更不容于章惇这样以新法为招牌的当权派。在任何一个时期，他始终都是一个被打击的对象，而且死了也不得安宁，被蔡京定为"奸党"，大肆焚毁其文章！

可是苏轼丝毫不放在心上，依旧豪放不羁。苏轼家中的疏竹轩内有一怪石，别人都不以为意。独苏轼觉得怪石不但不丑，而且精神高不可攀，他深深地被怪石"意欲警惧骄君悛"，"万牛喘汗力莫牵"，

"震霆凛霜我不迁"的"节概"所感动。他自己也是"雕不加文磨不莹"，总是以自己的本来面目出现，对他历事过的仁宗、英宗、神宗、哲宗都作过尖锐的批评。难怪其一生屡遭贬逐，还差点被杀头，当政皇帝几乎在他的身上破了赵宋"不欲以言罪人""不杀士大夫"的祖宗之法。

熙宁四年，苏轼出汴京，绕道陈州，邀上弟弟苏辙一同去颍州拜望隐退的欧阳修，然后取道寿州、濠州，于十一月抵达杭州。

杭州是东南大郡，经济一向繁荣发达。可是给苏轼印象最深的却是旱灾、虫害，而新法并未给老百姓带来实际利益，它的缺点和弊病却先入为主，和着农民的痛苦和眼泪，使苏轼心里很不是滋味，于是挥笔写下了许多反映现实生活具有批判精神的作品。如《鸦种喪行》《画鱼歌》《关中田妇叹》《山村》，等等。"生平所惭今不耻，坐对疲氓更鞭笞"的矛盾和苦闷像毒蛇一样时时刻刻在啃噬着苏轼的心。为了排遣心头苦闷，他徜徉于山水之间，湖中桔林，溪上苔花，顾渚茶芽，梅溪木瓜无不令他像回到了故乡眉山一样。"淡妆浓抹总相宜"的西湖像一个仪态万方的清纯少女也令他心仪不已，难怪他后来在狱中留下遗嘱死后要葬在西湖呢！

熙宁七年五月，中央有令，苏轼移知密州。此时在整个大宋范围内所发生的严重灾害和推行新法而引起的激烈的社会动荡，令苏轼苦闷不已。西北边疆，外族的挑衅激起了他高涨的爱国主义情感。苏轼的整个精神世界处于爆发状态："老夫聊发少年狂……"

此时的苏轼，大大地开拓了词的新境界，把它从闺房的儿女情长中解放出来。他的词如关西大汉，用铜琵琶、铁绰板歌唱，一派豪放。

可是，面对灾民四散逃亡，这些词又有什么用呢？"平生五千卷，一字不救饥！"他只能在力所能及的范围内减轻农民的负担，安抚灾民，或在诗歌里发发牢骚而已！

熙宁十年四月，苏轼奉命知徐州。跟在密州一样，苏轼也遭受了一次严重的自然灾害的考验。但这次不是旱灾，而是特大洪水。在凤翔，他写过《喜雨亭记》，那是因为旱灾；杭州任上，他碰到的也是旱灾，密州任上仍然是旱灾，而独独这次是水灾。水和唾沫多么相似啊，也许是历史的偶合，好像在冥冥之中，向他的命运暗示着什么？

宦海生波，惨遭流放

事情发生在元丰二年（1079年）四月。苏轼离开徐州，出任湖州知州。他到达湖州任所之后，给神宗写了一道谢表："……知其愚不适时，难以追陪新进；察其老不生事，或能牧养小民。"他感激皇恩到湖州任职，决心好好干。这是一道十分正常的谢表，尽管带一些怨气。

可是不经意的怨气却大大地刺激了那些推行新法者的敏感的神经，那些"新进""生事"的字眼很令某些人不舒服。他们早就对苏轼耿耿于怀，如鲠在喉，不吐不快，可就是找不着下手的机会。这下可好，撞到枪口上来了，抓住他上皇帝表中的字句，再挑他一些平时诗词中"犯上"的毛病，狠狠地治治，看看谁还敢对时局不满，在那儿说三道四?! 苏轼开始真正倒霉了。

我们应该记住下列名字：

一个姓何的监察御史里行，他的名字很有趣，叫大正（注意不是小正），字正臣（不是歪臣）。就是他，率先点燃"乌台诗案"的导火索，上书状告苏轼"愚弄朝廷"，"妄自尊大"；对皇上推行的新法肆意诋诮，无所忌惮，没有人臣之节。我们上次告你贩卖私盐不是没抓住你的辫子吗？这次把你推到皇帝的对立面，看你还嚣张不嚣张。何氏的智商可谓不低矣！——要是激怒了皇上，你脑袋不搬家才怪呢！就算不激怒，也不会给神宗留下什么好印象，以后有好果子等着你呢！好一个借刀杀人，何氏修习孙子兵法不可谓不熟！

还有一个人也不应被忘记，他也是一位监察御史里行，名叫舒蚍，大概一生以弹劾为能事吧。先后有郑侠、张商英等数人遭到他的弹劾，"栽"倒在他脚下。这次，他在宰相王珪的指使下，指摘苏轼《山村五绝》《杭州观潮》等诗中的一些句子，说他借诗诽谤新法，愚弄皇帝：

陛下为增加财政收入，实行盐铁专卖，苏轼就叫冤："岂是闻韶解忘味，尔来三月食无盐。"

陛下让百官学习新法的法令文书，苏轼笑之为："读书万卷不读律，致君尧舜知无术。"

……

堂堂的宰相王珪还亲自出马，死死抓住苏轼《王复秀才所居双桧》中的"根到九泉无曲处，世间惟有蛰龙知"不放，说什么把本应在天上飞腾的皇上比作地下的蛰龙，不是污蔑圣上的形象吗？甚至到九泉，不是在诅咒皇上早死吗？如此目无天子，实在是罪不容赦！

此王珪何许人也？他就是北宋有名的"三旨相公"。这个人自熙宁三年官拜参知政事以来，直到元丰八年（1085 年），共在神宗朝任执宰大臣达十六年之久，要不是病死，还不知道要继续做多少年的不倒翁呢。十六年间，任凭风急浪高，群臣如走马灯似地升迁贬谪，唯独善于左右逢源地和稀泥"将顺为政，无所建明"的他能一帆风顺，稳坐钓鱼台。其秘诀就是上朝"取圣旨"，皇帝表态后说声"领圣旨"，退朝对僚臣说"已得圣旨"。时人讥之为"三旨相公"。此人专看皇上脸色行事，看见神宗同意御史台逮捕苏轼，误以为要杀苏轼，于是跟着煽风点火，落井下石，挖空心思，捕风捉影地找出这么一句，可他单单忘了王安石诗中也有龙。苏轼一句巧妙的回答，轻轻松松地哽得他直翻白眼。待他乐颠颠地向神宗上奏时，幸亏神宗还不至于十分糊涂："自古称龙者多矣……孔明卧龙，岂人君耶？"如同一盆冷水迎头泼下。就是这样一个小人，连刚被王安石提拔起来，资格一点也不老的章惇对他这样歪曲苏轼诗的本意也很不满意，退朝后质问王珪是不是想使苏轼家破人亡。王皀说:"是舒亶这样说的。"章惇毫不客气地讽刺道:"难道舒亶的口水,你也喜欢吃下吗?"一点也不把这个可称得上是自己前辈的重臣放在眼里。

还有一个叫李定,新近荣升御史中丞。当初苏轼就反对他升迁京官,因为其母死,他不服丧,苏轼以为不孝,很讨厌他。这自然令李定不快:这下你落到我手中,不好好治治你苏轼才怪呢!他搜肠刮肚,罗列了四条大罪,条条欲置苏轼于死地。最后断言苏轼:"讪上骂下,法所不宥。"

还有一个人,这就是著名的科学家——《梦溪笔谈》的作者沈括。似乎这么一位杰出的科学家,在人们的印象中应该是被打击排挤的对象,至少不会进入诬蔑人的行列中去吧!可是历史就是这么无情,丝毫不以人们的意志为转移,而抹去那些人们不愿看到的恶劣镜头。就是他,最先把苏轼的诗集《元丰续添苏子瞻学士钱塘集》作为犯罪证据的!

人们也许会想,像苏轼这样才华横溢的大文豪,同时代的人肯定会衷心钦佩,虔诚地仰视吧。但事实却很令人悲哀,越是超越时代的伟人,越容易被人们视为异类而惨遭攻击和围剿!中国不是有句老话叫作"众口铄金"吗?翻翻二十五史,有多少人淹死在唾沫之中!

可这伙人偏不去想,更不去干,不是有"岁币"买来了平安吗?现在当务之急是治你苏轼的罪!

于是跳梁小丑太常博士皇甫遵自告奋勇地带上他的儿子和两个御史台的兵丁,连夜疾驰,直奔湖州而来。朝中驸马王诜是苏轼的好朋友,听到要逮捕苏轼的消息后十分着急,忙派人给南京(今河南商丘)的苏辙报信,让他立即通知苏轼。幸亏皇甫遵的儿子在润州(江苏镇江)病了,耽搁了半天,苏辙的信使先到。

皇甫遵一行气势汹汹赶到了湖州府衙,两个白衣黑巾的兵丁左右各一,面目狰狞、凶神恶煞。皇甫遵道貌岸然,一言不发,空气十分紧张。苏轼从来没见过这阵势,以为皇上派人不远千里而来,必定是赐死无疑。心想死不容辞,总得跟家人告告别吧。这时皇甫遵才从牙缝里冷冷地挤出几个字："不至于此!"湖州通判一看,不过是一般的拘捕文书,大家悬到嗓子口的心才算落了下来。

皇甫大人要求苏轼立即起程进京受审,经苏轼苦苦哀求才允许与家人告别。这是多悲恸的一幕啊!一家妻儿老小泣不成声,悲痛欲绝。皇甫遵嘴角挂着冷笑,心里好不快意。湖州父老看到顷刻之间他们敬仰的苏学士被押上了船,一时泣如雨下。

妻子王氏派长子苏迈随同苏轼进京,以便沿途照顾他的生活。船行至太湖芦香亭停宿,当晚月华如水,湖面一片迷濛。苏轼心情十分沉重,料定此次进京,凶多吉少。真想一头栽进湖里,各种担忧和烦恼从此一了百了!可是想到自己的亲弟弟苏辙,自己不是说过"但愿人长久,千里共婵娟"吗,也许他在设法营救自己呢?

面对狱吏飞舞的皮鞭,思如泉涌,下笔如有神助的苏学士常常哑口无言。"欲加之罪,何患无辞",他们对苏轼词中的辞句和意象作了上纲上线的推断和联系,其奇特的联想令想象力丰富的苏学士也自叹不如!

历史就是这样残酷:文明往往会遭到野蛮的蹂躏!你不是才华绝代吗,怎么不见你的翩翩风采?你不是雄辩滔滔吗,怎么现在变得哑口无言?不认罪吗,好,用皮鞭来招待你!苏轼痛苦万分,真想触壁而死。他甚至把日常服用的青金丹藏下一些,以备一旦定了死罪,好超量服用自尽。

长子苏迈和他约定每天送饭菜时,没有什么事就送肉和菜,万一有不测就送鱼来。这样可以使苏轼明白事态的发展,心中早有准备。这天苏迈有事外出,托一亲友送食却忘了告诉他约定的暗号。这位亲友知道苏轼喜欢吃鱼,便高高兴兴地做熟送到牢房。苏轼一看,悲痛万分,心中最后一丝希望也没有了,到底是难逃一死啊!他设法让狱吏将自己的两首绝命诗转交给苏辙,平静地等待最后时刻的到来。

苏辙读到哥哥的两首绝命诗,涕泪交加,立即上书神宗,愿意削官赎罪。苏轼因诗获罪,在朝野上下激起了强烈的反响。王诜、苏辙贬职,司马光、张方平、范镇、黄庭坚被罚俸,连已故的欧阳修、方同也受到牵连。这一明显改变祖宗之法"不以言罪人"的事件，激起了许多人的反感。在苏轼惨遭迫害的同时，另一场反野蛮迫害的斗争也拉开了帷幕：

和王圭相反，另一位宰相，王安石的亲家吴光以曹操尚能宽恕击鼓骂曹的东汉末文学家祢衡一事，规劝神宗宽赦苏轼。

苏轼的前辈张方平，曾经位至参知政事，这时隐退南京，也愤然上书营救苏轼，派自己的儿子张恕直接上京到闻鼓院投书。

甚至王安石的得力干将章惇也指责想害苏轼家破人亡的王圭，对神宗说仁宗以苏轼为一代之宝，现在反把他投进监狱，恐怕天下说陛下"听谀言而恶讦直"。

病中的曹太后对神宗这样做也很不满意，过去仁宗以制科得苏轼两兄弟，是把他们作为宰相人才留给子孙的。她派人传话给神宗，为了她的病，不必大赦天下，赦苏轼一人足矣！神宗是孝子，不得不考虑此话的分量。

还有另外一个人——王安石，这位曾经设法排斥苏轼的变法派铁腕人物，当时已蛰居金陵，不问政事，这时也看不过去，上书说："安有圣世而杀才士乎？"王安石是神宗器重的人物，虽已退隐，但这话仍很有作用。

有章惇和王安石这样积极主张变法的激进者出来为苏轼讲话，神宗不得不考虑重新处理这件事了。于是元丰二年十二月四日，神宗下令释放苏轼，贬为黄州团练副使。

宋初的"马上天子"很懂得发展文化、尊重知识的重要性和必要性。宋太祖定下誓规，不许杀士大夫，不许因言罪人，成为沿袭多少年的"祖宗之法"。而且宋代的统治实际上远比唐代稳固，因为唐代除了宋代所具有的一切不稳定因素外，还有六朝遗下的豪门旧族——他们时时窥视着李家的皇权宝座，而宋代没有。尽管士大夫的待遇比唐代高得多，可是他们言论上的自由少多了。

苏轼只不过是"西南一布衣"而已，突然取代了欧阳修成为文坛上实际的领袖。可是，在政客们的眼里，他只不过是一棵没有根基的小树，随时都可以被拔起，成为一只杀给猴看的鸡。于是各种污水劈头盖脸地一齐向他泼来，唾沫差点把他淹死。学士的雅趣怎么能敌得过本用来策马的皮鞭？文明在哭泣，历史在倒退！

而这场悲剧的导演者——神宗却最聪明：他不敢也无意真正打击大地主大贵族政治集团中的反对派，而挑苏轼作为"替罪羊"，极力扩大打击面，企图掩盖新法推行不顺而引起的国内社会矛盾激化的状况，转移人民斗争的视线。而且给人一种错觉，迫害苏轼的罪魁祸首是李定之流，好像与他无关，其实，他才是迫害苏轼的幕后指使者。因为这一切必须在他的默许下才能发生，也只有他出面制止才能拯救。可是他没有，直到这场闹剧快要收场了，才从幕后走出来，说了一句貌似公道的话。

在一大批文明的衷心拥护者的帮助下，苏轼终于从谗言的包围中挣扎出来，疲惫不堪地来到了黄州。可是，他的政敌并不就此罢休，他们又在追查苏轼知徐州时未觉察百姓李锋、郭进等谋反之事。苏轼进行了申辩，这个追查才被撤销。苏轼在上谢表中自述处境："无官可削，抚己知危"——我已经是小鱼了，再也翻不起大浪，你们还穷追着干什么？显得多么无力和可怜，难怪神宗看了哈哈大笑，说莫非苏轼怕挨棒子不成？

这使人想起了他的祖上苏味道。武则天诞圣元年（695年），他与张锡因事下狱，张锡神态自如，苏味道却"席地而蔬"，装出一副可怜相，以换取武氏的从轻发落。历史的岁月逝去了近四百个春秋，可是这相似的一幕仍在上演。在群小面前，君子有时不得不低头，在野蛮面前，文明也不时被迫让路。

黄州的生活是艰苦的，可是苏轼丝毫不以为然，躬耕自足，兴致勃勃地买来些富人不肯食的猪腿，精心烹制，美其名曰"东坡肉"，真是苦中作乐。他给自己定了一条规矩，每天的用费不得超过一百五十钱。每月初，取四千五百钱分为三十串，挂于屋梁上，每天用叉挑取一串，就把叉藏起来。其实，用不着这么刻意，苏轼也完全能生活下去，虽然他不是一个苦行僧，喜欢享受生活，可绝对不是一个好"口腹之欲"的人。小时候，母亲程氏就注意不让他们兄弟沾染一般富家子弟容易滋生的骄奢怠惰的习气。据说，他少年攻读科举时，程氏让他日享"三白"：一撮盐、一碟生萝卜、一碗饭。所以渡过这一点困难对他来说简直是履险如夷。

可是精神上，苏轼尝尽了世态炎凉的滋味："故人不复通问讯，疾病饥寒宜死矣。"为了防止言多必失，苏轼也尽量不同人来往。多么寂寞啊！"寂寞沙洲冷……"他就像一只孤飞的大雁，如同飘零的花朵，更像一只失群流落到沙洲的孤鸟！可是并不是所有的人都是那么势利、那么胆小，他们怀着对文明的热烈向往，纷纷聚集在苏轼的周围：

陈慥，这位是苏轼在凤翔签判任上结识的密友，还有王齐万，一位四川老乡，他们常邀苏轼到他们的隐居地此亭（湖北麻城西南）和武昌作客，杀鸡沽酒招待这位落魄的苏学士，元丰七年四月，苏轼从黄州移汝州，陈慥一直送到几百里之外的九江。

李端叔，在众人诽谤苏轼的时候，他却对苏轼推崇备至。

钱塘主簿陈师中是"乌台诗案"的受牵连者，但他仍不以前事为意，多次主动给苏轼写信，其诗文中十有四五提及苏轼兄弟。

还有一些不知名的小人物，史书没有记载，然而我们却不应该忘记：

马正卿，追随苏轼二十余年，苏轼贬官黄州，他也来黄州，并参予东坡垦荒，"马生本穷士，从我二十年"（《东坡八首》）。另有潘生、郭生、古生等人也参加进来。就在这个时候，"苏门四学士"聚集到他的门下，晁补之、秦观、张耒，还有陈师道。这些在中国文学史上响当当的人物，一时使一个小小的黄州城如此有品位地热闹起来。

此时的苏轼像第一次一样被人包围了起来！所不同的是，他们是文明的追随者和拥护者！这真是一个有趣的现象：苏轼没有遭谗害以前，很少有人如此热烈地追随过他，可是遭贬成为"危险人物"后，反而有如此多虔诚的崇拜者，甚至不远千里万里来看一眼。不是吗？后来贬到儋州，故乡的杨济南派儿子来慰问，王彦商也派专人而来，连杭州的两个和尚也渡海而来。

最令人感动的是老友巢谷，苏轼谪居黄州时，他曾来探望，后回到眉山，当得知苏轼又遭不幸，流放惠州，他又决定从眉山徒步赴岭外，赶往惠州。待到惠州见到苏辙时，得知苏轼又贬到了海南岛。当时他已七十三岁，人皆笑其狂，可是他毫不理会，马不停蹄地从惠州出发，可惜行至新州时，不幸病死，留下终生遗憾！

有这么多的朋友支持，苏轼再也不感寂寞。"莫听穿林打叶声，何妨吟啸且徐行。竹杖芒鞋轻胜马，谁怕？一蓑烟雨任平生。"是啊，没有轻裘肥马，竹杖芒鞋也不错！更重要的是，有如此多的人支持他，经历了那么多的风浪，他还有什么可怕的呢？苏轼诗兴大发，再也不顾忌什么了。《初到黄州》《定惠院寓居·月夜偶出》《迁居临皋亭》《南堂五首》《东坡八首》《问大冶长老之桃花亲栽东坡》《元修菜》，等等，记下了黄州的淳朴民风、优美风光和日常的生活情趣。"长江绕浪知鱼美，好竹连山觉笋香"，表现出苏轼履险如夷的乐观态度和坦荡品格。《闻洮西捷报》《给友人陈慥》，表达了身卑未敢忘忧国的爱国情感。《蔡州道上遇雪》《陈季常所蓄嫁娶图》《鱼蛮子》《秧马歌》，表现了苏轼对下层百姓生活的同情和关心。《前后赤壁赋》通过对宇宙、人生的思考，表现一种旷达、豪迈的精神气概，卓绝千古。

面对滚滚长江，他在《念奴娇·赤壁怀古》里艺术地再现了赤壁之战那雄壮的一幕，刻画了一个英俊潇洒、风流偶傥的周瑜形象，借咏史以抒发个人情怀。另外，还有《江城子》《定风波·沙湖道中遇雨》《西江月》《临江仙·夜归临皋》《浣溪沙·游蕲水清泉寺》，等等，令人赞口不绝。

"文章憎命达"，谁能想到黄州之贬倒成全了苏轼，使他成为文学史上少有的全能作家，《前后赤壁赋》奠定了他在"唐宋八大家"中不可动摇的地位。词更是达到了全面成熟的高峰，使北宋豪放一派真正确立起来，与婉约词成为我国词坛上一枝光彩夺目的并蒂奇葩。

元丰七年四月，苏轼改知汝州。在赴汝途中，路过金陵，苏轼还特地去看望蛰居在此的王安石。

王安石是一个颇有争议的人物（大凡历史上的改革家又有谁不被议论呢，被争议本身就体现了一种历史价值）。有人从他的面相上断言他"眼中多白"，是奸臣之相。韩琦认为："安石为翰林学士便有余，处辅弼则器量不足。"神宗侍读孙固也认为他"狷狭少容"。实际上他也是一个饱受猜忌和排挤的对象。

其实，苏轼和王安石没有根本的矛盾冲突。他们都出身于低级官僚地主家庭，主张改革，只不过是手段和缓急程度不同而已，方向上还是一致的。欧阳修死后，他们俩成为文坛上影响力相当的两大旗手。他俩惺惺相惜，互相佩服对方的诗文才情，苏轼即使在攻击王安石学风时也认为"王氏之文未必不佳"，王安石的《桂枝香·金陵怀古》令苏轼拍案叫绝，连喊"此老乃狐狸精也"，自叹不如。工安石也是，勉励苏轼以他的才情重写《三国志》，甚至当苏轼因"乌台诗案"入京师天牢，王安石并不因他反对新法而落井下石，"岂有圣世而杀才士乎?"据说此案"以公（安石）一言而决"。

苏东坡与王安石之间还有着广泛的社会联系。王安石的几位兄弟王安上、王安国、王安礼都与苏轼有交往。王安上曾被牵入到"乌台诗案"中，王安礼又在神宗面前为营救苏轼出力辩护过，他们最了解"乌台诗案"的真相。

看透了官场那些争权夺利的群丑的表演，苏轼对王安石的品质有了真正的了解。特别是苏轼贬黄州以来，他不时地感受到了王安石对自己的关怀，尤其是王安石虽对他不无成见，但仍对他持开明的态度，让苏轼十分佩服。

于是逆境中的苏轼和病中的王安石相交了。这是怎样的一种情景啊，两位大文豪，摒弃了过去的隔阂和仇视，欣然相聚。两人不以政见不合而疏远，反而频频唱和，畅谈国事，产生了我国文学史上作家个人关系起先恶化而最终握手言和的令人庆幸的场面，成为千古美谈。半山园里留下了深深的思念，久久的共鸣……

元祐元年（1086 年），王安石病逝，苏轼看到王安石人亡势去、门庭冷落的情景，内心深为悲伤："闻道乌衣巷口，而今烟草凄迷。"他怀着崇敬的心情，撰写了《王安石赠太傅制》，称之为"希世之异人"。对于一位自己曾经反对过，也因此吃了不少苦头的宰相，苏轼竟如此不心存芥蒂，实在令人佩服。

再遭贬谪，随缘自适

元丰八年三月，神宗因病逝世，苏轼也除起居舍人兼翰林大学士。元祐元年，司马光为相，起用一大批变法反对派分子：吕公著、刘挚等人，他们标榜守旧，不问新法利害，采取各种措施，全盘否定。

苏轼平时对司马光这个颖脱不群的知名人物，怀有尊敬向往之情，曾经以"儿童诵君实，走车知司马"颂扬过他。司马光也确实饱负盛名，他俭朴、廉洁、博学、持重、重名节、讲忠信，连王安石也称赞："行义信于朝廷，文学称于天下。"他为人坦诚，"一生无不可对人言者"，在士大夫群中有很大影响。

可是，苏轼对司马光顽固的守旧立场颇有微辞，甚至在政事堂公开批评司马光废除王安石的免役法而以差役法代之。但司马光丝毫不听，苏轼回到家大呼："司马牛！司马牛！"苏轼政治上的不合作，引起了司马光的忿然不满，遂对其起了排挤驱逐之意。

当时的台谏官多为司马光所荐。对于苏轼因持进步而温和的改革思想而与司马光不合，他们自然知道该怎么做！旁观者清，一位名叫毕仲游的人早已看出了苏轼再次面临的险恶处境："非人所未非，是人所未是。"这样危力触讳以救是非，等于抱石而救溺。果不出毕仲游所料，以聚敛、贪污而臭名昭著的御史赵挺之纠集了一大批对苏轼不满的政敌，采取了李定、舒蜓之流惯用的手法，根据自己的需要，寻章摘句，断章取义，诬蔑苏轼诽谤先帝神宗。

苏轼在短短的两年之中，四次遭到保守派的攻击，使他意识到这伙抹煞是非、颠倒黑白的当权派是不会让他在朝中有安稳日子过的。于是，元祐四年三月，他以龙图阁学士出知杭州。

这次出知杭州，职权较大，更有条件为杭州人民做好事了：组织民工开浚西湖；取湖内淤泥构筑了一条长堤（杭州人称"苏公堤"），方便了行旅和耕作……苏轼政绩斐然，深得人民崇敬。而且他以神来之笔写下了许多揭露吏治不当、生灵涂炭的热血篇章，丝毫不顾忌自己曾经因此获罪。《次韵苏伯团主簿重七》《异鹊》《袁公济和复次韵答之》《绝句三首》，等等，只不过手法隐蔽些罢了。

元祐六年五月，苏轼以翰林学士承旨还京。适值朝中洛、蜀党争。洛党侍御史贾易和赵君锡，玩弄李定、舒蚊之流的手法，认为苏轼是蜀党领袖，弹劾苏轼于神宗死后"作诗相庆"，指责苏轼草诏引用"民亦劳止"，讥讽熙宁新政。其实，苏轼虽因反对变法吃过不少苦头，可在元祐初期却被召还京，连连荣升，恰恰是神宗晚年念及仁宗的告诫而嘱咐高后，在自己死后要重用苏轼。苏轼感激还来不及，怎么会对神宗之死"作诗相庆"呢？

这次朋党之争，又牵连了不少人，黄庭坚丢掉了起居舍人的高位，秦观和王定国也受到了攻击。

其实，苏轼和程颐本都无可指责。苏轼看不惯程颐的道学，有失偏颇，但他承认了这一点。程颐离开中央，并不是苏轼的原因。只不过是对立的人互相嘲侮厌嫌，诟谇不已，造成内耗。

可是，这些是苏轼说得清楚的吗？他不得已再乞外任，知颍州。于是苏轼像一个过路远客，席不暇暖，又匆忙上路。在颍州任上，为救民苦饥，苏轼组织修建境内沟洫，并散义仓谷，赈济灾民。

元祐八年，对苏轼来说又是一个倒霉的年头。他的继室王闰之卒于京师。二度丧妻，苏轼不胜悲哀。更大的打击接踵而至。同年九月，主持"元祐更化"的高太后去世，哲宗亲政。元祐七年九月自扬州还朝后，苏轼仍遭到多次攻击，是高太后保护才勉强在朝中立足的。高太后一死，哲宗以章惇为相，吕惠卿为中大夫，苏轼只得自乞外知定州。自此，苏轼被一贬再贬，终哲宗一朝再也没有回到朝廷。

定州是大宋王朝抵抗北方契丹的边地重镇，苏轼一上任就修建兵营，惩处贪官污吏，整治军纪，并为民上表乞减常平米赈灾，深得民心。

章惇在王安石执政期间，在政治上有良好的表现，"乌台诗案"中曾经鼎力相助过苏轼。可是现在的章惇，针对元祐时期保守派对待变法派的排斥态度，也以其人之道还治其人之身，大搞派性斗争，不问所谓洛党、蜀党，也不问个人具体的政治表现，一律扣上"元祐党人"的帽子，无原则地报复，这就是历史上著名的"元祐党祸"。五十九岁的苏轼再遭诬陷，罢落两学士职，知英州。苏轼还未到英州，他的政敌还觉不解恨，再贬惠州。

惠州在南岭外，号称"万里"，宋代只有罪孽深重的人才贬到此地，苏轼自知此去生死无望，便安置家小，带上幼子苏过和侍妾朝云南下。

在政治上再一次成为"罪人"，而在诗歌王国里，苏轼又一次获得了灵感。路过太行，天气晴朗，有所喜，作《临城道中作》，充满了乐观精神；到九江，看浔阳楼，想起了白居易，有所患："人事千头及万头，得时何喜失时忧"（《被命南迁途中寄定武同僚》）；一路上感叹人间不平："且并水村敧侧过，人间何处不砏岩"（《慈湖夹阻风》）；深感人生如梦："四十七年真一梦，天涯流落泪横斜"（《天竺寺》）；但又自我宽解："莫言西蜀万里，且到南华一游"（《见长芦天禅师》），这些贬谪算什么呢，就当一次旅游散心吧！多么豁达！

如果说黄州是苏轼对人生沉思的第一个转折点，那么惠州就是第二个转折点，"问汝平生功业，黄州、惠州、儋州！"他对仕途绝望，从骨子里要求获得心的解放："穷猿已投林，疲马初解鞍。"（《和陶归园田居》）他要学陶潜躬耕田园，笑望落日黄昏，充分享受大自然赐给人类的芬芳。《和怨诗示庞主簿邓治中》《游罗浮山示儿子过》，真切地表达了他此刻的心情。

苏轼深受老庄"随缘委命"思想的影响，每到一地，都会随遇而安，对那里产生深厚的感情，不久他就深深地爱上了惠州风物。并不以迁谪为意。《初到惠州》《舟行至清远县见顾秀才》《迁居》《寓居合江楼》《松风亭下梅花皆开》……艺术地再现了惠州美好的风土人情。"罗浮山下四时春，卢橘黄梅次第新。日啖荔枝三百颗，不辞长作岭南人"（《惠州一绝》），更勾起了人们的无限向往之情。貉貊之邦、瘴疠之地的惠州能唤起苏轼充满天才的诗情，"失之东隅，得之桑榆"，这恐怕是章惇之流没有想到的吧！

苏轼虽离汴京万里之外，可是以章惇为首的新派并没有忘记他，相反还很"关心"他。苏轼写了一首《纵笔》，其中有言："为报先生春睡美，道人轻打五更钟。"有好事者（注意：丁百年的历史告诉我们，这类人是不可能断子绝孙的，苏学士怎么没有想到呢？）报告了宰相。

这下又不知触动了章惇的哪根神经，以为苏轼又是在有意讥讽，狞笑着说："苏学士尚且如此快活吗？"你不是"春睡美"吗，我可要让你不美！章惇决心再治治苏轼。可是怎么治呢？杀他吧，没有借口，

苏轼词《水调歌头》草书

且违背了祖宗之法，易招来众怒；再贬又能贬到何处呢？他找遍地图似乎没有一个地方比惠州更荒凉了。对了，老苏不是为你起名很费了一番劲吗？你不是叫子瞻吗？儋州有"詹"，就贬到儋州吧。这次让你尝尝飘洋过海的滋味！此次同时被贬的还有苏轼的弟弟苏辙（子由）往雷州，刘宰往新州。

绍圣四年（1097 年）四月，苏轼以六十二岁高龄再次被驱逐，渡过雷州海峡，来到更南端的儋州。

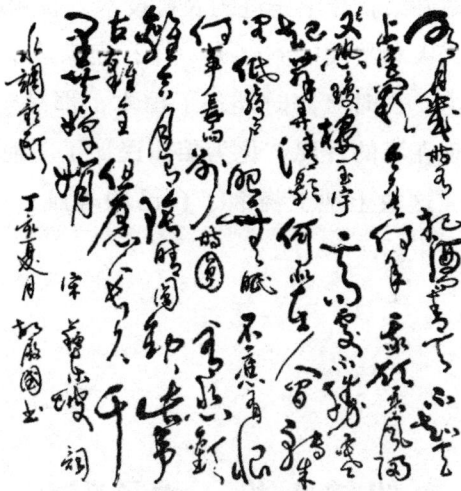

初到儋州，苏轼多病无米，章惇还派人把他逐出官舍。海氛瘴雾而多雨，蛇虫出没，简直难以生存。他深感"生还无期，死有余责"。

谁知天无绝人之路，黎族同胞素闻苏学士大名，群起相助，解决了生活问题，这种萍水相逢的帮助使一生屡经坎坷的苏轼倍觉温暖。生活上虽然艰苦，可是精神却是愉快的，"华夷两樽合，醉笑一欢同"再次焕发了他富有创造性的才华。苏轼写下了许多富有生活情趣、热情洋溢而又浪漫风趣的诗章："东行策杖寻黎老，打狗惊鸡似病疯。"（《访黎子云》）"半醒半醉问诸黎，竹制藤梢步步迷。"（《被酒独行》）……

苏轼深深爱上了这里淳朴的人民，优美的风光。他传播文化，开凿井泉，介绍先进的农耕技术，破除迷信，散发药剂，提倡民族平等，天天和黎民同胞融为一体，充满热情地生活着，似乎忘掉了遭受的打击。当时渡海时准备了棺木，那是想到海南的恶劣，担心不能生还，现在真的甘愿"化为黎州民"了。他换起了黎装、学说黎语，因为他在这块土地上浇灌了自己的心血："九死南荒吾不恨，兹游奇绝冠平生。"

驾鹤西游，才子陨落

元符三年（1100年）正月，哲宗驾崩，徽宗即位，大赦天下，苏轼奉命知廉州。他怀着恋恋不舍的心情离开了海南，渡海北上。刚到廉州贬所，又改迁舒州团练副使，接着又提举成都玉局观，复朝奉郎。此时的苏轼"心似已灰之木，身如不系之舟"（《自题金山小像》），早已被搞得憔悴不堪。回顾岭南、海南的流放生活，真似一场恶梦，许多好友已经长眠九泉，吕大防、刘挚、范纯仁、范禹祖、秦少游等等，他们甚至是受到自己的牵连。自己的仆人也死去六个。他像一只被驱赶的倦鸟，多么想停下来歇息一会儿啊！可是不行，虽然他已经六十五岁了，但还是得振翅孤飞！

建中靖国元年（1101 年）七月，苏轼移居常州，为疾病所困，自知不久于人世，召三子于床前，吃力地说："吾生无恶，死必不坠！"一代文豪，溘然长逝。消息传出，引起了广大人民的沉重哀悼。吴越人民，相哭于市，士子们相吊于家。

苏轼是大文豪，也许并不适宜混迹官场。可他做了那么多的地方官，做了数不清令百姓称赞的好事，也称得上是一个清官了。可是让这么一个文人气质特浓，甚至有点天真浪漫的人，介入充满陷阱的政治涡流之中，实在是他的悲哀！也是中国文坛的悲哀！"道大难，才高为累"啊！否则，怎么屡遭严厉而悲惨的贬斥！不是吗，连他死后也不得安宁：苏轼逝世的第二年，蔡京掌权，特别仇视苏轼和"苏门四学士"在文学艺术上的成就及其所产生的广泛影响，用最卑鄙的手段焚毁他们的文集。并作翻案文章，牵进司马光、文彦博等一百二十余人，定为"奸党"，颁碑于郡县！——苏轼何罪，独以名高！

然而，历史是人民书写的。虽然蔡京之流禁传苏轼文集并把赏钱增至八十万，但禁愈严而传愈多，人们以多得苏文自夸，以能背苏诗、苏文而自豪。到了南宋，人们更崇尚苏轼文章，"苏文熟，吃羊肉；苏文生，吃菜根"——这实在是一个耐人寻味的有趣现象！

苏轼虽然已乘鹤西去，可是他的诗章却闪耀着灿烂夺目、绚丽无比的光芒，将永远凛然地照亮这尘寰，成为人类千年共享的文明之精品！其超俗豪迈、豁达坦荡的君子之风为万世所景仰！

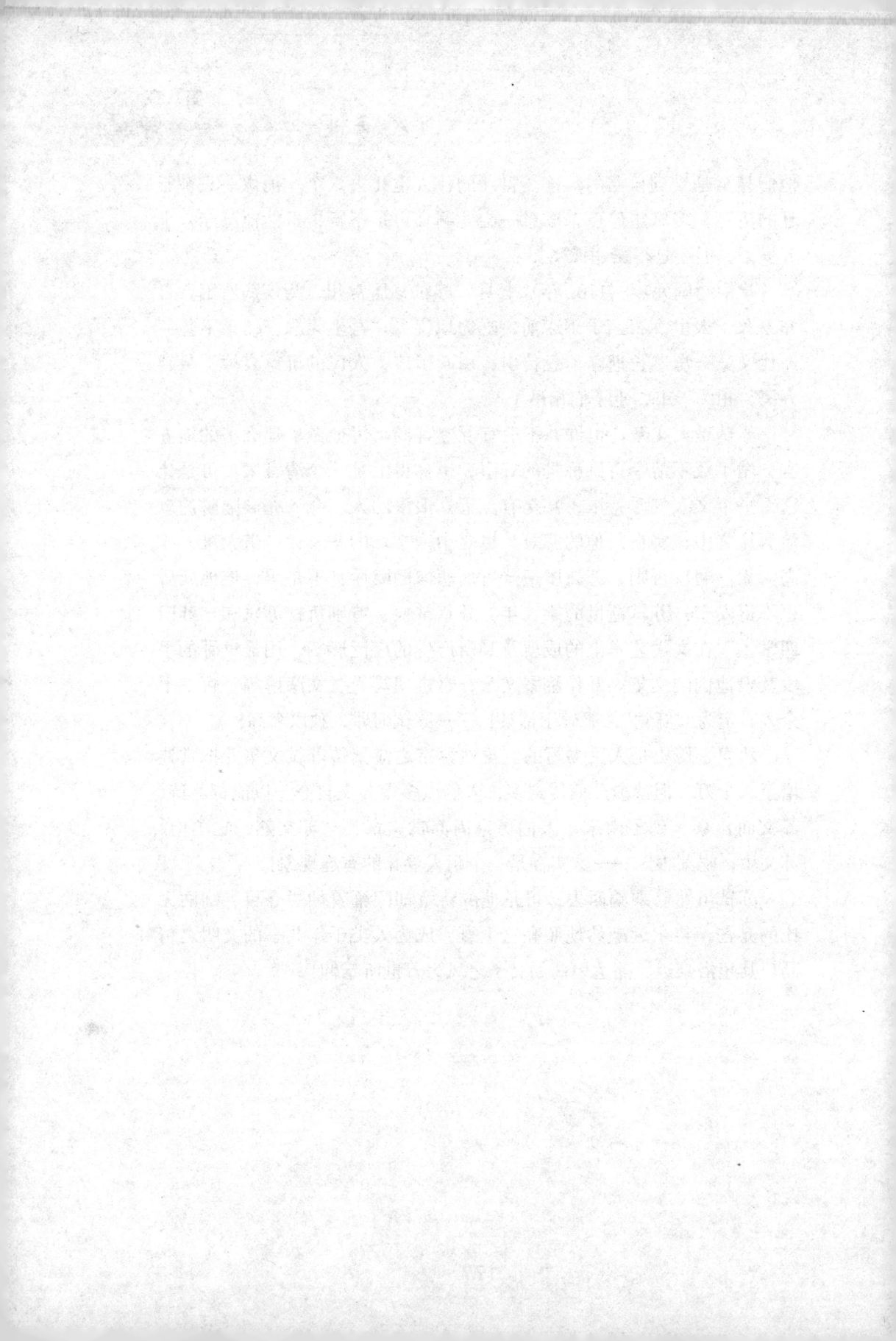

第 九 章

清正廉洁
——反腐利剑海瑞

　　海瑞，字汝贤，号刚峰，海南琼山府城人，明代有名政治家。他一生经历嘉靖，隆庆、万历三朝，以刚正不阿、清正廉洁著称于世。海瑞自幼攻读诗书经传，博学多才，嘉靖二十八年中举入仕。初任福建南平教谕，后升浙江淳安和江西兴国知县。在任期间，推行清丈、平赋税，并屡平冤假错案，打击贪官污吏，深得民心，被后人誉为"海青天、南包公"。

不畏权贵，拒拜府学

在我国琼州海峡的南面，有一个美丽的宝岛，叫海南岛。古代，岛上有个琼山县。琼山县的东北部，有一个繁华的小镇——海口镇。四百多年前，海口镇曾经出过一位著名的清官，他的名字叫海瑞。

海瑞，人称"刚峰先生"。他为官清正，刚直不阿，无私无畏，廉洁奉公。几百年来，海瑞的故事在千千万万的老百姓中广泛流传。

嘉靖三十二年，正值春暖花开。海南岛上花红草绿，一片诱人的春色。闰三月，海瑞披着春光离开繁华的京都，赶回琼山老家，准备带着家人赶赴福建南平，担任那里的教谕之职。这是海瑞生平第一次出门做官。虽说路途坎坷，世事艰难，可是海瑞此刻的心情也如和煦的春风，轻松愉快。这几年，海家的境况比海瑞的父亲去世时好多了。老仆人汪熙，又被母亲请回海家理事。妻子许氏嫁到海家之后，也为海瑞生了个小女儿。家里还有一位协助海瑞打点理事的年轻仆人，名叫海安。时来运转，家道中兴，海家的日子过得越来越红火。

南平教谕的官署，位于县衙东侧县学的后面。海瑞到任后第二天上午，由前任训导刘知礼陪同，前往县学视察诸生的学业。

刘知礼在南平县学教书的生涯已经有二十几个年头了，艰难的世事和腐败的官场使这位拘谨老诚的封建文人过早地显露出未老先衰的容颜，五十刚过，头上已见丝丝白发。早年，刘知礼就是南平县学优秀的生员。当时，他聪颖苦读，学业超群，毕业时考入郡学。中举之后，刘知礼被上司改派南平，任县学训导。近几年，衙门里钩心斗角，官场上世风日下。县学教官和生员的情形，一年不如一年。本来就为数不多的几位教官，无心教书，一意钻营。生员更无治学的热情，可以考入府学郡学的寥寥无几。上司任命海教谕来南平主持教务，刘知礼非常高兴。海瑞在京赶考时撰写的《治黎策》一文，在京城乃至远州近府的文人学士中广为流传，刘知礼也闻知一二。若新到任的海瑞和南平县学的同仁齐心施教，励精图治，这里无精打采的风气将不难改变，刘知礼心中暗暗想。

海瑞和刘知礼步下县学前院的庭阶，穿过校舍门前的花园，来到县学后院的明伦堂阶前。这里居高临下，景色宜人，远山近水皆收眼底。海瑞登上明伦堂前用条石和青砖砌成的高阶，眺望南方，只觉心旷神怡，心中豁然开朗，禁不住高兴地对刘知礼说："面迎九峰山，背倚虎头岭，山青水秀，地杰人灵，真是好地方啊，训导大人。"

看到海瑞对这里的山水景色如此感兴趣，刘知礼便接过他的话题感叹地说："海教谕所言极是，这里的教官也有这么说的。但是，地方虽好，人灵一说实难恭维。作为县学，生员不思苦读，教官无心教书，每况愈下的风气，让人焦虑不已。卑职才疏学浅，还望海教谕指点迷津，多加提携才是。"

海瑞听出了刘知礼话中的含义，宽慰地说："训导大人不必多虑，事在人为。为朝廷培养有用之才，乃你我之辈的天职。只要众教官勤学思进，精诚敬业，县学的风气不会不变。"

明伦堂早先被叫做万寿宫，人们说这里是万寿无疆的地方。如今的明伦堂，主要被用作接见教官、会见过往巡察的官员之地。海瑞和刘知礼走进明伦堂的时候，这里已经聚集着十几位有说有笑的县学教官。他们皆想早点见到新上任的教谕，看看他的风采，听听他的就职演说。众教官拜过海瑞之后，海瑞一一还礼，亲切地对教官们说："诸位都是县学同辈，一生辛勤执教，同为社稷出力。我辈之间不讲尊卑关系，往后不必多礼。请坐！请坐！"

"看来不错，这位新来的海教谕没架子。"一位教官私下悄悄地说。

"那可不一定，听说海教谕专拣官大的作对，不知是真是假。"另一位教官轻声反驳着同僚的话。

刘知礼让人拿出几本册籍和案卷，向海瑞一一介绍教官们的情形。这些案卷里记载着历届教官的政绩，也记载着近几年县学生员的学绩、操行等情况。海瑞翻阅着册籍和案卷，这才明白县学问题的严重。当然，他也深知其中的原因。教官们只顾在县衙的官场上巴结逢迎，生员考试弄虚作假，县学的风气怎么能好？己不正，怎么能正人？教官无心教书，生员怎么能苦读？上梁不正下梁歪，这正是海瑞所担心的事。

刘知礼介绍完教官的情况，诚恳地对众教官说："海教谕的《治黎策》诸位早闻美名，教谕学识渊博，通达古今，现在请他给诸位训话！"

海瑞轻轻地摆了摆手，微笑着对在座的教官们说："刘训导的过誉之言，本教谕受之有愧。朝政纷乱，世风日下，海瑞当与诸位同仁携手思治，披肝沥胆，整饬学纪，以正南平学风，还望诸位尽力而为之。"他翻翻名册，又看看在场的教官，转向刘知礼，问道："县学的教官可曾到齐？"

刘知礼看了一眼在场的教官，似乎面有难色地轻声道："还差两位没有到，一个是张魁，另一个是张豹。"

"这两人平日教书怎样？"海瑞问。

"不瞒海教谕，此乃游手好闲之辈，何谈教书育人？张魁仗着他的岳父在县衙做官，狐假虎威，混迹官场，经常不来学舍，也不把我们这些人放在眼里。张豹屡次虐待生员，劣迹斑斑，大家都说他不来比来了好。"刘知礼说完又有点后悔，他在心里埋怨自己不该在海瑞初来乍到之时就告诉他这些不光彩的事。

"此等败类，如何为人师表！为何姑息留用？"海瑞忿忿地问。

"教谕有所不知，这些人在衙门里皆有靠山，你我得罪不起。惹不起，索性绕着走。"刘知礼也有他的难处。

"刘训导不必担心受怕，这件事让我来试试看。"海瑞坚定地说。

海瑞做事，一向是说的话软，做的事硬。新来的教谕接见众教官的第二天，南平县学张魁、张豹这两个教官中的败类就被革职了。一张告示贴出，消息不胫而走，教官们扬眉吐气，大快人心。从此，勤勉执教的人在南平县学倍受器重，游手好闲的自然不能栖身于教官之列。教官们的气也顺了，心也齐了，县学的风气逐渐好转。

海瑞为人，堂堂正正，磊磊落落。他在南平担任教谕，教导县学的教官和生员，凡事都要以朝廷颁布的封建法典为准则，言谈举止必须符合封建礼教和道德的标准。海瑞本人在这些方面从不马虎，严于律己，身体力行。

清晨，一缕温暖的阳光从窗户照进校舍，海瑞和几位教官正在这里商议修订《教约》的事。一位教官匆匆地从大门走进来，说县学南面的大路上来了一队骑马坐轿的官吏，提醒海瑞快去迎接。

海瑞对这件事非常重视，急忙率领教官来到县学门外。向南一看，只见大路上尘土飞扬，从远处走来一队威风凛凛的人马，转眼之间到达县学门前。原来这是延平府一班管理府学县学的官员，前来南平县学视察教官的政绩和生员的学业。为首的那位视察官，就是派头十足的府学大人。

迎来送往，这类事海瑞经历得多了，总是做得有礼有节。据说这位府学大人非常看重自己的身份和脸面，所到之处非常在意别人对他的跪拜之礼。对此，海瑞有所耳闻。他和教官们把客人让进县学大院，又把那位派头十足的府学大人迎进后院的明伦堂。一行人提袍甩袖，缓缓而进，海瑞不卑不亢，紧随其后。

进门之后，众教官不由自主地一溜儿排开，跪迎长官。言语之间唯唯喏喏，不乏逢迎巴结之声。海瑞对这种风气和做法十分反感，但他是南平学府最高的长官，又当着府学视察官的面，因此不好直接说什么，只把不满放在心里，神色端庄地站在一旁。

众教官都施过跪拜之礼，海瑞未跪。他只是长揖一礼，旋即平身，算是执礼见过府学了。那些跪在地上的教官，府学大人不发话，一个个不敢自行平身。

端庄地站着的海瑞，和两边跪着的教官连起来，有点像个笔架子，山字形的笔架子。

在海瑞两边跪拜府学的一些教官，有些胆小怕事，心里嘀咕着：

"好一个海教谕，不给府学大人行跪拜之礼，你不怕得罪上司吗？"

海瑞不怕，他的心中自有主张。

视察官府学大人不高兴了。他明明知道海瑞是这里的教谕，却故意眼睛看着别处冷冷地问道："直戳戳站在那里好像个笔架子一样的先生，我问你是谁？"

海瑞一听，是在说自己，然后不紧不慢地上前长揖一礼道："我不是先生，我是南平县学的海瑞海教谕。"

"哦，原来是教谕呀，我还以为是知县呢。不过，就算是知县见了本府学也没有不拜之理。你像周仓一样站在那儿，眼中有没有我这个视察官了？"

海瑞一听也不高兴了，面不改色地反驳道："府学大人，请你不要忘了朝廷颁布的《会典》，也不要忘了这里是我南平县学的明伦堂，是我海教谕训导教官生员的地方，不是给你下跪的地方。县学有县学的规矩，教谕有教谕的尊严，《会典》也有明文规定。你来南平视察，当属府学公务，海瑞执揖不跪，不能算作失礼。若是我海瑞到你的府上去拜见你，那就另当别论了。"

一番话，说的有理有据，不温不热，府学尽管嘴上不说什么，但却被气得满肚子不悦。府学大人一甩袖子，对海瑞气呼呼地说道："你等着，海教谕，你我延平府里见。"

这帮人都是在延平府里管事的官儿，而海瑞只是南平县学一名小小的教谕。视察官他们要想在延平府串通起来给海瑞找点小麻烦，给双小鞋穿，那是轻而易举的事。

明伦堂的气氛凝结了。视察官一行茶也不喝，饭也不吃了，骑马的骑马，坐轿的坐轿，立刻就要打道回府，连视察也不视察了，一个个都是气乎乎的。

刘训导慌了，众教官慌了。大家拽马拦轿，左右圆场，好说歹说，总算让视察官一行找了个能够保全面子的理由。

这场戏暂时收场了，由于海瑞揖而不跪，执礼见官，视察官一行在南平县学的这场巡视只能草草收场，不欢而散。

中午时分，送走了视察的官员们，刘训导和教官们心里敲开了小鼓。海教谕镇静自若地对大家说："南平县学革除弊端的成效有目共睹，诸位同人不用惊慌。有我海瑞在，只要不违犯朝廷的法度，天塌不下来。"

海瑞低估了视察官他们的权势，刘训导和众教官的担心是有道理的。因为不仅仅是海瑞的揖而不跪惹恼了视察官，隐藏在后面的文章是海瑞上任以来革除弊端所涉及的许多人和事都和视察官一行有着千丝万缕的关系。他们本来就想找借口为难海瑞，这回正好小题大作、借题发挥。果然，视察官一行人回到延平府，无中生有，恶意诬陷，在府署衙门里把海瑞和南平县学说得一无是处。有人说海瑞顶撞上司，目无府学，有人说海瑞结党营私，陷害教官，甚至连海瑞在南平县学革除弊端的种种措施也都成了各种莫名其妙的罪名。

"假作真时真亦假，无为有时有还无。"南平县学遇到难以说清的挑剔和刁难，海瑞在诽谤和忧虑中也不禁心灰意冷。他给朋友写了这样一封信："多年苦读圣贤诗书，只盼为朝廷建功立业，谁料想竟是这般世事混浊，黑白颠倒。我只想回家侍奉老母，尽尽孝道罢了。"

就在海瑞苦闷失意的时候，柳暗花明，他遇到了知音。提学副使朱镇山，不信视察官那帮人的诬陷，十分器重海瑞的胆识和才干，两次约见海瑞，并把他调到正谊书院修书。

视察官一伙打击诬陷海瑞的阴谋并未停止，一封又一封的诬告信递交到延平府衙门。当时的府署同知本身就和府学沾亲带故，诬陷海瑞的信正中他的下怀。不久，海瑞被革职的文卷便被送到知府那里。知府是一位贤达公正的父母官，早从提学副使朱镇山那里深知海瑞的为人和冤情。当着府署同知的面，知府称赞海瑞对府学揖而不跪做得对，有气节，是难得的人才。知府说："这样有骨气的人，正是朝廷和社稷的栋梁之材，你们还要诬陷他，于心何忍？"在知府大人的关照下，海瑞恢复原职，又被调回南平县学，任教谕。

海瑞执礼见官、揖而不跪的美谈，很快在南平县传开了，他的名声越来越大。南平县学由于这件事，名气也比以前大了。海瑞再次回到南平，革除弊端的信心更足了。他上有知府大人和朱镇山的支持，下有教官和生员的拥戴，把南平县学整治得焕然一新，风气大变。这里的生员屡屡考入郡学、府学，南平县学人才辈出。不久，海瑞升为淳安知县。

淳安赴任，赈灾放粮

7月的一个早晨，海瑞一家扶老携幼，行进在从南平到淳安的旅途中。从南平启程，赴淳安任职，他们大概要走一个多月的路程。

根据官府的规定，身为朝廷命官的海瑞，本应坐着轿子。但是看到年迈体弱的老母亲走在身后，而自己坐着轿子，极尽孝道的海瑞于心不忍。他让母亲坐在轿里，自己和海安一道步行。

"老爷，这恐怕不行吧。您坐轿子是官府的规矩，当官的徒步走路去上任，别人看见会笑话的。"海安好心地提醒海瑞。

海瑞边帮海安收拾东西边说："这有什么可笑话的！官家的规矩也是人定的，并不是不能更改。老母亲年迈体弱，让她走着我坐轿，我们做晚辈的于心何忍？百行孝为先，敬老乃是最大的孝道。你我还是抓紧赶路吧。"

海安内心想，海瑞说得也有道理。于是，海瑞一家相携相助，匆匆赶路。

家人海安原本并不姓海，名字也不叫海安。说起他的来历，还有一段故事。前年秋天，海瑞赴京赶考。回家的途中，住进一家客栈里。入夜，天色漆黑，四野寂静。海瑞躺在客栈的床上，想起京城考场的情景，翻来覆去，难以入眠。朦朦胧胧之间，他隐隐约约意识到房门被人推开。睁眼看去，只见夜色中闪进两个黑影。海瑞心中一惊：

"有贼"！他想喊，又怕盗贼带着凶器。索性假装熟睡，暗暗地观察情况，看个究竟。黑影走到床前，海瑞瞥了一眼，这才看清是两个赤手空拳的年轻人。那个胖一点矮一点的伸手抓过海瑞放在床头靠脚那边的一只布包袱，对着窗外的微光轻轻抖了抖。那个瘦而高的青年，俯身观察海瑞是不是真睡着了。小个子拿走的布包袱里放着海瑞回家的盘缠，要是被贼偷走，还有半个月的路程可怎么到家。就在小个子拎着包袱准备走的时候，海瑞伸出两手，拦腰抱住大个子，翻身一跃，大喝一声："大胆盗贼，哪里逃！"大个子被海瑞飞起的脚，踢倒在地上。两个盗贼心中暗暗叫苦："看来这个人拳脚功夫不错，不是好惹

海瑞

的主！"无奈之下，年轻人跪地求饶："大人饶命，大人饶命。小人出于生计所迫，才施此计，以后再也不敢了。"看着跪地求饶的年轻人，海瑞突然起了恻隐之心。"唉，"他长叹了一声，对年轻人说，"起来吧。年纪轻轻的，干点别的什么不好？为什么非要走这条路不可呢？"那个瘦而高的青年哭着说："兵荒马乱，连年水灾，村子里连树皮草根都吃完了，官府还要强征赋税。我们也是不得已才走的这条

路呀！""百姓如此穷困，这里的父母官就不管吗？"海瑞问。大个子答道："官府只知催款催粮，哪管我们百姓的死活呀。"听了年轻人的这番哭诉，海瑞的心被强烈地震撼了，被深深地刺痛了。他拿出自己仅有的一点盘缠，分了一些给他们，又送了几件衣服给他们。然后诚恳地对年轻人说："拿回去吧，往后再也别做这种事了，好好想办法过日子吧。"年轻人哭着跪在海瑞面前说："您就让我们俩跟着您吧，做牛做马我们都愿意。大人，我们看得出您是好人！"说着，不停地磕

头。这件事让海瑞很为难，他思索了一会儿，扶起两位年轻人并且对他们说："你们这几句话可是折煞我了，我是上京赶考才回来的人，并非做官为宦的。这样吧，我往后出外做事，身边也确实需要一位信得过的帮手，就让这位大个子跟我走吧。"这个大个子后来做了海家的仆人，改名换姓，就是现在海瑞身边的海安。

前面不远就是天屯村，天屯村已是淳安县的地界。

海瑞来到母亲轿前，跪拜道："给母亲请安。前面不远就是孩儿管辖之地，我想带海安去村舍田间走走，也好知晓此地百姓的疾苦。母亲可与儿媳女儿坐轿乘船先到县城客栈住下，等孩儿微服私访完毕，再与母亲同去县衙安歇，不知母亲意下如何？"

轿子的门帘掀起一角，母亲谢氏微笑着对海瑞说："行。我儿心系百姓疾苦，为娘哪有不准之理？不过我儿快去快回，以免为娘和你的妻女担忧。"

来到天屯村的村口，海瑞把母亲及妻子女儿送上前往县城的路，便和海安向村里走去。海瑞没有穿官服，和海安一样穿着粗布长衣，那身打扮就像乡间一位教书的私塾先生。

海瑞从南平县启程时，淳安县下了一场大暴雨，接着是十几年未见的水灾。天屯村外的庄稼地里，纵横交错，皆是被洪水冲开的沟沟壑壑。地里的庄稼有的泡在水里，有的烂在泥里。村口几棵足有三五扎粗的大树，有的被大风折成两截，有的被洪水连根拔起，横挺竖卧，满目狼藉，就像战场死去的士兵。村里的房子被洪水冲得东倒西歪，一片残垣断壁。随处可见被洪水淹死的家禽家畜，却没有几个人影，海瑞和海安走进村子的时候，远处传来几声"哞哞"的水牛叫声，更增添了天屯村凄凉的气氛。

一间破旧的草屋里传出隐约的哭声，海瑞、海安循着哭声走进屋去。床上，一位病重的老人拥被而卧，呻吟不止。地上，一个衣衫褴褛的小女孩拉着老人枯瘦的手，哭叫着："爷爷！爷爷！"屋里屋外，凄凉的景象惨不忍睹。

海瑞快步走到床前，爱怜地抱起小女孩。小女孩不哭了，睁着泪眼，好奇地看着眼前两位陌生的人。

听不到女孩的哭声，老人停住了痛苦的呻吟，睁眼看看海瑞和海安，再次闭上眼睛，绝望地说："你们快走吧，我家里没有一粒粮食了，手里也没有一文钱了。"说着，又呻吟起来。

海瑞和海安交换了一下眼色："原来老人把我们当成征粮催款的乡丁了。"

海安正打算对老人说什么，被海瑞制止了。他放下孩子，躬身拉着老人的手，亲切地说："老人家，醒一醒，我们是过路的客人，不是征粮催款的官差。"

老人又止住呻吟睁开眼，脸上露出为难之色："哦，客官从何而来，又要到何处去呀？你们看这屋里屋外，竟没有一块你们可坐的像样的地方。"

海瑞没有告诉老人自己的真实身份，只是关切地问道："老人家，村里人都到哪里去了？"

"唉，死的死，逃的逃，没剩下几个人了。你看我这家，五口人只剩下我们爷孙二人。老的老，小的小，我又病成这样，逃也没法逃。以后的日子，可怎么过呀。"

沉思了一会儿，海瑞问道："百姓苦成这样，官府就不管吗？"他像是问老人，又像是问自己，也像是问头顶的苍天和脚下的大地。

老人看得出海瑞有点不像普通的过路客人，不由地说："他们只知道搜刮民脂民膏，哪里管老百姓的死活。朝廷救灾的粮款，他们侵吞私分。大灾大难的时候，他们还要向百姓要粮要款，哪有咱们穷人的活路呀？"说到这里，老人悲伤地念叨着，"天杀人呀，天杀人呀。"

老人家的一番哭诉，打动了海安的心。海安想起自己经历的往事，不禁落下泪来。

看见海安落泪，海瑞的眼圈也红了。

海瑞心想，不能让老人就这样绝望地死去，应该鼓励他为了小孙女坚强地活下去。他俯在老人耳边小声地说："老人家，遭灾的事朝廷和官府是要管的。我这里还有些银子，你先拿去买点药，买点粮食。熬过这场水灾，日子会慢慢好起来的。"他这才告诉老人，自己就是新上任的知县。主仆二人起身告辞。老人接过海瑞的银子，颤抖地哭谢道："好人呀，青天大老爷呀！"

三天后，海瑞、海安风尘仆仆地赶到淳安县城。他们在县城外的一家客栈里接了家眷，才一同赶去县衙安歇。这几天，淳安县衙忙里忙外，准备迎接新上任的知县海瑞。前任知县洪应明早就听说海瑞办事果断不畏权贵的名声，因此对这位新任知县的到来不敢怠慢。因此洪应明暂时尚未离去。海瑞上任后，洪应明将另有高就，只是等着海瑞前来接任。怎样接待海瑞，洪应明这个老奸巨猾的官僚委实动了一番心思。他原本按照惯例吩咐衙门的官吏给海瑞分头准备了一份丰厚的礼品，又准备了一场山珍海味的接风酒宴，后来想到这个新来的知县是个铁面无私的人，他搞这一套会不会自讨没趣，于是索性取消了送礼的安排，酒席宴也大大降低了规格。洪应明想等海瑞到来之后探探这位新任知县的口气，之后再做安排。另外，洪应明非常担心县衙官吏私分救灾粮款的事露了馅。因此，海瑞到来之前，洪应明早就安排有关官吏把账目做得天衣无缝，以防新任知县的查对。做完了这一切，洪应明便心怀叵测地等候海瑞接任。

这时正好看见海瑞向这边走过来，忙迎上去说："哎呀呀，海知县，奔波劳累，有失远迎，失敬，失敬！"洪应明满脸堆笑，和他的一帮下属簇拥着把海瑞迎进县衙。

灾民的疾苦让海瑞揪心，洪应明的笑脸让海瑞不安。宾主坐定之后，简单地寒暄了几句，海瑞便把谈话引入正题。

"洪大人，海瑞一路走来，沿途屡见灾民饥馑，凄凄惨惨，惨不忍睹呀。不知这朝廷赈灾的粮款，可曾发到百姓手里？"

洪应明对海瑞初来乍到就插手赈灾粮款这件事略显不满，但他是很有城府的人，当着众多属官的面，他没有把对海瑞的不满表现出来。洪应明未正面回答海瑞提问的赈灾粮款，只是热情地督促衙役给海瑞泡茶，之后拐了个弯子说："海大人旅途劳累，还是先多歇息为是。

本县已安排好为大人接风洗尘的宴席，待大人见过众位属官之后，我们在用膳时再向海大人详细禀报淳安县的民风民情。如何？"

"洪大人不必费心，淳安县的灾民受难于洪水之中，海瑞怎有心思赴宴！"海瑞急于了解赈灾粮款的发放情况，婉拒了洪应明接风洗尘的美意，这使洪应明非常不高兴。

"也好。海大人爱民如子，心忧百姓，卑职早有所闻。不过这赈灾粮款之事，回头让主管粮秣的李继树向你仔细禀报。若发过了，李继树会把详情告诉你。若尚未发放，这发放粮款就是你新任知县大人的事了。本县已经改任他职，海大人就职，我亦不便多留，本县已决定午后启程。"洪应明的客套中，分明显露出对海瑞的不满。

海瑞心里暗暗想，好一个狡猾的洪知县，救灾赈济乃淳安县当今之紧要大事，灾民流离失所，淳安哀鸿遍野，救灾的事八字还没一撇，你身为知县大人抬腿就要走，于情于理也说不过去。海瑞忍住心中的愤怒，软中有硬地对洪应明说："洪大人，黎民百姓挣扎在苦难之中，乞讨的灾民挤满了县城大街，你我乃朝廷命派的百姓父母官，怎能坐视不管，见死不救！"

洪应明被惹怒了："你这个海瑞也太不知天高地厚了！你是知县，动辄颐指气使，我也是知县，难道用得着你来对我指手画脚吗？"想到这里，洪应明强压下心中的愤慨，对海瑞冷冷地说："这是你的事，你就看着办吧。我的行期已定，不奉陪了！"说完，洪应明拂袖离去，把海瑞和众属官尴尬地留在那里。

两位知县闹翻了，在场的十几个县衙官员你看看我，我看看你，谁也不知该如何是好。

寂静，难堪的寂静。

一位官吏端来热茶，劝慰海瑞道："知县大人不必动怒，淳安县县情复杂，许多事不是一朝一夕就能办好的。"

官吏的话提醒了海瑞：是啊，是不是我有点过急了？自己新官上任，人家热情款待，却因为几句话的事，搞得大家不欢而散。今后这官场上的事，可怎么处呢？海瑞有些左右为难。

这时，一路上看到的灾民哭哭啼啼的惨状好像又浮现在他的眼前。海瑞一想，赈灾粮款是老百姓的救命粮、救命款，朝廷发下来已经一个多月了，但是淳安县的老百姓还未见到粮食和钱。这样的事，不着急能行吗？海瑞想来想去，觉得自己今天做得没有错，只是有点急了。

饭时已到，海瑞就对官员们说："大家回家吃饭去吧。明天上午，各衙门务必尽力合作，赈灾粮款一定要发到灾民手里，不能再拖下去了。洪大人走了，接风酒我也不喝了。淳安县的百姓还在受苦，我想诸位同僚在酒席宴上未必能吃得下去!"

海瑞说完之后，官员们三三两两走出县衙。有的官员一边走，一边交头接耳地议论着赈灾粮款之事。

"赈灾粮款早该发下去了，还不是由于洪知县和李继树才没有发，人家海大人问得对。"一位年轻的官员走出大门时，小声对他身边的同僚说。

"赈灾款早被那几个人私分了，赈灾粮听说发到乡公所了，不知道到没到老百姓手里。唉，这些详细情形海大人哪里知道啊!"一位年长的官员忿忿地说。

第二天上午，县衙门前挤满了衣衫褴褛的灾民，十里八村的乡亲们拿着布袋、竹筐、竹桶，聚集到这里等待发放救济粮。

淳安县城的各条街道，各乡公所的门前，都贴出了发放救济粮的消息。

新任知县海瑞，亲自带着县衙的官员，分赴各个发放点上，监督赈灾粮款的发放。

自从水灾之后，县城里还从来未汇聚过这么多的老百姓。领到粮食的人们，脸上挂着泪水，扬着多日不见的笑容。

当然，人们领到的粮食，也只是洪应明、李继树他们克扣之后剩下的一小部分了。人们仍然对县衙的官员感激不尽。当时，很多领到粮食的灾民并不知道淳安县来了新任知县海瑞。

洪知县昨日下午并没有走，事后他也觉得在县衙迎接海瑞时的不欢而散有些失态。发放粮食的时候，洪应明也在街头转来转去，他想看看海瑞如何用朝廷的粮食笼络人心。一位认识他的灾民领到粮食后向他叩谢，洪应明的脸上露出一丝难以察觉的苦涩。

县衙粮仓的屋子里，海瑞怒不可遏地对李继树说："罪过啊，罪过啊！克扣灾民救命粮，你还有什么脸面再见淳安父老？"李继树哭丧着脸说："大人息怒，这都是洪大人吩咐让办的，小人罪该万死，还望大人高抬贵手。"

县城街头，那位天屯村的老人认出了海瑞，神情激动地对周围的人说："乡亲们，他就是新来的知县海大人，救命的恩人哪！"

四面八方的灾民，疯狂地围住了海瑞。

以真当假，巧治贪官

发放赈灾粮款，是海瑞在淳安县上任以来办理的第一件事。这件事出手不凡，深得民心。赈灾粮款发下去了，海瑞把前任知县洪应明也得罪了。淳安县前后两任知县，就此结下了梁子。海瑞心想，得罪就得罪，晚得罪不如早得罪。接下来海瑞还要清查洪应明侵吞救灾款的事，更大的翻脸还在后头呢。

县衙的官员告诉海瑞，洪应明朝里有人，后台很硬，普通官员得罪不起。杭州府的总督胡宗宪，就是洪应明的姐夫。胡总督和朝廷的钦差大臣鄢懋卿是过往甚密的旧交，鄢懋卿在当今宰相严嵩那里又是大红大紫的人物。因此，海瑞敢于和洪应明作对，这前景在一般官员看来未免不寒而栗。自从赈灾粮款发放以后，每次海瑞回到家里，母亲和海安总要提醒他，小心谨慎，要提防洪应明的报复。

海瑞的性格，向来是吃软不吃硬。洪应明离开淳安之后，海瑞在李继树那里把洪应明侵吞救灾款的劣迹核查得清清楚楚。向杭州府递上一份要求弹劾洪应明的奏折。谁知这份奏折递上去之后，竟如泥牛入海，杳无音讯。

平日，海瑞政务缠身，不分昼夜地为淳安百姓的衣食住行操心费神。稍有空闲，他便要抽身去民间私访，看看他管辖下的老百姓吃的什么，住的什么。这天，海瑞处理完手头的公务，在海安和几位官员的陪伴下来到县城东面的甘河桥头，巡察市面上百姓买卖的情形。

甘河桥头，三五个纨绔少年正在和几位小商小贩讨价还价，接着吵吵闹闹，大打出手。摊贩们的筐子、盘子以及里面盛放的首饰、丝物、珍果之类，抛洒得遍地都是。陪同海瑞的官员近前询问一番，方知为首的恶少名叫胡应福，正是杭州总督胡宗宪的儿子。

"杭州的公子跑到淳安县城为非作歹，还有没有王法？"海瑞对身边的官员忿忿地问道。

"大人有所不知，这位胡公子在杭州城里也是惹不起的主，横冲直撞，强取豪夺，没人敢管。大人公务在身，咱们还是快走吧，回头我让衙役处理一下这件事就可以了。"这位随从的官员打算息事宁人，劝海瑞赶紧离开此地，免得招惹是非。

海瑞谢绝了他的好意，领着海安向那帮恶少走去，边走边对海安说："我现在的公务就是去管老百姓的事，看着恶少行凶袖手旁观，那老百姓还不指着脊梁骨骂我！"

海安虽然紧随其后，却也担心海瑞吃亏。聪明的海安就近约了几个衙役，相随左右，暗中护卫知县大人的安全。

来到桥头正在争吵的地方。人们看见是知县大人来了，随即停止争吵，请知县主持个公道。

"方才为了何事而争吵？"海瑞平静地问道。

人群中一位衙役走到海瑞身边，恭敬而委屈地禀报："启禀海大人，小的正在奉命巡查街市，不知哪里来的这几个恶少，买小贩的东西不给钱，还和人家争吵起来。我们上前劝阻，竟遭恶少拳脚，太无法无天了！"

海大人！眼前这位清清瘦瘦的汉子就是和舅父大人过不去的海瑞？

胡公子一时难以置信。这位恶少平常把谁都不放在眼里，只有他的父亲胡宗宪才能制住他。但是胡宗宪忙于政务，无暇管家，加上胡公子生性顽劣，胡氏父子在杭州城的名声越来越坏了。这会儿，胡公子歪斜着小小的脑袋，气鼓鼓地盯着海瑞。那神情分明是说：看你这个小小的知县，能把我杭州总督的公子怎样？

海瑞心生一计，对胡公子明知故问："你是谁家恶少，敢来淳安为非作歹？"

胡应福以为海瑞未弄清他的身份，于是软中带硬地说道："大人息怒，衙役所言并非实情。我乃杭州府胡总督之子，途经贵县，买了几样东西，谁知奸商哄抬物价，坑害小生，调解的衙役不为本公子说话，反与奸商勾结一起，因此本公子无奈被迫动武。"

"如此说来，倒是你有理了？"海瑞一面讥讽地反问，一面察看几位恶少所带的东西，心里暗暗思量着对策。

总督公子胡应福见到海瑞不哼声了，谄媚地求道："还望海大人为本公子做主。"

海瑞心里有了办法，脸上不动声色，声音低沉而又语气坚决地问道："你从杭州来到淳安，强取豪夺，动手打人。为你做主？你是谁？你说你就是杭州总督胡宗宪的公子？你还是本县前任知县洪应明的外甥呢！不像！不像！你不像胡总督的公子。胡大人爱民如子，清正廉明，他的公子怎会是你这般纨绔恶少的样子？"

那班恶少听了，胆颤心惊，不知所措。其中有个胆大的恶少走上前来对海瑞说："请大人明查，他的确就是总督公子胡应福，小人所言不敢有假。"

海瑞心里说：本县今天就是要收拾这个总督公子胡应福，何用你操心？海瑞转身对后面的衙役大声说："哪里来的恶少，竟敢冒充总督公子来这里胡作非为！衙役们，还不快与本知县拿下，重打四十大板！所有强取豪夺之货物，一概没收，存放县衙府库！"

"遵命！"众衙役一声吆喝，把几个恶少押入县衙。知道内情的人，无不惊叹道："这个海瑞，真敢在老虎嘴里拔牙！"

甘河桥头的事还没算完。过了三天，海瑞思忖再三，写了一封信，派海安送给总督大人胡宗宪。那封信中写道："胡总督大人见信：前日一班恶少窜至鄢县，强取豪夺，殴打差役，民怨甚深。卑职已命衙役将恶少收监，豪夺之物没收入库。谁知为首的恶少竟敢冒充大人之子。余以为胡大人为官清正，治家有方，其公子必不似这般纨绔恶少之情状。大人不信可以明察。海瑞拜上。"

胡宗宪在杭州官宅读着这封信，气得浑身发抖，好半天说不出话来。

就在胡宗宪收到海瑞来信的一个月后，钦差大臣鄢懋卿来到浙江一带，巡查沿途各地区的盐务，督办催交盐税一事。

对鄢懋卿来说，这是一件肥美的差事。巡查巡查，白银大把；督办督办，黄金上万。鄢钦差所到之处，各地官吏皆巴结逢迎，贿赂送礼。各地官吏心里明白，鄢懋卿是朝廷严相国的红人，巴结鄢懋卿就是巴结朝廷。朝里有人好做官，当父母官的谁不想在朝廷里找个靠山呢？鄢懋卿带着他的家眷二十多人从京都启程，船队行到扬州时，三十几条大船已经满得不能再装了。这些整船整船的物品，皆是搜刮来的金银财宝，还有官吏们上贡的一些名贵的木石花鸟。这些民脂民膏除了鄢懋卿和他的亲信们私吞之外，其中大多数少不了回京后孝敬他的主子——宰相严老太爷。

来到扬州，搜刮的欲望填饱了，鄢懋卿剩下的行程只是游山玩水，例行公事，再就是沿途拜访相好的旧僚。期间，去淳安县巡察灾情和拜访杭州总督胡宗宪，是鄢懋卿行程中两件必办的事。船队刚到扬州，钦差即派人给淳安县送去一张公文。文中假惺惺地写道："钦差大人奉圣上之意，前来督办盐务，巡视民情；钦差大人爱民如子，深知淳安灾民之疾苦，县衙的接待务请节俭省用，不得铺张浪费。"

淳安知县海瑞接到这份公文，仔细一看，不觉心中笑道："好一个钦差大人，说得比唱得还好听！谁不知道你钦差大人的船队刚到扬州，搜刮的货物三十多条船都装不下了。若各地官吏的接待果真'节俭省用'，你那船队装的金银财宝是从天下掉下来的吗？实际上，鄢懋卿给淳安县发文之前，京城的王洪海就已经给海瑞来过一封信了，信中说鄢懋卿要去江南一带督办盐务，并说鄢懋卿贪得无厌，提醒海瑞小心从事，不要轻意冒犯。因此，海瑞已经指派海安前去扬州打探消息，听听沿途官吏怎样接待钦差大人，自己好心中有数。

海安奉了知县大人的命令，快马加鞭，昼夜兼程。赶到扬州时，钦差大人的船队已到达这里三天了。城里有一家茶馆，三三两两的茶客议论着这几天扬州官员巴结钦差大人的传闻。海安把马拴在茶馆后面的马厩里，擦擦汗走进茶馆，一边喝茶，一边静静地探听鄢懋卿的虚实。

"我说，这是什么钦差大人？简直就是吸血鬼。知道吧？他要我们扬州进贡四百万两银子，一两也不能少!"

"还有更稀奇的呢。昨日知府衙门宴请钦差大人，竟有个官吏给他献了一把晚上起夜用的夜壶，那夜壶可是全用白银做成的，锃光发亮，老百姓见都没见过。"

海安喝了一口茶，忍不住插了一句："请问这位老者，四百万两银子咱们扬州人如何拿得出来呢?"

那位老者接过海安的话说："官人不知，钦差大人只知搜刮，哪管你我的死活! 听说，知府大人没办法，只好把这四百万两层层摊派，受苦的还是老百姓呀。"

"嘘——"茶馆的老板把食指压在嘴唇上，歉意地笑了笑，示意老者小点声。

这时，街上传来一片嘈杂声。海安向门外看去，只见一队人马从北向南相拥而来，为首的就是钦差鄢懋卿。街上的人们拥挤着，躲避着，叫骂着。几个鸣锣开道的府丁，拥前拥后，对川流不息的人们怒斥道："让开! 让开! 钦差大人来了。"一位卖水果的老人躲避不及，被鄢懋卿凶恶的家丁一脚踢倒，果子滚了一地。

快走，此地不宜久留。海安在心里对自己说。可是转而一想，海大人交待的差使还没完成呢。海安躲过鄢懋卿的大队人马，又向城里走去。这几天，为了给钦差大人进贡，扬州的老百姓卖田卖地卖儿卖女，还有的被迫无奈投河上吊。听说鄢懋卿下一站的去处是杭州，接下来就是淳安了。海安本来打算跟随鄢懋卿再去杭州探听情况，又怕海瑞在家等得焦急，只好取消原来的计划，马不停蹄，匆匆赶回淳安，把鄢懋卿在扬州搜刮民财的情形一五一十地向海大人禀报。

海瑞听完海安的禀报，沉思片刻，然后抬起头，胸有成竹地说："不怕！本县自有打算。"海瑞吩咐海安，告知衙门各官吏，鄢懋卿来到淳安的时候，一切听从知县大人的安排，众官员随知县大人去县城东门外的甘河桥头，挡驾！

鄢懋卿并未马上亲自来淳安，而是先派来了他的旗牌官。鄢懋卿让旗牌官转告海瑞，钦差大人的车马船队三天后到达淳安。在京城时，鄢懋卿对海瑞的刚直倔犟曾有耳闻。他听人说，海瑞专找官大的作对，是个天不怕地不怕的疯子。在杭州拜访胡总督时，胡总督曾经对鄢懋卿讲过海瑞顶撞洪知县、扣押胡公子的事，并劝他绕道而行，避开淳安，以免自找没趣。鄢懋卿想，我乃堂堂朝廷钦差大臣，所到之处谁敢不服？难道还怕他一个小小的淳安知县？鄢懋卿并没有听从胡宗宪的劝告，他想看看，这个被京城官吏称作疯子的海瑞究竟有多大的能耐，胆敢对朝廷派出的钦差大人不敬。

旗牌官是一位武士模样的官员，由于长途跋涉穿一件类似铠甲式的马服，骑一匹高头大马，向淳安急驰而来。没等巡街的差役看清他的模样，他已策马奔过甘河桥头，向县衙奔驰而去，身后卷起一阵尘土。旗牌官就是这个脾气，他仗着鄢懋卿官高势大，所到之处，把地方官员全都不放在眼里。听说这个淳安的海知县有种不服输的倔劲，旗牌官一进县城就想来点虚张声势，先发制人，给海瑞点颜色看看！

见人不打招呼，进门不下马，一口气闯进县衙大堂，坐上县太爷海瑞平时坐的位子。马鞭一甩，大喝一声："旗牌官到此，淳安县海瑞来见！"那架势，比钦差大人鄢懋卿的派头还大，他是想给海瑞来个下马威。

海瑞吃软不吃硬，最见不惯这种虚张声势狐假虎威的无耻之徒。他原本是准备率官员去桥头挡驾的，没想到旗牌官竟敢乘他不备闯进大堂，坐在平时只有他才坐的位子上，这还得了！海瑞吩咐，击鼓升堂。十几个衙役一阵拳脚，旗牌官若丧家之犬，早没了进门时的威风。旗牌官没料到，下马威没给成，反倒落了个阶下囚。

"胆大海瑞，如若有种，与我同见鄢大人！"旗牌官还在犟嘴。

"胆大恶棍，目无本县，咆哮公堂，掌嘴！"海瑞怒道。

两个衙役上来，左右开弓，旗牌官被甩了十几个巴掌，不吭声了。

三日后的早晨，甘河桥头。

海瑞带领县衙的官员，依照朝廷的礼仪要求，身着官服，设案燃香，在此迎候鄢懋卿。桥头附近，看热闹的人群一队又一队。

鄢懋卿的船队来了，三十几艘，好不威风。再向桥头一看，欢迎的阵势还不小呢。胡总督的劝告，启行前的担忧，看来都是多余的。鄢懋卿心中舒坦了，脸上有了悦色。

"淳安知县海瑞率属官在此拜见钦差大人。"

"免礼免礼，在县衙迎候即可，何故出迎桥头？"

"卑职受淳安父老百姓之托，禀告大人，请大人改道别府，勿扰淳安。因淳安乃灾后穷县，且地方狭小，放不下大人如此庞大的车马船队。乞请大人恕罪。"海瑞说完，只一长揖。

"放肆！我乃朝廷钦差，手握尚方宝剑，尔等如此无理，难道不怕死吗？"鄢懋卿一听这话便恼羞成怒。

"尚方宝剑固然锋利，却也难斩无罪之人。海瑞只怕大人的车马船队有扰百姓安宁，故此挡驾！"海瑞据理相争。

"本院先有公文，后有旗牌，海瑞为何对本院如此无礼？"

"大人容禀。大人出京以来，所过州县，收贿万千，山珍海味，无奇不有，甚至便溺也用白银之壶。如此耗费，淳安怎能承载得起？"海瑞用手指向吃水很深的船队，义正严辞地问道："大人的三十多船货物，哪一件不是贿赂来的？如若不是，敢让本官搜船验证吗？"

鄢懋卿沉不住气了，命令船队立即开船，离开这个是非之地。临走时，这位钦差大人后悔当初未听从胡宗宪的劝告，在海瑞这里碰了一鼻子灰。

转身走了，身后传来一阵哄笑。

鄢懋卿走了，他的旗牌官还被押在海瑞那儿。

明察秋毫，断案严明

吃完早饭后，海瑞来到书房，刚刚打开一本书。就在这时，门被推开了。家人海安走进来禀报："老爷，外面有人喊冤。"

"哦，知道了。你去把喊冤的人带进大堂，吩咐衙役击鼓升堂，我随后就到。"

海安走后，海瑞把正在翻阅的书卷收拾好，穿上官服，整整衣冠，疾步向大堂走去。

海瑞赶到大堂时，喊冤之人已跪在堂下。八个衙役分列大堂两边，神情肃穆，气氛庄严。

"咚咚咚!"击鼓三声。

"啪!"海瑞拍一声惊堂木，问道："下跪何人？有何冤屈从实说来。"

告状的是一位山民打扮的中年人。他怯怯地抬头看看海瑞，战战兢兢地禀告："启禀老爷，小民乃太平村村民胡胜荣，状告本村恶夫邵时重打死兄长胡胜祖一事，请老爷为小民做主!"说完，胡胜荣又低下头去。

"胡胜荣抬起头来，本知县看看你的脸色。"

下跪的胡胜荣抬起头，海瑞从他的脸色中瞧出了一丝心虚和不安。

海瑞又问："邵时重是什么人？如今身在何处?"

胡胜荣紧接着答道："邵时重乃太平村一村霸，刁顽奸劣，无恶不作，杀人后便不知行踪。"

"邵时重为何杀死你的兄长?"

"只因他企图霸占我家田地,占地不成,故而杀人害命。"

"你的兄长何时被害,尸首现在在哪?"

"兄长昨日午后被害,尸体现在小民家中。"

"昨天午后被害,为何今天早上才来喊冤?"

"启禀大人,兄长被害,全家痛不欲生,草草安置尸首,故此报案来迟。请大人恕罪。"

"本官还没有验尸,不知你的话是真是假,怎么能草草安置尸首?"

"小人无知,请老爷明断。"

"人役!"海瑞唤道。

"有!"旁边的衙役齐声答道。

"你们随汤县丞前去太平村胡家检查尸首,待本县查明实情,再作定夺。"

"遵命!"衙役答道。

"退堂!"

退堂之后,海瑞对新到的汤县丞吩咐道:"此案人命关天,不能草率从事。你先带人役去胡家杀人现场察看,顺便将被告邵时重的行踪摸清,然后速速派人告诉我,以便审案。"

"大人放心,卑职遵命。"汤县丞带着人役,由胡胜荣带路,前往太平村去了。海瑞简单安排了一下衙内的公事,唤海安跟随,前到老百姓那里私访。海瑞与海安一前一后地走在山路上,微服私访,这是海瑞多年养成的办案习惯。

"大人,以小人之见,本案的案情不用多问。邵时重打死胡胜祖,只要把杀人犯拘捕入监,就能升堂问罪了。明明白白的案情,你为什么还要不辞辛劳去山村私访呢?"海安边走边问。

"不可不可,这是人命关天的大事,不可轻率推测。再说,胡胜荣即使所说是实,也不能全信,我观他言语之间好像有虚假之色。"

海瑞和海安边走边说,不知不觉已到达太平村外。汤县丞带领查验现场的衙役,刚从前面进村。村外的田间地头,有几个村民聚集在那里，似在歇晌，又似在指指点点交谈些什么。主仆二人走近仔细一听，原来他们也在议论胡家和邵家的官司。海瑞想，这正是私访案情的好机会。

海瑞装做过路歇息的样子，带着海安走过去，和歇晌的老农交谈起来。

"诸位老者，你们谈得如此兴致勃勃，在说什么事呢？"海瑞热情地与老农打招呼。

一位老者挂着锄把，"梆梆梆"在锄把上磕几下烟袋锅，"客官有所不知，村里近日出了人命案了。"

"老者所说的，是否就是邵家打死胡家人命一案？我乃县衙差官，很想听听诸位老者有何高见。"海瑞巧妙地亮出身份，微笑地看着大家。

一听说县衙差官查问人命之案，村民们有点胆怯，都不敢说话了。海瑞和海安再三解释，才算打消了村民的顾虑。再一看，两位客官装束平常，言语亲切，一点没有凶神恶煞的样子，村民这才又七嘴八舌地交谈起来。

"胡邵两家为那块庄基地界，闹矛盾不是两三年的事了。"

"胡家仗着人多势重，多次欺负邵时重。邵家势单力薄，吓得不敢吭声。"

"胡胜祖半月前砍柴时不小心滚下坡了，这话我是听他媳妇娘家人说的。怎么会是被邵家打死了呢？这话实在让人难以置信。"

"胡胜祖膀大腰圆，邵时重一副病蔫蔫的样子，他怎么会打死胡胜祖呢？"一位年轻后生的话，说到这件案子的节骨眼上了。

海瑞对后生的话极感兴趣，他接着又问了一句："依这位小弟之见，邵时重不会打死胡胜祖？"

"是啊，听说邵时重外出治病，今天早上才到家的呢。"

此刻，汤县丞带领的人役已经从胡家走出村外，海瑞赶忙上前去。

"县丞查的怎么样了？"海瑞问。

"胡胜祖被杀是实，我查验死尸之后已让胡胜荣料理后事。凶手邵时重畏罪潜逃，被我抓捕归案，准备带回县衙收监。"汤县丞把自己勘察得到的事实和结果，如实地向海瑞禀报。县衙的人都明白，这个案子的最后定夺，只有海大人才能决定。

听完县丞的禀报，海瑞微笑着摇摇头，又沉思着走来走去。显然，县丞所述的事实和结论，与刚才村民们的议论根本相反。当然，私访之前在公堂上的海瑞，也和如今县丞的想法不相上下。

海瑞和蔼地对县丞说道："走，你我再走一趟胡家，这件案子才可查个水落石出。"

县丞似有点不高兴。

"海大人，小民冤枉！"一声凄厉的喊冤。

海瑞循声望去，一旁跪着被缚的邵时重。

海瑞从村民们的议论之中已对邵家有了些许同情，但他当着汤县丞和众衙役的面没有让这种同情表露出来。他慢慢走到邵时重面前，神色庄重地问道："借债还钱，杀人偿命，你有何冤？"

"大人明断，有左邻右舍作证，小人出外就医，今日才返回家门，人是昨晚死的，怎么会是小人杀死的呢？"

海瑞向县丞投去询问的目光，县丞不知道该怎么办，一时间也没了主意。海瑞转身对邵时重说："真的假不了，假的真不了。若你不是凶手，待本县查清原委，不会冤枉你的。"

邵时重连忙跪下叩谢："大人与小民做主，洪福齐天！"

海瑞带领县丞汤用一行，再次走进胡家大院。这时，胡家已经把胡胜祖的尸首入殓装棺，准备下葬了。

汤县丞吩咐胡胜荣，"打开棺盖！"

胡胜荣预感到事情有变，慌恐地问："尸首大人已经验过，还会有假？"

"命你开棺，你就开棺，无须多言！"汤县丞心中不悦，怒气冲冲地说。

棺盖揭开了，散发出一股刺鼻的臭气，昨日午后才死的尸体根本不会腐烂到这种程度。海瑞不怕恶臭，走近棺木，仔细查看了胡胜祖的伤势，然后胸有成竹地命令衙役扣上棺盖。

"胡胜荣，你的兄长昨日午后被人打死，只隔一夜，为何尸体这般恶臭？"海瑞厉声问道。

"可能，天气太热……"

"我再问你，胡胜祖昨日被害，邵时重今日回家，你有什么证据诬告他就是凶手？"

"他杀人之后，畏罪潜逃，不是小人诬告。"

"一派胡言！"海瑞大喝一声，胡胜荣吓得心惊肉跳。

海瑞叫过汤县丞，也是想给这位新到的县丞挽回个面子。海瑞说："汤县丞，把原告胡胜荣及被告邵时重一起带回县衙，等候发落。"

"遵命！"心事重重的汤县丞如释重负。

案件终于查清了，胡家和邵家由于庄基地纠纷，结怨多年；胡胜祖上山砍柴滚坡，胡胜荣嫁祸于人，诬陷邵时重为凶手。

大堂上，海瑞宣判：邵时重无罪释放，胡胜荣诬陷有罪，即日收监。被释放回家的邵时重，逢人就说："海大人办案，不冤枉好人，也不放过坏人。"

过了几天，巡按御史崔栋转来一桩凶杀疑案，嘱咐海瑞亲自审理。

由于这是十多年前发生在桐庐县的一桩积案，很难调查清楚，因此海瑞有点发愁。

"老爷，老百姓说你是青天大老爷，外府外县也知道你办案不冤枉好人，老爷的名气大得很呐。"见到海瑞发愁，海安便上前给主人宽心。

"哈哈哈，哈哈哈，我乃一介官场书生，怎有那么大的能耐呢！"海瑞笑着说。

看到海瑞不再发愁，海安也放心了，悄悄退了出去。

海瑞打开崔巡按托人送来的一沓案卷。

这桩案子的案情是这样的：

徐继的妹妹徐氏，嫁给戴五孙为妻。戴五孙家境不好，从徐母汤氏那借银三两。徐继多次催要，戴五孙无力偿还。衙吏潘天麒下乡核实黄册，住在五孙家。正巧，徐继也来看望妹妹。徐氏不在家，五孙买肉打酒，招待徐继。几杯热酒下肚，徐继又提索银之事。话不投机，妻兄妹夫大打出手。徐继酒醉持刀，杀死五孙，缚尸于石，沉入池塘。

这官司告到桐庐县衙，桐庐知县竟断："徐氏与潘天麒勾搭成奸，因奸情败露，杀死五孙。判徐氏凌迟，判潘天麒斩首。"潘徐两人不服判决，屡屡上告。

事隔十年，时过境迁，只凭一沓卷宗判明真伪，谈何容易！海瑞心中暗暗叫苦。转而一想，潘徐二人十年上告，必有冤情。民有冤不能伸，父母官于心何忍？想到这里，海瑞自言自语道，非查出其中的实情不可！

海安又走进来："老爷，该吃饭了。"

海瑞抬头吩咐海安："你们陪母亲大人先吃，我把这案卷再看一看。案子查不清，我饭也吃不香啊。"

海安出去后，海瑞接着一页一页翻阅案卷。海瑞发现，仅从案件记录上来看，这宗案子疑点重重。借账催账时，徐继是主要当事人，案卷中为什么没有他的供词？潘徐二人因奸情败露杀人，难以令人相信：徐氏姿色平平，而且平日与五孙恩爱有加，潘天麒如何能插足？杀人一节，只见口供，不见物证，口供是真是假？

海瑞心中把这一串一串的疑惑反复琢磨，最后决定，走访桐庐，实地调查。

第二天，海瑞吩咐海安准备车马，前往桐庐县衙查访。

桐庐县衙，海瑞带海安拜见知县王书槐。

"海大人远道而来，定有要事相告，本县有失远迎，见谅见谅。"王知县走出大门，把海瑞、海安迎进客厅。

"王大人，贵县十年前审判的潘徐二犯凶杀一案，转来转去又转到本县的手中来了，还望大人鼎力相助。"海瑞说。

"好说好说，巡按大人信得过你，能者多劳，能者多劳。不知海大人有什么疑难，本官一定鼎力相助。"

"潘徐一案持续十年，二犯屡屡上告，不知其间州府有何裁定？"

海瑞问道。

王知县思索一番，缓缓说道："海大人有所不知，本县当初将此案禀报严州，严州又转交杭州。杭州改判潘天麒斗殴杀人，定为绞罪。遂又经过调查，认定徐氏乃杀人的帮凶，也判处绞罪。其间巡按大人正在杭州，觉得案中疑问甚多，于是指令由海大人审理。"

海瑞以商量的口气问王知县："大人和杭州府判定的奸情杀人，海瑞有几处疑问。历来因奸情杀夫，只有三种缘由。一是夫妻关系不和，二是奸夫位尊爵显，三是淫妇漂亮标致。但这三条，都与此案特征不符，奸情杀人恐难成立。不知王大人意下如何？"

王书槐与海瑞曾有旧交，而且情分不薄，虽然对海瑞的推断不全信服，也觉得他的话不无道理，于是谨慎地问道："以海大人之见，此案症结何在，大人又将如何判处？"

"我愿意与王大人一起同审人犯，提取物证，详察案情，然后再作定夺。"

"也好，本官自当奉陪。"王知县答应了海瑞的要求。

两位知县连夜提审人犯，核对当初的口供。徐氏羞愧难忍，悲愤欲绝，说道："丈夫已被人害，贱妇又遭不白之冤，我还有何脸面活在这世上！"潘天麒冤情更大："我乃县衙差役，无故被诬，屈打成招，海大人为我做主！"只有徐继心中有鬼，对所判之罪避口不言。

提完人犯，两位知县又连夜逐一再查案卷，把这起凶杀案的时间、地点、人物以及当事人案发时的行踪掌握得一清二楚，最终认定徐继才是杀人凶手。

过了几天，海瑞禀报巡按御史崔栋，判徐继斩首之刑，还徐氏潘天麒清白之身，也真正为戴五孙报仇雪恨。王知县面带愧色地对海瑞说："还是海大人明察秋毫，为民伸冤，不愧海青天之誉，本官望尘莫及啊！"

备棺上疏，牢狱之灾

海瑞触怒了鄢懋卿，不久便被革职，闲居京城。居京无事，加上北方的气候和南方大不相同，狂风时作，飞沙走石，海瑞心情非常烦躁。自从来北京以后，虽然后来严嵩死去，鄢懋卿倒台，可是海瑞的冤屈依旧未伸。北京的冬天，尘土飞扬，寒风凛冽，海瑞忧郁的情绪更加凄怆悲凉。多亏朱镇山等人多次推荐，朝廷才改派海瑞任江西兴国知县。两年后，又调回京城，任户部主事，是一个六品衔的小京官。

以前担任淳安、兴国两地的知县，海瑞看到和接触的也就是两地百姓的一些议论纠纷。在地方上海瑞敢作敢当，说话算数，老百姓称他是"海青天"。进京之后，情况大不一样了，听到和看到的要比他当知县时的情形复杂得多。

当初在淳安县遭受鄢懋卿的诬陷，海瑞以为时世都被鄢懋卿这帮小人弄坏了，有朝一日除尽这帮奸佞之臣，就可世道大变，柳暗花明。可是进京之后，严嵩和鄢懋卿已经倒台了，仍旧不见太平盛世。官场腐败，世道险恶，海瑞尽管做了个小小的京官，心情忧郁，愁眉不展，一日比一日憔悴。这个六品衔的户部主事，似乎比知县还要难当。

老家人海安眼看海瑞的面容日见憔悴，心中非常不安。"这样下去，怎么能行？"他劝海瑞凡事要想开一些，不要亏待了自己的身体。海瑞深知老家人的苦心，也就听从他的劝告，空闲时间去京城官宅乡友那里走一走，散散心。他去得最多的是朱镇山和王洪海家里，这两家皆为海瑞做知县时多年的旧交。在王洪海家里，海瑞和朋友说到兴奋的时候，也喝几盅白酒。怎奈酒后还是苦闷，心情更加沉重。

六品衔的户部主事，在京城掌管各个衙门的财政开销，每天和银子打交道。海瑞接手这份差使，精心核实，不敢大意，也从中了解了许多自己以前难以知道的朝廷内幕，有些情形令他惊讶。各地如今大兴土木，修建寺院庙坛，耗费银两占朝廷总耗银量的十之七八。嘉靖皇帝崇尚道教，寻求长生不老之术，朝中上下怨声载道，社稷危在旦夕。眼前的现实，怎能不让忧国忧民的海瑞担心。

朝中官员根本不关心社稷的安危，有的人热衷于跟随嘉靖皇帝求仙访道，装神弄鬼，幻想长生不老；有的人闭口不言，不敢冒犯圣上，生怕丢掉自己的乌纱帽。再说，谁如果对皇帝说三道四，被锦衣卫的爪牙听到了，不是坐牢就是杀头。海瑞对腐败的朝廷攒积了一肚子的不满，就是找不到发泄的机会。

朝臣中真正和海瑞能说几句知心话的人，是九品官何以尚。他是海瑞的属官，任户部司务之职。这天，海瑞心里憋得难受，来到何以尚家里。

"以尚兄，你看圣上迷恋升仙邪术，朝中奸佞当道，社稷危在旦夕，他人全都为保全乌纱缄口不言。你我乃忠义之士，能不管吗？"

何以尚慢慢摇了摇头，沉重地说："刚峰兄，你以为我不忧心朝廷的事吗？可是你我势单力薄，心有余而力不足啊！杨继盛触怒严嵩被圣上处死，临死时写的那几句诗你我记忆犹新，不可草率从事啊。"

"浩气还太虚，丹心照万古，生前未了事，留与后人补。"海瑞轻轻地念着杨继盛的四句话，眼睛都湿润了。此刻，海瑞声音低沉心情激动地对何以尚说："以尚兄，汉司马迁有言：人固有一死，或重于泰山，或轻于鸿毛。杨继盛未竟之事，当由你我忠良之臣担当啊！"与何以尚恳谈时，海瑞已拿定主意上朝谏君。

从何以尚家中回来，海瑞开始琢磨怎样给嘉靖皇帝写奏折。入夜，海瑞吩咐海安早些入睡，然后拉上窗帘，点亮油灯，铺开笔墨纸砚，伏案疾书。

嘉靖帝自诩圣明，实为暴君，和严嵩奸党陷害忠良，罪孽深重，海瑞在奏折中迎面剥去嘉靖皇帝自作圣明的外衣；国家财政枯竭，百姓饥寒交迫，海瑞在奏折中替民请愿；升仙求道邪术，纯粹是无稽之谈，祸国殃民，有百害而无一利，海瑞在奏折中劝诫嘉靖，革除仙术弊端。奏折中，海瑞还引用了一句流传在民间的讥讽："嘉靖嘉靖，把家家户户弄得干干净净。"

奏折洋洋洒洒写了三千六百多字。海瑞又仔细修改，反复推敲，最后誊抄定稿。写完这份奏折，海瑞的心犹如走过一次地狱，长长地出了一口气。他最后看一遍奏折，只觉得字字匕首，句句利剑，便把几句刺耳的词句稍作修饰，只是为了让昏君老朽能听得下去。

现在，海瑞该寻找进谏的机会并安排好后事了。

他找到好友王洪海，这是他托付后事能够信赖的朋友。

"洪海兄啊，你我是多年旧交，我海瑞有事不瞒你。明日上朝，我将给圣上呈交一份针砭时弊的奏折，必然会触怒圣上。圣上若判我死罪，家中后事还要洪海兄相助料理。"海瑞诚恳地说。

"不行啊，明日早朝，圣上有言在先，只准表贺成仙成道之事，不准言及政事，违者斩首。刚峰兄执意触君，凶多吉少啊。"王洪海忧心忡忡地提醒道。

"洪海兄不必多虑，此事海瑞一人上奏一人担，决不牵连朋友。况且，我早已吩咐海安准备好了一副棺材，生死早已置之度外。老母和妻妾不服京城水土，我已安置在琼山老家。如果海瑞遭遇不测，只求洪海兄关照海安料理后事，慰藉琼山老母，代海瑞谢不孝之罪!"

如此耿直忠义之臣，王洪海还能说什么呢?他只能提醒海瑞小心谨慎，见机行事，并答应鼎力相助，以尽故交之谊。

海瑞买好棺材，安排好后事，沉着冷静，只待上奏谏君。

次日设早朝，这是嘉靖皇帝二十多年来的第一次。原来，嘉靖帝迷信仙术，四处派人访求长生不老之术。奸滑的道士投其所好，给嘉靖帝买来一对白兔，说若是玉兔生子，皇帝就可得道成仙。结果玉兔果然生子，嘉靖帝命文武百官设早朝表贺。四更时分，前来表贺的文武官员就已恭恭敬敬地等候在朝房前面。为了写好贺表奏章，不少官员可是绞尽了脑汁，冥思苦想，巴不得把天下最肉麻的溢美之词献给皇上。几位尚书、侍郎把白兔生子说成是千载难逢的朝廷幸事，把当今的嘉靖皇帝吹捧成救世的观音，比汉高祖刘邦和唐太宗李世民还要圣明百倍。这些阿谀之臣的用心只有一个，那就是争宠献媚，以求加官晋爵。

钟鼓齐鸣，欢呼山动，嘉靖皇帝在太监、宫娥、道士的簇拥下走进早朝大殿，坐上那个象征着皇权和威严的宝座。

第一个抢着上奏的是御史王大任。他那贺表写的是四六骈文，文词华美，对仗工整，可惜整篇都是言不由衷的阿谀奉承之辞。嘉靖帝还没听几句，连意思都没完全听懂，便乐得眉开眼笑，吩咐吏部，将王大任委以重任。王大任心满意足地退下，接着奏本的又是张居正等一批官员。他们的贺表全都是歌功颂德，无耻吹捧。

海瑞在下面等得心急。他站的位置不好，在殿角一处。如果等他前面的文武官员一个一个上完贺表，他的奏折什么时候才能呈给皇帝？海瑞看了一眼远处的嘉靖皇帝，心里为他感到悲哀。嘉靖帝坐在九龙御座上，神情倦怠，疲惫不堪，就像一具行尸走肉。海瑞曾经

海瑞故居

听一位朝中的官员说过，嘉靖皇帝在后宫沉溺于酒色邪术，终日神志不清，竟糊涂到把羊屎粒当药丸吃。这样的昏君，再也不能让他害国害民！

"启禀万岁，臣海瑞有本启奏——"再这样按部就班地等下去，今天这本十有八九是奏不成了。海瑞急中生智，大喝一声，如惊雷滚过大殿，洪钟之声压倒那些阿谀之臣"嗡嗡嗡"的声音。

海瑞是谁有的大臣并不清楚。众人扭头看去，殿角里站着一位顶天立地的汉子。不认识海瑞的官员心中惊愕："喊什么！疯子！"认识

海瑞的人心中也纳闷："今天上贺表的都是阿谀逢迎之辈，海瑞刚直不阿，不畏权贵，早有美誉，今天也凑这个热闹？"唯有王洪海心里明白："这位胆大不怕死的刚峰兄今天看来是要冒死谏君了。"

御香炉里烟雾缭绕，香味扑鼻。嘉靖帝睁开昏花的眼睛，有气无力地说："奏章呈上来。"那一声如雷般的大喊差点让嘉靖皇帝从御座上摔下来，他在准奏的一瞬间就对这位陌生的海瑞有一种莫名其妙的反感。

那份呕心沥血写成的奏折，此刻在海瑞手里显得十分沉重。他一字一句朗诵出来，辞恳意切，句句打动殿中的文武百官。开头还有几句顺耳的话，听到后来，嘉靖皇帝越听越不对味："怎么通篇没有一句升仙成道的话？"嘉靖帝实在听不下去了，他让海瑞退下殿去，吩咐太监把那份奏折带回后宫。"退朝——"嘉靖帝有气无力地说。

奏折总算递上去了，海瑞长长地舒了一口气。然而，厄运也正在向这位耿直的清官一步一步走来。

退朝回来，海瑞的心情反而觉得轻松多了，他如释重负般地来到好友王洪海家里。今天是令海瑞兴奋的日子，王洪海执意要留海瑞在家中吃晚饭。吃饭的时候，海瑞把奏折中嘉靖皇帝没让他读完的那部分一一说给王洪海听。王洪海担心极了，忧心地埋怨道："你呀你呀，当年的杨继盛也没敢直接指责万岁，就那也惨遭杀害，你难道真的不怕死吗？"

"王兄言之有理。"海瑞坦然地说，"此番上书乃冒死忠谏，我已备好棺木，就算死了也是为了朝廷社稷，我等刚直之臣死不足惜。"海瑞喝了一口酒，接着又对王洪海深情地说，"仁兄啊，大明王朝已经濒临灭亡，万岁爷早已病入膏肓，没有这样大泻大补的虎狼之剂，社稷江山旦夕难保！"海瑞嘱托了几句后事，便回家去了。

次日，海瑞就被锦衣卫关进牢狱。宰相徐阶出于多方考虑，多次为海瑞求情，也未能奏效。四天以后，何以尚闯宫谏君，为海瑞鸣冤，当即被收进诏狱，和海瑞关在一起。

宰相徐阶是个老谋深算的人，想把海瑞这样深得众望的忠臣拉到自己身边，因此为营救海瑞多方奔走。

由于有徐阶等人的关照，海瑞和何以尚在狱中的日子还算说得过去，外面常常有朋友给他们送点食物进来。两人在狱中平日无事，索性聊聊天，吟吟诗，倒也并不寂寞。

嘉靖皇帝迷信邪术，身体一天不如一天了，可是他还是打算处死海瑞。此外，刑部也拟了一个将海瑞斩首的奏书和圣旨。这道奏书和圣旨经过徐阶手里时，正值嘉靖皇帝重病不起，徐阶冒着欺君之罪名把奏疏和圣旨有意搁置下来了。

不久，嘉靖皇帝呜呼哀哉，果真升天了。徐阶等人扶持太子登基，宣布大赦天下，并以先帝遗诏的名义把海瑞、何以尚等释放出狱，官复原职。

海瑞获释之前，狱吏为他们准备了一桌酒席，以表敬意。海瑞这时并不知道皇帝已经升天，以为依照狱中惯例，让他和何以尚酒醉饭饱之后上刑场。何以尚忽然难过起来，以为真的要告别人世了。海瑞想得很开，对何以尚说："来，喝足酒，吃饱饭，为了社稷百姓上刑场，你我可是有言在先。在阎王爷那儿也得做个饿死鬼。"何以尚破涕为笑，两个人把一桌酒席吃了一大半。

牢门开了，时辰到了，狱吏走进来了。咦！怎么后面没有刽子手和捆绑手？海瑞有点纳闷。

"两位大人，先帝升天，天下大赦，你俩官复原职，徐相国他们在外面等着迎接二位大人出狱呢。"狱吏向海瑞和何以尚道喜。

这太出乎海瑞他们的意料了，两人互相拥抱，放声大哭："先帝啊——"

牢门外，一缕强烈的阳光照得他们睁不开眼。徐阶、王洪海、朱镇山、海安，他们都来了。海瑞和他们拥抱在一起，老泪纵横，哽咽难言。

一生为公，溘然长逝

朝廷中经常有这种好人多遭难的事，令人扼腕叹息，令人愤愤不平。贪官生前享尽荣华富贵，死的时候却很排场。清官一生忧国忧民，死的时候却很凄凉。海瑞的死正是如此。

海瑞一生，历经宦海沉浮，看尽人间世态炎凉。饱经沧桑的他一直保持着一种淡泊名利的心态。海瑞的书房中，挂着自己喜爱的行草条幅，上书"荣辱不惊，看庭中花开花落；去留无意，望天上云卷云舒。"闲来无事，他喜欢在书房走来走去，揣摩这幅字中的含义。

华亭之行，得罪了徐相国。此后不久，徐阶利用朝中旧有的关系罗织罪名，诬陷海瑞。海瑞被削职闲居，返回原籍，一住就是十六年。其间也曾经有人向朝廷推荐海瑞，只因张居正等人从中作梗，未能成行。直到海瑞七十二岁那年，朝廷又任命他为南京都察院右都御史。原本海瑞已无心做官，他曾在给女婿梁云龙的信中写道："年已七十有二，只该告老还乡，有何心思出山做官。"但是朝廷的重用，又使他非常感激。于是，山林闲居十六年的海瑞，重登官场，报效朝廷。

谁知再次来到南京，海瑞的身体一年不如一年。那一年老母亲仙逝，海瑞重于孝道，过分忧伤，卧床不起，落下老年性哮喘病，如今这病越来越重了。

南京都察院衙门，以往政事荒芜，积案甚多。海瑞到任之后，精疲力竭，日日奔波劳累在政务之中。他以七十多岁的病弱之躯，为朝廷操劳，为百姓分忧，无暇顾及自己的病痛。可是，忠臣有心，病患无情，越来越重的老年性哮喘把海瑞折磨得日见憔悴，慢慢体力不支。

万历十五年，海瑞时年七十四岁。深秋，连绵多日的秋雨把海瑞搅得心绪烦闷，病情加重。年迈病弱的海瑞躺卧在都御府寝室的病床上，没有心思去看身旁的文卷，只是忧伤地望着窗外，静静地听着屋外传来淅淅沥沥的雨声。

一生奔波劳顿，眼前这场病灾真的顶不过去了吗？多日未去乡间，那些住在茅屋中的百姓乡民在这连绵不断的秋雨之中过得怎么样呢？海瑞挣扎着支起身子，让家人取过两只枕头，叠起来垫在他的身后。思及雨中的百姓，海瑞只觉心中不安。他环视一下自己的住所，虽说比不得那些豪华富丽的官宅，却也比普通百姓的房屋要好许多。

"海安，我想去乡间走走。"海瑞说。

"老爷，你病得这么严重，哪里还有精神去乡间跋涉！"海安劝道。

"我这次患病，自己心里最清楚，也许真的时日不多了。海安啊，你应当知道我的心思。我的病越重，越惦念百姓的生计，我一生就是为百姓奔忙的啊！"

"以老仆之见，老爷若想见谁，我去把他请来，老爷就不用在雨中受罪了。"

"不妥，不妥，我就是想见见雨中的百姓。"

"那也得雨停之后，我才能陪你出去。"

"也好。"海瑞重重地叹了一口气。

接连不断的秋雨终于停歇了，官衙院中投射进几缕温暖的阳光，海瑞的心情逐渐好一点了。海安拗不过海瑞的心意，只好陪着海瑞踏着泥泞来到郊外，走访了几户村民。大雨过后的茅屋村舍残破不堪，住在那里的老百姓看见海大人拖着病弱的身子来看望他们，心中非常感动。

回到衙门之后，由于受了点风寒，海瑞的哮喘病更重了。

病中的海瑞，吃不下饭，睡不好觉，只是一阵紧似一阵剧烈地咳嗽。

海安守在海瑞床前，不分昼夜地精心照顾主人。他来到海家当仆人，已有四十多年了。四十多年来，风风雨雨，日日夜夜，海瑞和海安之间结成了一种血肉相连、割舍不断的亲情。现在海瑞病成这样，海安比他自己得了重病还要伤心。忠厚的海安意然这样想，我如果能替老爷生病那该有多好。

"吭吭吭"，海瑞又剧烈地咳嗽起来。海安扶起海瑞，用手在海瑞背上轻轻地捶着，想为他止住咳嗽，减轻一点痛苦。海安一边给海瑞捶背，一边忍不住小声埋怨几句："我劝你劝不住，你一定要去，这不，病重了不是。"

"海安啊，我临走之前，多看上几眼老百姓，心里舒坦啊。"海瑞气喘吁吁地说。

"走"这个忧伤的字眼刺痛了海安的心。他背过身去，悄悄地抹着眼泪。

海瑞见海安伤心，心中不忍，拉过他的手，轻轻抚摸着，说："海安啊，你知我一生无嗣，膝下空落，只有你日日夜夜陪伴着我。你我虽有主仆之分，但我一直把你当作亲兄弟来对待啊!"

海安泣不成声地说："老爷，你就再不要为我操心了。跟着老爷一辈子，风里雨里，相依与共，我海安知足了。"

"你如果是跟着别的官宦人家，早就吃香喝辣，享尽荣华富贵了。跟我海瑞一生一世，受苦受累，难为你了，海安啊!"

"老爷啊，你快别说了……呜呜呜……"海安不禁放声大哭起来。

"吭吭吭"，海瑞又咳得上气不接下气。忽然，一口痰堵在海瑞喉咙。海安端来铜盆，海瑞勉强吐了一口。海安朝盆中一看，只见老爷的痰中带着几缕血丝。海安惶恐地把铜盆放在一边，转身扶着海瑞躺好，在他耳边轻轻地说："老爷，你还有什么吩咐，就对我说吧。"

海瑞接过海安递过来的手帕，擦擦嘴，艰难地说："你去叫一下金都御史王用，我有话对他说。"

海安想，王用是老爷信得过的同僚，老爷临终之前一定有重要的事情和他商议，于是匆匆去了。

海安走后，海瑞又咳嗽不止。他想挪来床头的铜盆吐痰，不想一口气憋住，再也缓不过来了。刚直不阿的海瑞，在他七十四岁的时候，闭上了那双看尽人间邪恶的眼睛。那颗一生为贫苦百姓操劳的头颅，沉重地垂在床边。海瑞死的时候，身边竟没有一个人，凄凉极了。

"老爷！老爷！王大人看你来了！"海安拖着哭腔，急匆匆走进海瑞的卧室。王用听说海瑞家人唤他，便跟着海安来到海府。他前脚刚进海府，随后就听到海安揪人肺腑的哭声。

王用快步走到海瑞的床边，只见海瑞的眼睛已经闭上了。王用伸出手在海瑞鼻前试试气息，方知这位万民称赞的清官已经仙逝。王用双膝跪地，拉着海瑞的手，哀痛地哭道："海都堂啊海都堂，你怎么没给为弟留下一句话，就这么撒手西去了哇！"

人死如灯灭，好比汤泼雪。海瑞的两位侍妾，听到老爷仙逝的消息，急忙赶到海瑞床前，哭得死去活来。

"人死难以复生啊！"王用劝慰海安道，"海安，你我还是赶快把海都堂的遗体装殓一下吧，各衙门的官员得知消息，都会很快来吊唁的。"

家人海安含着泪取掉垫在海瑞身后的棉被和枕头，把海瑞的遗体放平放正，又拿出一幅白布，盖在海瑞的遗体上。

王用这才回过头来，环视一眼海瑞这位令朝廷上下贪官污吏胆战心惊的清廉之臣的居室。这是坐北朝南的三间瓦房：东边的一间，是海瑞的书房，也是办理公务之处，墙上挂着几幅海瑞喜欢的字画；中间是海瑞的会客室，摆着一张方桌和几把藤椅；西边便是海瑞的寝室，床上挂的蚊帐和铺的芦席，都是布满补丁的旧物品。王用在心里暗想，一个为朝廷立下汗马功劳的四品官，居住的地方竟是这般简陋，真是清廉之至啊。

这时，吏部尚书李世达听到海瑞去世的消息，带着几位御史，来到海瑞家中。海安身着白衫，跪在门口，拜迎客人。原本这件事应该由死者的长子承担，由于海瑞没有子嗣，便由海安来尽孝子之责了。

李尚书来到海瑞床前，海安为他揭去盖在海瑞身上的白布单。躺在床上的海瑞紧闭双眼，面色安详，仿佛沉沉地睡着了。让海安诧异的是海瑞的脸色竟不像病中那般蜡黄，没有多少倦色，隐隐露出多日难见的古铜之色。李尚书看过海瑞的遗体，然后又拉过白布轻轻盖上，转身向王用问道："王大人，海都堂何时升天，他的遗物可曾清点？"

王用答道："海都堂升天的时候，身边没有一人守着。据卑职和家人推测，可能正是午时。我们忙于收殓遗体，遗物还没来得及清理。"

李世达想了想，说："今日是十月十六日，这是个不平常的日子，我们都记着它吧！"又问，"海都堂病危之时，对他的后事有何嘱咐？"

海安揉揉哭红的眼睛，答道："老爷临终之时对他的后事没有任何考虑，他只吩咐我去请御史大人，想必是有政事交代，没想到我们回来就……"说到这里，海安哽咽难言。

随后，当着李尚书和王御史的面，大家开始清点海瑞的遗物。清贫一生的海瑞，身后的遗物实在是太简单了。海安清来点去，只有十几两俸银，几件破旧的官袍和便服，几双破布靴，再就是几匹绫绸葛。海瑞所有的家当，连一个当时的贫士都不如。看到这些，在场的几位官员都忍不住哭出声来。

单凭这十几两银子，操办一位四品官的葬礼显然不够。怎么办呢？

王用说："海都堂一生清贫，后事竟如此凄惨，我们不能坐视不管。卑职愿捐俸银二十两，为都堂大人料理后事。"

听了王用的话，在场的官员纷纷解囊，你捐十两，他捐八两，筹备着海瑞的丧事。每接受一位官员的捐赠，海安和两位侍妾都重重地给人家跪谢叩礼。

送葬的那天，礼部右侍郎沈鲤代表朝廷参加海瑞的葬礼。沈鲤在出殡前宣读了朝廷的赐谕。朝廷谥海瑞"忠介"之誉，赠"太子少保"之衔。赐谕上说的非常好听，连海瑞一生的方方面面都说到了，可谓"盖棺论定"。老百姓听了心里不服：既然海大人的功劳可比汉之汲黯，宋之包拯，那为什么当初朝廷要御批海大人"罢官闲居"呢。

沈鲤读完赐谕，各衙门的官员分别吊唁，接着是广东的同乡诸官，大家在海瑞的灵柩前，长跪不起，痛哭失声。

午时，出殡的队伍走出南京城。

南京城的市民自动停业一天，给他们敬慕的海青天送行。家家户户的门前，摆着酒菜饭食，哀痛之声不绝于耳。乡下的村民，纷纷赶到城里，为海瑞送丧。

一幅宽五尺，长三丈的巨幅白布挽幛，上面写着："南京都察院右都御史谥忠介赠太子少保海瑞之灵。"

海瑞的灵柩从南京城被三十六位身着白衣白帽的差役缓缓抬出，沿途哭声不绝于耳，哀乐震天。

天空，一只孤雁凄厉地哀鸣着，向南飞去……

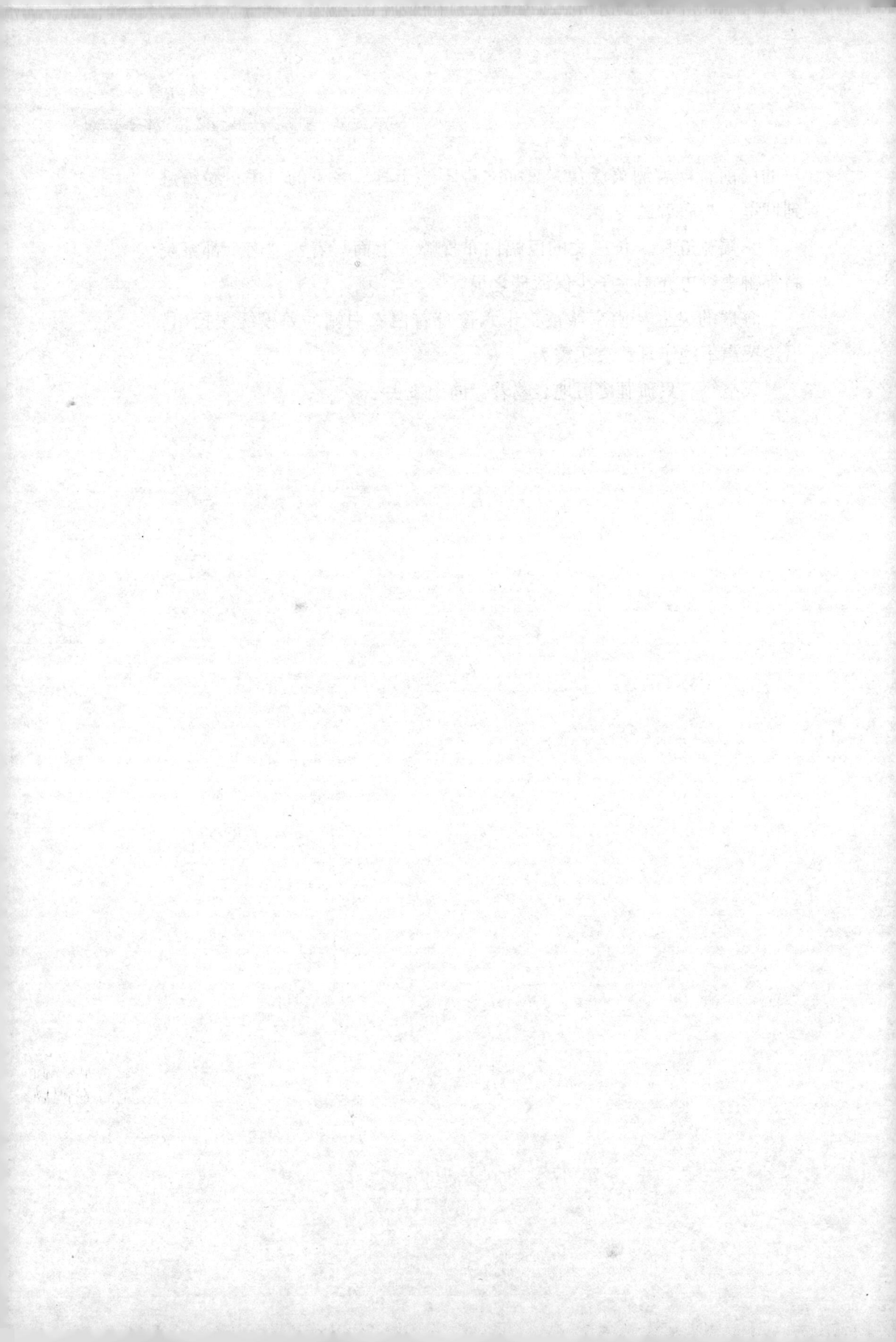

第十章

放眼世界
——民族英雄林则徐

林则徐，字元抚，又字少穆、石麟，晚号俟村老人、瓶泉居士等，福建省侯官人。是中国清朝后期政治家、思想家和诗人；官至一品，曾任湖广总督、陕甘总督和云贵总督，两次受命为钦差大臣；鸦片战争时期林则徐主张严禁鸦片、抵抗西方资本主义侵略，坚持维护中国主权和民族利益，缴获和焚毁大批鸦片，并粉碎了英国侵略者的多次武装挑衅，表现了伟大的爱国主义精神。史学界称林则徐为近代中国"开眼看世界的第一人"。

励志勤学，跻身官场

公元 1785 年 8 月 30 日（清乾隆五十年）子夜，我国近代史上伟大的爱国者林则徐诞生了。林则徐出生时，新任福建巡抚的徐嗣曾恰好鸣锣打轿从他家门前经过。他的父亲林宾日觉得这是个极好的兆头，于是给孩子取名则徐，希望孩子日后能像徐嗣曾一样成为朝廷的显贵。

林则徐出生在福建侯官县（今福州市）一个下层知识分子家庭。他的父亲是位多次参加科考却屡试不中的老书生。其母陈帙，是闽中宿儒陈时庵的女儿。

林则徐小时候，家庭生活比较清苦。传说，林家每到过年除夕之夜，才难得地吃上一餐素炒豆腐。也只是到这天晚上，挂在壁上的油灯才有两根灯芯。为了读书，他每次都要典当衣服来买书。有一段时间，他还在闽县衙门内兼做知县房某的抄写员，来赚取读书的费用。当时就有人劝林则徐的父亲林宾日，让林则徐改业，具有读书仕进观念的林宾日，当然没有采纳，林则徐刚刚懂事，看见母亲和姐妹们忙于做活，"往往漏尽鸡号，尚未假寐"，深感不安。"请代执劳苦，或推让饮食"。和林宾日一般见识的林则徐的母亲陈帙，当然不会同意，反而正色地说："男儿务为大者、远者，岂以是琐琐为孝耶？读书显扬，始不负吾苦心矣。"破落中小地主出身的下层封建知识分子，恪守孔孟之教，轻视体力劳动，认定最高贵的道路是学习好了高中皇榜来登上仕途。这种具有二千年传统的封建思想意识，经过林宾日夫妇的言传身教，不能不给林则徐的早年思想，深深地打下地主阶级的烙印。

然而，由于自己有过困苦的经历，林宾日夫妇思想里还有同情下层人民痛苦，不满官僚地主巧取豪夺、贪污中饱的一面。给林则徐留

下深刻印象的有下面几件事：

一、救济亲友和穷人。林则徐儿时，就亲眼看到父亲把米送给困穷如洗的三伯父林天策，自己和母亲忍饥挨饿，还告诉他说："你伯父来，不能说你们没吃。"

二、不徇私枉法，不收贿赂。有一次，一个土豪想用重金贿买林宾日，为其保送文童，他拒绝了。又有一次，"里中有豪猾者，欲延府君课子，不惜厚聘。府君疾其衰行，坚却之"。

三、不满官场贪污腐败。林则徐 10 岁那年，闽浙总督伍拉纳、福建巡抚浦霖、按察使钱士椿等贪赃枉法事泄，被革职拿办，成为轰动全国的一大丑闻。在此前后，林宾日每次教书回家，和妻子怒形于色地谈论。

父母的一言一行，不知不觉地感染着林则徐幼小的心灵，起着潜移默化的作用。

林则徐后来在官场上注意了解民间疾苦，作风正派、刚直，保持着不屑与贪官污吏为伍的某些锐气，都不是偶然的。

林则徐在鳌峰书院求学 7 年，一直到 1804 年 20 岁时中举为止。当时的鳌峰书院是福建的最高学府，主持书院的山长郑光策，是一个进士出身、"有心用世"的封建士大夫。他为人正直，愤于吏治腐败；他讲求"明礼达用之学"，鼓励学生立定志向，有目的地读书。所以鳌峰书院的教课，不仅有制义诗赋，还注意到经世之学，"一课制举艺，一课古文论志，考辨诸体，期学者力经史之学"。

林则徐在鳌峰书院 7 年的学习中，博览各种古籍，潜心研读经史，写下大量读书心得笔记，为他日后从政打下了扎实的基础。从他早年的《云左山房杂录》读书札记中可以看出，他当时的研读范围十分广泛，涉猎诸多方面，有儒家经典以及朱熹、陆九渊、王阳明等人之作，也有《老子》《韩非子》《庄子》等著作；还有《史记》《汉书》等史籍，以及历代诗文集、笔记、佛经、医书及书法碑帖，等等，儒、法、道、佛，兼收并蓄。他还在札记中写有不少警句，如"博闻为馈贫之粮，贯一为拯乱之药"，"勿苟且雷同，勿偏执臆见"，"崇实行而不事虚名，秉公衷而不持偏见"，反映了他努力追求知识，独立思考问题，崇尚言行一致的精神。尤以"岂为功名始读书"一句，更见林则徐确已遵循师长的教诲，"以立志为先"，树立经史致用之志了。

青少年时代的林则徐，对我国历史上著名的政治家、军事家、文学家，如诸葛亮、李白、杜甫，白居易、柳宗元、李纲、岳飞、文天祥、于谦等人，深感敬佩。南宋抗金英雄李纲是福建人，祠墓均在福州。林则徐对他的事迹更为熟悉，时常和朋友们谈论他的悲壮故事，并与学友一道，经常去李纲祠墓凭吊，赋诗抒发爱国情怀。后来在22岁那年，还和学友们发起修葺李纲墓地。他喜爱白居易诗的风格，用心模仿，后人说他"诗宗白傅"。

早年的读书生涯，是林则徐从幼稚走向成熟的一个重要阶段。父母师长的教诲，书院学风的熏陶，使林则徐从小养成善读有关民生利病之书，不断吸取古代封建文化中的思想观念，树立救时济世志向的良好道德品质。

1804年秋，林则徐中举，在揭晓举行鹿鸣宴的那天，他和福州朱紫坊名儒郑大谟十六岁的女儿郑淑卿结了婚。夫妻情深，终身不渝。

1805年初，林则徐束装就道，第一次离开故乡赶往北京参加会试。一路上游历名山大川，陶冶情操；寻访民情风俗，开阔了眼界。会试结果，名落孙山。为了谋生，他和父亲一样，当了私塾先生。不久，他接受厦门海防同知房永清的聘请，担任书记。于是，林则徐前往厦门，从此走上了一条新的生活道路。厦门海防同知是"管理海口商舨、洋船出入收税、台运米粮、监放粮饷，听断地方词讼"的官吏。林则徐办事认真，一丝不苟，受到上司的器重。福建巡抚张师诚见了林则徐办的公文，非常欣赏，立即将他招入幕府，司笔札。张师诚，乾隆时曾任内阁中书、军机章京、吏部主事，嘉庆时外放，历任府、道按察使、布政使及巡抚等职，是一个老成练达的封建官吏。林则徐在他的幕府中前后四年多，学到了有关吏治兵刑等典章制度和实际的政治权术，为日后林则徐成为统治集团一名出色的成员奠定了基础。林则徐非常感激张师诚的提拔与栽培。1821 年，林则徐为张师诚六十寿辰所写的贺诞文中充分表达了这份深厚的感情，其中"而乃下车伊始，侧席为招"句即指这种非同一般的遇合而言。正由于有这种感情，林则徐对张师诚一直是以师礼相事的。

1809 年，林则徐第二次参加会试，仍没有成功。同年 7 月回到福州，仍入张师诚幕府。1810 年 11 月，张师诚赴京觐见，特地带林则徐一同北上。1811 年春，林则徐第三次参加会试，榜列第七十四名，复试一等，殿试二甲第四名，朝考第五名，赐进士出身，选翰林院庶吉士，自此跻身于官场。

廉政律己，兴修水利

林则徐入翰林院庶常馆后，就被"派习国书"，学习满文。他对习清书感到苦恼，写信对张师诚说："学满文"已起炉灶，工既什佰，费更浩繁，习此者无不畏难，而则徐尤多棘手……以钝根人学新样枝，其势定难见功，将来散馆一关，深堪惴惴！"1814 年 5 月散馆，他与吴慈鹤以满汉书同试，名列第一，授为编修。8 月充国史馆协修。第二年改任撰文官、上书房行走。

嘉庆时期，北京的官僚、士大夫之间唱酬蔚然成风。林则徐参加了同僚们组织的宣南诗社，应邀和诗友们畅谈经纶，饮酒赋诗，给他留下了愉快的回忆。

> 宦游我忆长安乐，听雨铜街梦如昨。
> 朝参初罢散鹓鸾，胜侣相携狎猿鹤。
> 清时易得休沐服，诗人例有琴尊约。

金貂换取玉壶春，斗韵分曹劈云膜。

在灯红酒绿的京华，林则徐的俸银仅二百两，不够应酬，需要林则徐弄文舞墨来贴补用度。慢慢地林则徐对奢华的应酬越来越感到厌烦，因此他对庸俗的应酬谢绝前往，然后抓紧时间"力学而潜修。"对于京畿一带大旱大饥问题，他广泛收集了元明以来几十位官员有关兴修畿辅水利的奏疏和著述，查阅内阁藏的清代档案文件，认真思考前人提出的在京畿附近兴修水利、种植水稻的意见，写成了《北直水利书》，认为直隶"水性宜稻，有水皆可成田"，如果种植水稻可以满足京师对粮食的需要。

这期间，林则徐曾经两度奉命出京，充任地方乡试考官。1816 年 9 月，林则徐到南昌充江西乡试副主考官。1819 年 9 月，林则徐在云南主持乡试，任正考官，他严格依照八股取士选拔"文理优长"的"真才"，令当地士人"感悦奋发"，称赞"自庄启域、汉武置郡以来，未有如今日之盛也"，因此林则徐博得了"公正清廉"的名声。

1820 年 3 月，林则徐出任江南道监察御史。他揭示了河南巡抚琦善督修河工的种种弊端，建议朝廷查封料贩囤积居奇的河工材料，平价收购，以供河工之需，嘉庆皇帝采纳了他的意见。5 月 10 日，林则徐在京察中名列一等，记名以道府用。6 月，林则徐实授浙江杭嘉湖兵备道。从此，他离开了生活七年之久的北京，开始了担任地方官的政治生涯。

1820 年 8 月，林则徐到达杭州就任杭嘉湖道。在任上，林则徐大兴水利、督修海塘、整顿盐务，镇压了湖州人民的抗粮斗争。又雷厉风行，大禁花赌，快速拿获案犯多人，当时"有道役在场包庇"，林则徐当即把他们革职惩办，为了表示自己不与他们为伍，林则徐赋诗明志："呜呼利禄徒，字泯何少恩。所习及脂韦，所志在饱温。色厉实内荏，骄昼而气昏。岂其少才智，适以资攀援。模棱计滋巧，刀笔文滋繁。峻或过申商，滑乃逾衍髡。牧羊既使虎，吓鼠徒惊鹓……但当保涓洁，弗逐流波奔。"

　　林则徐的刚直不阿与对胥吏恶棍的惩戒，犹如一块小石投进污泥，引起同僚之间的嫉妒和排挤。他感到失望、压抑、沮丧，深感除弊不易，雄图难展，于是趁父亲生病之机，挂官封印而去。

　　林则徐回到福州，他父亲的病情已然好转。他本想弃官之后，不再出仕，无奈拗不过父母的催促，于 1822 年 5 月由闽抵京，觐见了新皇帝道光，道光非常嘉奖他，对他说："你在浙省虽为日未久，而官声颇好，办事没有毛病，朕早有所闻。"并降旨仍发浙江以道员用，遇缺即补，打破了外官病愈起复人员应在吏部投供坐补原缺的惯例。林则徐感念殊遇，决心察吏安民，忠君报国。

　　1822 年 7 月，林则徐由京抵杭州。在听候补用期间，他拜谒了坐落西湖三台山麓的于谦祠墓，他看到于谦祠墓半朽半圮，非常痛心，便发起捐廉重修，作了《重修于忠肃公祠墓记》。

　　同年 10 月，林则徐任浙江盐运使，制定了盐场官制、裁盐政养廉、革掣规供应灶课由场征解、销引先正后余、枭私商私并禁等十条措施。1823 年 2 月，接任江苏淮海道。半个月后，又升任江苏按察使。

　　按察使即主持一省司法刑政的官吏。林则徐上任后，亲自断案，四个月内，将积压的三十多件京控案件处理了十分之九，并打击了武断乡曲的劣绅和玩弄讼词的讼棍，使"讼师鬼蜮伎俩，穷于所施"，"以冀此风稍息"，又约束司书，防止串谋作弊。这些措施受到了百姓的欢迎，人们赞颂他是治狱严明的"林青天"。

　　此外，林则徐在主持赈务方面，有着卓越的成绩。1823 年夏天，江苏连降大雨，江水暴涨，三十多个州县遭灾，堤圩皆溃，田禾荡然。饥饿难耐的松江灾民包围官府，要求减租，发放赈米。江苏巡抚韩文绮闻讯，连夜调兵，准备武力驱散饥民。林则徐竭力劝阻，并亲往松江安抚灾民，终于平息了一场即将爆发的"民变"，从此，林则徐的名声在江苏更响了。

　　1824 年 1 月，林则徐接署江宁布政使，负责办理全省灾赈事务。当时江苏灾情严重，地主、奸商借机囤粮居奇，致使斗米涨至六七百文。灾民成群结队吃大户，开展反抗斗争。林则徐面对严峻形势，一面下令禁止灾民借荒"滋扰",要他们"各宜安静本分,以待春熟,不可骚扰大户,吵闹店铺,不可随从'流匪',轻去本乡",并下令各州县:"见有成群结队'匪徒',立将为首勾结之犯,先插耳箭,游示通衢,再行按律惩办,余人分别枷责驱逐。"一面又采取强硬措施,"劝谕"官吏、地主捐赈。当林则徐得知户部尚书潘世恩家中囤米万余石后,立即请他开仓发米济民,潘世恩说:"我家的粮仓是空的。"林则徐接道:"你家的粮仓是空的,我们借用以贮米。"于是打开粮仓门,散仓以济民。另外,他还采取免征关税的办法,招徕川、湖的米商,以增加粮食来源,防止奸商乘机哄抬米价。对受灾农民,一面放赈救济,一面引导他们抢种补种生产自救,并采取资送、留养、收孩棺、捐衣、养佃、当牛、借种籽等措施,办理善后,这些措施都取得了较好的效果。据记载,尽管江苏灾情比较严重,然而江南、江北之间,"群而熙熙,曾不知腹中之饥"。灾民感激地说:"林使君之德,生活我也。"这一年,林则徐恰好四十岁。江南官绅、门生在他四十初度之际,作诗称赞他,其中一首是:

> 一疏无惭谏议巨,绣衣来荫五湖宾。
> 波恬河海舟能济,草鞠圜扉牍不尘。
> 平籴顿藉鸿集野,深耕仍听犊呼春。
> 恩威沧挟江南北,妇孺欢防寿者仁。

在颟顸腐败的清朝官场上,林则徐能得到万民赞誉,难能可贵。

1823 年 12 月,道光皇帝两次召见林则徐,以表嘉奖勉励。当江、浙两省官绅一致举荐他总办两省七府水利时,立即得到道光帝的认可,并说:"目前能让朕派去督办水利的,除了你还有谁能担当此任呢?"正当他奉旨专办水利,准备前往之时,他的母亲病逝了,林则徐只好改换行程,回家奔丧。

1824 年 12 月 30 日,洪泽湖堤坝溃决,十余州县被淹,与洪泽湖相连的淮河水位因而下降,影响了漕运。清政府为之震动。道光帝革除南河河道总督张文浩官职，遣戍新疆，两江总督孙玉庭革职留任，特旨起用在家居丧守制的林则徐前往南河督修河工。依照制度，汉人官员丧父丧母，都必须守制三年才能复官，守制未满而出仕官职叫"夺情"，非特殊情况，"夺情"起用是很少有的，由此可见林则徐治水才能和朝廷对他的倚重。

林则徐接到"夺情"起用的谕令后，身着素服，不用顶戴，赶往清江浦。他到了工地，即于工地设寓，逐段验勘，随地栖止。他天天外出查工，下雨天亦是素服徒步于泥泞中，修堤百姓竟不知他是一位三品大官。秋天，河堤竣工了，林则徐也由于劳累过度，旧疾复发，于10月得到道光帝的批准后，回到福州养病，继续守制。

林则徐祠堂

1826年6月，林则徐在家领旨，以三品卿衔署两淮盐政。他以"病疾日久，身体软弱，不克支持，一时实难就道"为由呈辞。直到1827年3月，守孝三年届满，才携妻带子进京。不久，他被任命为陕西按察使兼署布政使。刚到西安，就立即升任江宁布政使。

于是他忙派人回福州去接父亲团聚。过去，林父一直没有答应林则徐的多次迎养要求，这次同意了，但不幸的是11月15日，七十九岁的林宾日在赴南京途中，于浙江衢州病故。林则徐得到讣告，星夜奔丧，扶父柩返回福州，守制丁忧三年。

1830年5月，林则徐守制期满，再次进京，在北京逗留了三个多月。这期间他和翰林院编修黄爵滋、张维屏、徐松、龚自珍、魏源等人来往甚多，并建立了深厚的友谊。龚自珍的父亲龚丽正，是林则徐的老朋友，1822年，他们同路进京，同日引见和召对，又同日南下，相处非常默契。魏源的父亲魏邦鲁，曾为林则徐的僚属，得到过林的赞赏。龚自珍和魏源虽然皆为林则徐的晚辈，但在改革弊政、铲除烟祸等问题上，他们始终是相互契合的战友。

同年 8 月，林则徐补湖北布政使。次年 1 月，调河南布政使。8 月，又调江宁布政使。11 月，擢东河河道总督。三个月后又调江苏巡抚。总计林则徐从丁忧服阙再出之后，不到两年时间，从布政使升为封疆大吏。的确是仕途通达，青云直上。由于升迁的频繁，他每到一地就任，时间都很短暂，可是他都能给朝廷、同僚、百姓留下良好的印象。道光帝隆宠他："他官皆当如是……若是者鲜矣。"同僚称赞他："为政若作真书，绵密无间，爱民如保赤子，体贴入微。"这一切都表现出了林则徐清廉、正直、勤劳、认真的优良品格以及他卓越的政治才能。

革除积弊，禁烟之始

1832 年 7 月，林则徐接任江苏巡抚。

林则徐上任后所做的首件大事，就是下令驱逐窜泊上海吴淞口外的胡夏米间谍船。胡夏米是广东英国鸦片贩子对华航线船舶投资人兼英国国内货物经销商人的化名，当时在广州东印度公司商馆里任职员，他依据东印度公司的指示，以"船主"身份，乘坐"阿美士德"号，于 1832 年 2 月，由澳门出发北上，途经厦门、福州、镇海、宁波等地，侦察和收集中国沿海的政治、经济、军事情报，为英国大举侵华做准备。6 月 20 日，胡夏米船窜泊吴淞口外的羊山洋。林则徐命令苏杭镇总兵、署江南提督关天培等人，把胡夏米船驱逐出境。

驱逐胡夏米船事件，是林则徐首次经手办理的"夷务"，这一事件，和林则徐一生最大的事业——禁烟抗英有密切的联系。后来，英国发动鸦片战争的作战方案，它的蓝本便是胡夏米根据此次侦察的结果，于 1835 年 7 月向外交大臣帕麦斯顿提供的，但在当时林则徐还不了解当时的世界局势，他无法得知胡夏米等人的侵略意图。不过他从禁止鸦片烟土等违禁物品非法贸易的立场去驱逐胡夏米船，无疑是正确的。

林则徐任江苏巡抚时，两江总督是陶澍。陶澍比林则徐早九年中进士，两人在翰林院相识后，志同道合，主张经世致用，对于有关国计民生的水利、漕运、盐务等事业，均做过深入的探讨。现在同在江苏共事，督抚之间，关系非常融洽。

1833年4月，林则徐与陶澍合奏，主张严禁鸦片，自铸银币，解决银贵钱贱问题。清政府的财政收支例如地丁、盐课、关税、粮项等税款，上缴时都以银块熔成银锭。可是铜钱又是法定的货币，人民一般使用铜钱，缴纳税赋可按银、钱之间的比价，以铜钱交付，再由收纳机关兑换白银上缴。清中叶后，由于输入的鸦片激增，中国白银在道光帝在位的前20年里外流达一亿两以上，占当时流通白银的五分之一。白银大量外流，以致银价上涨，钱价剧落，造成了金融混乱，影响了社会生产力的发展。为了解除这一危机，清政府所采取的对策是查禁官银出洋。林则徐则更进一步，他建议朝廷严禁鸦片和自铸银币。在我国历史上还未铸造过流通的银币，林则徐则是首次向朝廷提出这一主张的人。道光帝从维护传统政策出发，否定了林则徐的建议，申斥他"太变成法，不成事体"。不过，林则徐还是大胆地试铸了，由于技术问题，外观不如洋钱，无法抵制洋钱，便废而不行。这次实践尽管未能成功，但它是中国近代币制改革运动的先声，直到1888年，我国才开始自铸银币，由此证明改革是多么困难。

林则徐意识到鸦片大量进口，是造成我国白银外流、国穷民困的重要原因，他向朝廷提出了查禁鸦片的建议，并忠实地执行朝廷的禁烟法令，认真访查，力拿严惩。他采用"熬审"的方法，对吸食鸦片犯人进行审讯，又采集戒烟良方十余种，向民间推广，供鸦片吸食者服用除瘾，并严令不许种植、贩售和买食鸦片，由于措施得力，取得了显著的成绩。

林则徐上任不久，江苏遭受严重的旱灾和水灾。徐州一带大雨滂沱，黄河水涨，陈端等劣绅决开黄河大堤，导水洪泽湖中，旦夕之间，淮扬一带一片汪洋，人为鱼鳖。奸民盗决黄河的消息传到北京，道光帝火速饬令林则徐限期捕获决口案犯，由于首犯陈端逾限未捕，林则徐受到降五级留任的处分。

随后，林则徐接手处理焦头烂额的漕赋。漕赋是清朝田赋的一种，征纳白米，由水路从江南转运至北京。江苏的漕务比其他省繁重，仅苏、松、常、镇四府和太仓一州，就比浙江省的漕粮多一倍，较江西多三倍，更在湖广的十倍以上。因此，在江苏遭受水旱灾的情况下，林则徐上书道光帝，请求缓征漕赋。林则徐的请求，受到了爱财如命的道光皇帝的诘责，说江苏近年"无岁不缓，无所不赈，国家经费有常，岂容以展缓旷典，年复一年，视为相沿成例"。

林则徐非常重视农田水利的发展和建设，他曾排除种种阻力，试种优种旱稻，并改进农业技术，提倡深耕细作。他尤其注意水利建设，说水利是农业的根本，只有搞好水利建设，生产才能有保证。在1834至1836年间，他在江苏大办水利工程，先后疏浚白茆河、刘河和练湖，兴建苏州、松江以及苏北淮安等处水利工程，同时又在宝山、华亭等县临海一带修建了海塘。这些水利工程的建设，在一定程度上促进了江南农业生产的发展。

林则徐改革弊政的另一项重大举措，就是整顿盐务。1836年，林则徐两度署理两江总督兼两淮盐政。清政府对食盐实行"纲盐"制度，就是政府给了"纲商"购销垄断权，划分产盐区的垄断销盐范围，并规定盐课，由专管盐政的机构和官员管理。清中叶以后，盐政日渐腐败。官盐价高滞销，盐枭大量走私私盐，造成私盐充斥的局面。盐课收入日减，每年亏缺数以千万计。所以盐务的整顿，是道光朝财政方面一项十分迫切的任务。两江总督陶澍曾于1832年在淮北推行盐票制度，废除了"纲盐"方法，允许商人自由领票，先纳盐课，自由运销。它在淮北实行后，效果很好。林则徐署理两淮盐政后，继续推行盐票制度，既挽救了清廷盐课的拮据，又活跃了商业资本，对人民生活非常有利。

1837 年 1 月，林则徐入京觐见皇帝，不久，升任湖广总督，统辖湖北、湖南军政大务。在湖广总督任上，林则徐的突出政绩是雷厉风行地实行禁烟。

鸦片，又名阿芙蓉，俗称大烟，原产南欧和小亚细亚，是一种具有剧烈麻醉性的毒品，久吸上瘾，导致人身体衰弱，精力耗尽。十五世纪后，鸦片作为吸食毒品渐入广东、福建，并向内地蔓延。到了十九世纪，吸食鸦片的人迅速增多，不仅皇室亲贵、官僚缙绅嗜好，甚至连普通百姓也吸食上瘾。在鸦片战争前四十年，英国走私入境的鸦片多达三十五万箱，从中国掠走三亿多两白银。平均每年流出白银七百万两，相当于清政府年收入的十分之一。鸦片不只吸蚀了中国人民的血汗钱，还毒害了人民的身体健康。

当时，清政府高层官员们在对待鸦片的问题上，大致可以分成二派，就是强烈主张禁烟的严禁派和反对禁烟的弛禁派。严禁派的代表人物除林则徐外，还有鸿胪寺卿黄爵滋、内阁学士兼礼部侍郎朱樽、兵科给事中许球等人。弛禁派的头子是首席军机大臣穆彰阿，代表人物有直隶总督琦善、盛京将军耆英、两江总督伊里布等人。

作为最高的封建统治者——道光皇帝，他对鸦片的态度徘徊于严禁与弛禁之间。1835 年 6 月，鸿胪寺卿黄爵滋又奏请禁烟，道光帝下令各省督抚各抒己见。林则徐在对朝廷的复奏中，完全支持黄爵滋的主张，严正地指出："鸦片流毒于中国，纹银潜耗于外洋，凡在臣工，谁不切齿……今鸦片之贻害于内地，如病人经络之间久为外邪缠扰，常药既不足以胜病，则攻破之峻剂，亦有时不能不用也。"为此，他提出六条禁烟建议：一、责成州县尽缴烟具。二、给予一定期限，劝令吸食者自新。三、重惩烟贩、开馆和制造烟具者。四、对失察官吏给予处分。五、收查烟土、烟具。六、审断吸食者，就是对烟犯进行审讯，察验是否吸食，以防蒙混。10 月初，林则徐又给道光皇帝上奏，指出："鸦片流毒全国，危害极大，应当严加禁绝，若不引起足够的重视，那么，几十年后中原不仅无御敌之兵，且无充饷之银。"言辞恳切，掷地有声，大大地震撼了道光帝，于是道光帝下令严禁鸦片。

林则徐在给皇帝上奏折力主禁烟的同时，在两湖雷厉风行地开展禁烟运动。他和湖南巡抚陈宝琛，湖北巡抚、布政使张岳崧相商，饬属先访开馆、兴贩之人，严缉务获，一面发布禁烟告示，研制断瘾药丸，剀切禁戒吸食；在武昌及汉口等处设局，收缴烟枪、烟斗及一切器具、余烟。汉阳县知县郭觐辰率先执行林则徐的命令，在短短二个月内，拿获和收缴烟土烟膏一千二百余两，汉阳、江夏两县收缴烟枪一千二百六十四杆。8 月 27 日，林将收缴的烟枪，先用刀劈碎，随后用火烧，当众焚毁，然后将灰投入江心。10 月 27 日，林则徐又将收缴的烟枪一千七百五十四杆，锤碎焚毁。对营兵中有吸食者，除将该兵丁革退重办外，还将该营官、千总、把总一道斥革严惩，同时向民间推广除瘾良方，不少吸食者戒除了恶习，获得了新生。林则徐外出巡视时，经常有着民妇女在路旁叩头称谢，云"其夫男久患烟瘾，今幸服药断绝，身体渐强"。严厉的禁烟措施，使许多形容枯槁、似鬼非人的鸦片吸食者得到了新生。随后，其他各地也收缴了许多烟土烟枪。林则徐禁烟的初步成绩，一时也使道光帝增强了禁烟的勇气和决心。

1838 年 11 月 26 日，林则徐进京觐见。从即日起，道光帝接连在八天内召见林则徐八次，商讨禁烟大计，并恩准他在紫禁城内骑马。道光帝如此隆信，乃清朝开国以来没有之旷典。是月 31 日，道光皇帝下诏："湖广总督兼兵部尚书衔林则徐着颁给钦差大臣关防，驰驿前往广东，查办海口事件，所有该省水师兼归节制，钦此。"自此，林则徐开始了他一生最光辉的抗英禁烟事业，在中国和世界的反侵略斗争史上，写下了不朽的篇章。

虎门销烟，名动中外

1839 年 1 月 8 日，受命为钦差大臣的林则徐，带着赴汤蹈火和置祸福荣辱于度外的决心和气魄，离京南下。离京前夕，他去拜别座师沈维鐈。沈维鐈很担忧他的前程。彻底禁烟，将会遇到多么大的阻力和艰险啊，可是为了国家，为了民族，他早已把个人的成败利钝置于不顾。他向老师表示："死生命也，成败天也，苟利社稷，不敢竭股肱以为门墙辱！"

林则徐的挚友，时任礼部主客司主事的龚自珍，在林则徐临行前，赠给他一篇《送钦差大臣侯官林公序》，热忱地期待林则徐禁烟取得成功。他还希望能随林则徐南下效劳。林则徐为龚自珍的真挚友情所感动，他回信表示："归墟一义，足坚我心，虽不才，曷敢不勉！"他不忍友人面对汤火之役，委婉地劝阻龚自珍和他一起南下。

1月8日，肩负重任的林则徐在北风怒号、冰寒刺骨的冬季，离京南下。他仅带几名随行人员，并发出信牌："不许在各驿站索取丝毫，该州县亦不必另雇轿夫迎接。"他取道河北、山东、安徽、江西，直奔广州。栉风沐雨，日夜兼程。3月初，林则徐到达江西泰和，他随即下了一道密令给广东的布政使和按察使，责令他们按照开列的名单立即逮捕六十一名勾结英商的烟贩。两广总督邓廷桢接令后，立即派兵丁逐户搜查，先后捉获吸毒贩毒人犯两千多名，并对烟贩冯安刚执行绞刑。英国大鸦片贩子查顿十几年来一直在广州走私鸦片，他为人奸滑，无孔不入，绰号"铁头老鼠"。查顿见广东大张旗鼓捉拿烟贩，心有余悸地说："如今已看不见一支烟枪，一个鸦片零售商了。"他见势不妙，卷起铺盖，逃之夭夭。而另一大鸦片贩子颠地则徘徊广州和澳门之间，静观局势。不久，英、美鸦片趸船二十二只，为了暂避锋芒，也从零丁洋开到丫洲洋停泊。

3月10日，黑须长髯、表情严肃的林则徐抵达广州，马上投入禁烟运动。两广总督邓廷桢，表示愿和林则徐"协心同力，除大国大患之源"。次日林则徐下令在钦差行辕——越华书院门口，悬挂两张告示，宣布"所有随从人等，不许擅离左右，其派在行辕之书吏，即于公馆内给予衣食，不准借端出入"。同时，他亲书一副对联"海纳百川，有容乃大；壁立千仞，无欲则刚"，悬挂于行辕内，表明自己禁烟的决心。

3 月 18 日，即林则徐到达广州后的第八天，他在钦差行辕里，传见十三行洋商。

十三行洋商，是清政府指定的垄断对外贸易的官商。其中怡和行行首伍绍荣是总商。这些洋商，向来暗中帮助外商贩卖鸦片，走漏白银，从中牟取暴利。林则徐愤怒地斥责他们的罪行，要他们"立即逐一据实供明，以凭按律核办"，伍绍荣企图行贿过关，提出"愿以家资报效"，林则徐大怒道："你们走私鸦片是骗人钱财，害人性命，人心共愤，天理难容，本大臣不要钱，只要你的脑袋。"他命令外商在三天之内将所存鸦片全部缴出，听候处理。而且还需出具甘结，保证以后来船永不夹带鸦片，如果再带进鸦片，一经查获，货尽没收，人即正法。林则除郑重宣布："若鸦片一日未绝，本大臣一日不回，誓与此事相始终，断无中止之理!"

21 日，缴烟具结的期限已到，外商上缴一千零三十一箱鸦片以图蒙混过关。英国老毒贩颠地，不仅自己不肯全部缴出，还阻挠别人缴烟，行为尤为恶劣。林则徐毫不手软，立即传讯颠地。颠地在惊慌之余，在英国商务监督义律的庇护下，连夜逃跑，中途却被愤怒的群众发现，抓了回来。义律恼羞成怒，竟在珠江口外部署一艘英国军舰，公开进行战争恐吓。这个狂妄的侵略分子，张牙舞爪地向英国鸦片贩子煽动说："我要和你们在一起，直到我最后的一息。感谢上帝，我们有一艘英国军舰在外边，并且由一英国军官指挥。"

林则徐不惧威胁，果断地下令停止对外商的一切贸易，所有停泊在黄埔港的外国商船先行封舱，不准装卸货物；遣退受外商雇用的中国船工；派兵严守商馆，水师炮舰巡戈沿海等等。同时，林则徐还起草了一份告示，贴在义律住所的门口，督促外商速缴烟土。告示严正声讨外国烟贩走私鸦片，"是谋财害命，况所谋所害何止一人一家?"指出："今后中国不特卖鸦片者要死，吸鸦片者也要死……岂内地之人该死，而尔等独不该死乎?"最后警告说："尔等售卖鸦片，贻害民生，正人君子，莫不痛心疾首……即闾里小民，亦多抱不平之气。众怒难犯，甚可虑也。"在这种情况下，义律无计可施，被迫宣布："以不列颠女王陛下政府的名义并代表政府，责令在广州的所有女王陛下的臣民，将他们各自掌管的鸦片即行缴出。"连同美国、印度商人缴出的鸦片，共计两万零两百八十三箱，总重达二百三十七万六千二百五十四斤，价值白银八百多万两。

如何处置收缴来的外国鸦片呢？过去毁除鸦片是用火烧的办法。可是火烧鸦片，那鸦片烟渗入土中，还可以挖出这些土来熬炼烟膏。林则徐多方查访，获知鸦片掺和盐卤、石灰，就能完全溶为渣沫，再也不能合成烟膏。他决定采取以盐卤和石灰来销毁鸦片。

1839年6月3日，虎门海滩晴空万里，港湾里，几十艘战船排成威武的阵势，两座十五丈见方的销烟池周围布满了岗哨，四周聚集着成千上万的民众，熙熙攘攘，一片欢声笑语。震惊世界的虎门销烟，在隆重的礼炮声和群众的欢呼声中开始了！只见一群群袒胸赤脚的兵勇将鸦片一批又一批地抛入池中，然后洒下石灰，顷刻间，池水沸腾，黑色鸦片在池内急急翻卷，烟雾迷茫，袅袅凌空。过一阵，涵洞闸门开启，池里销化的鸦片渣沫随着潮水流向浩淼大海。一阵又一阵的欢呼从人群中爆发出来。有人大声说道："英国佬拿鸦片毒害我们中国人，几十年了，如今遇上林大人，替我们泄了恨！"

有些外国商人在虎门海滩上看到中国人民的果敢行动，惊得目瞪口呆，而后走到林则徐面前鞠躬表示敬意。6月3日，是一个值得纪念的日子，它是清政府抵制外国鸦片侵略的"顶点"，也是中国人民反帝斗争的伟大起点，从而也揭开了中国人民近百年来反对外国侵略斗争的序幕。

虎门销烟后，禁烟运动遇到了新的困难。林则徐对鸦片贩子采取强硬态度，要求他们甘结，即立一保证书，永不夹带鸦片进关，如果查出鸦片，"货尽没收，人即正法"。英方认为缴烟是迫于形势的权宜之计，而具结则关系到今后长远的利益，他们绝不愿放弃通过肮脏的鸦片贸易所取得的巨大利润。因此义律一再拒绝执行具结的命令，并且当众撕碎甘结样本，叫嚷绝不停止鸦片贸易。而朝廷内部反对禁烟的官吏也伺机而动，他们采用各种手段来削弱禁烟运动。6月23日，穆彰阿会同刑部，依照道光皇帝谕旨研究林则徐提出的一条建议，即："夷人带鸦片烟来内地者，人即正法，货物入官"，他们上奏建议将"来内地"改为"入口"。一词之改，实质表示外商在口外的贩烟活动不必干涉，为沿海的鸦片走私大开方便之门。广州城顷刻谣言四起，鸦片贩子活动更加肆无忌惮。林则徐明知事出有因，仍严正宣告："彼造谣惑众者，名为误会，实则矫诬，一经访获讯明，定当立行正法。"辞官南归的龚自珍，因林则徐禁烟阻力重重和自己无从献策而忧虑，赋诗一首曰：

胡人横海拜将军，侧立南天未藏勋。

我有阴符三百字，腊九难寄惜雄文。

身负重任的林则徐，自己又何尝高兴呢？在虎门时，他写给豫堃的一封信中，曾经这样表达自己的心情："仆立志要断此根株，然收缴若不准行，此根如何能断，踌躇踯躅，滋切焦口。"他虽然感到忧虑，却并未因此气馁和退缩。他赋诗明志："近闻筹海盛封章，突兀班心字有芒。谁识然犀经慧照，那容李树代桃僵！"林则徐查禁鸦片的决心当然不能使义律回心转意，而是激他铤而走险。半个月后，英船水手制造了一起骇人听闻的流血事件。

7月7日，英国水手在宝安县尖沙咀村酗酒，殴打村民，并用木棍将农民林维喜打死。12日，林则徐派人查办，查明确系英国水手酗酒行凶，屡次责令义律交出杀人凶犯，由中国官府审办，义律一概不理，却在8月3日宣布在中国领海上设立一个具有刑事与海上管辖权的法庭，将于12日在一艘英船上开庭审讯林维喜案，并邀请中国官员旁听。义律践踏中国司法主权的行动，理所当然地被林则徐拒绝了，为维护国家主权，林则徐下令断绝英船和在澳门英商的食物接济。23日，又下令驱逐澳门英商。同时，林则徐也采取了一系列的必要措施，做好抗敌自卫的准备。他命令海口内河各处设防，加强兵备，整顿队伍，进行军事演习。清朝军队和水师，这时已经非常腐败，经过林则徐的大力整顿，战斗素质有所提高，逐渐增强为一支能御敌的部队。沿海人员齐心协力、共同抗敌，林则徐号召沿海人民聚合丁壮，购置器械，用以自卫，如果英人上岸闹事，准许开枪阻击，勒令退回，或将其俘获。在林则徐的号召下，广州、南海、顺德等地农民纷纷购置武器，准备抗击来犯之敌。

上述一系列措施，使英商遇到了极大困难，食物和水的供应断绝了，义律无计可施，向林则徐乞请，愿意进行谈判。林则徐即通知澳门同知蒋立昂，在英方缴烟、具结和交出凶手的前提下，双方能够进行谈判。由于义律的装聋作哑，死不认账，谈判没有结果。

这时，英国政府已蓄意挑起侵华战争，来维持可耻的鸦片贸易。11月2日，士密率英舰"窝拉疑"号、"海阿新"号窜行达穿鼻洋海面，向水师提督关天培递交了英军驻华海军司令致钦差大臣的信件，要求林则徐准许英商及家眷住在澳门并恢复一切供应，林则徐严正地加以拒绝。第二天清晨，关天培率水师在穿鼻洋面巡防稽查，士密要求关天培把巡防船驶回沙角。水师在领海上巡防，这是中国的主权，关天培当即严词拒绝，并表示说：只要义律在限期内交出殴毙林维喜的凶手，水师就可以考虑撤回。躲在"窝拉疑"号军舰上的义律狡辩说："我再三声明并不知道谁是杀害林维喜的凶手，若我已经查出，早就惩办了，若以后拿获的话，也一定会惩办。"完全拒绝了关天培提出的条件。基于此，关天培率领的中国水师理所当然地在自己的领海上巡航，紧接着中国官兵在穿鼻、官涌击退了英军的武力挑衅。愚昧而狂妄自大的道光皇帝，在接到林则徐胜利的捷报之后，下达了谕旨：

"英吉利国夷人自议禁烟以后，反复无常，前次胆敢先放火炮，旋经剀谕，伪作恭顺，仍勾结兵船，潜图报复。彼时虽加惩创，未即绝其贸易，已不足以示威……即使此次具出甘结，亦难保无反复情事，若屡次抗拒，仍准通商，殊属不成事体，至区区税银，何足计论……著林则徐等酌量情形，即将英吉利国贸易停止。所有该国船只，尽行驱逐出口，不必取具甘结。其殴毙华民凶犯，亦不值令其交出。"

具结、惩凶的正义措施被明令废止了，林则徐几个月来为挽救民族危难的努力遭到无情的否决，更使他心酸的是，道光帝在回折上进行了恶狠狠的斥责：

林奏："此次剿办之余，于澳门既不能陆居，于尖沙又不能水处。苟知悔悟，尽许回头。"

朱批："不应如此，恐失体制。"

林奏："若义律与士密等尚以报复为心，则坚垒固军，静以待之，亦自确有把握。"

朱批："虽有把握，究非经久之谋。"

林奏："奉法者来之，抗法者去之，实至公无私之义。"

朱批："所见甚是，而所办未免自相矛盾矣。"

这是林则徐走上仕途以来，首次受到皇上如此强词夺理的批斥，他不敢也没有进行顶撞。12月6日，他宣布正式封港，断绝与英国的贸易。这件事使他感到痛心，后来，他在给夫人的信中写道："外间悠悠众口，都谓我激起夷衅，殊不知实出圣躬独断。"

与此同时，在北京的反禁烟派加紧了破坏禁烟抗英斗争活动。首席军机大臣穆彰阿利用道光帝急于禁烟收场的心态，奏请调邓廷桢为两江总督，以去林则徐左臂。1840年1月5日，道光帝调邓廷桢为两江总督（后改调闽浙总督），林则徐转任两广总督。

空有雄心，报国无门

1840年4月，英国政府以中国禁烟使英商遭受损失为由，组织了英国侵华远征军。6月，海军少将乔治·懿律率远征军抵达澳门，鸦片战争正式爆发。

林则徐深知英国侵略者不会善罢甘休，他知英军船坚炮利，擅长海战，远比中国为优。但是英军远离本土，不如中国在本土作战，可以以逸待劳。因此，他积极备战，采取"以守为战"的战略，在敌人入侵必经的海口、内河和山梁各要害处加强防御工事，同时，积极招募五千多名青壮年渔民组成水勇，希望练成一支劲旅。林则徐手书一副对联，悬挂于演武厅上：

小队出郊坰愿士卒功成净洗银河长不用，
偏师成壁垒看百蛮气慑烟消珠海有余清。

这对联，措辞磊落，充满正气，它凝成一股无形的精神力量，激励着校场上的官兵苦练杀敌本领。

为了有效地击退敌人的侵犯，林则徐及时地发布了《英夷鸥张安民告示》，谓："如英夷兵船一进内河，许以人人持刀痛杀。凡杀白头鬼一名，赏洋银一百元，杀死黑鬼子一名，赏银洋五十元。俘英船一艘赏十万元，毁一艘赏三万元，生擒义律赏洋五万元。"广东人民同仇敌忾，士气高昂，成为反抗外敌入侵的无法抗拒的力量。

6月，英国远征军司令懿律率四千多人，分乘十六艘军舰，抵达珠江口海面，鉴于林则徐防守严密，无隙可乘，于是率船北上进犯闽浙沿海。林则徐早就通知沿海各省，认真备战，可是各省官吏对林则徐"严加防范"的咨文置若罔闻，或饰词应付，因此毫无戒备。7月，英军攻陷定海。

留粤英军闻讯逐渐猖獗起来，他们在珠江口抢劫盐船14只，枪杀民船舵工盛全福。8月6日，澳门百姓在卡思兰湾活捉了非法潜居澳门的英国人温森特·士丹顿，并把他押解虎门，送往广州。8月19日，英军突袭关闸炮台，守军进行了顽强的抵抗。8月31日，广东水师在矶石洋遭遇敌舰，双方展开炮战，毙敌十余名。

与此同时，英军北犯天津。道光皇帝闻讯，十分惊慌，在侵略者威协和投降派的煽动下，外强中干的道光皇帝马上派直隶总督琦善与义律会谈。琦善连忙向英军送厚礼，并表示只要他们退回广东，就答应他们提出的条件，同时，他又向道光帝诬蔑战争是林则徐挑起的，昏庸的道光帝坚信不疑。9 月 17 日，道光皇帝改派琦善为钦差大臣，赶往广东查办。20 日，道光帝决定重治林则徐换取英军退兵，他要琦善晓谕懿律说："上年林则徐等查禁烟土，没有做到公平、公正，以致受人欺骗，没有安排合适。兹所求洗刷冤屈，大皇帝早有所闻，必当逐细察明，重治其罪。"道光皇帝把一切责任推给林则徐，表示要"重治其罪"，又自行承认禁烟是"措置失当"，真是怯懦已极。9 月 28 日，道光帝下旨谴责林则徐禁烟抗英是"误国病民"，将林则徐、邓廷桢交刑部严加惩处。10 月 3 日，林则徐、邓廷桢革职。可是人民支持他、拥护他，纷纷向他赠送伞、香炉、明镜和颂牌。人们在五十二块颂牌上写下"民沾其惠""夷畏其威""勋留东粤、泽遍南天""公忠体国""清正宜民""烟销瘴海""德敷五岭"等赞词，表达了广东人民对林则徐领导禁烟抗

林则徐纪念馆

英斗争的支持和对他无过被黜的愤怒。

　　林则徐被革职后，停留广州，听候查办。他从督署搬出，移住高第街盐务公所。这是盐商们敬佩他，借给他住的。这段时期他的心情虽然忧郁，然而并不消沉沮丧，也不后悔。在他给夫人的一封信中写道："予明知禁烟妨碍奸夷大利，必有困难，而毅然决然不敢稍存畏葸之心者，盖以身许国，但求福国利民，与民除害，自身生死尚付诸度外，毁誉更不计及也。"他曾请求道光帝，恩准他"戴罪"前赴浙江，随营效力，夺回定海。但一片忠心却被道光帝斥责为"无理、可恶"，真是忠而被谤，信而见疑，报国无门，但他毫不束手待"罪"，仍不时向署理两广总督的怡良献策，冀望能够维持两广的抗战局面。12 月 4 日，琦善正式接任两广总督。出于对广东防务的关心，林则徐

向琦善建议造船铸炮，加强战守，防备英军的进犯，琦善不但不听，反而以牛、羊、米"犒劳"英军，乞求义律退让，令林则徐气愤不已。

义律利用琦善求和心切的心理，一再讹诈，提出讨还"烟价"、"兵费"、割地、开放口岸等14条，并叫嚣若有一条不从，即用武力攻打。正当琦善"加意羁縻"的时候，英军已急不可待，于1月7日攻陷了珠江口外的沙角、大角炮台，守将陈连升父子英勇捐躯，虎门处于危急之中，爱国的文武官员纷纷向琦善请战，并请求增派兵力。琦善不准，林则徐"再难坐视"了，请求琦善分派任务，为国效劳，被琦善拒绝。1841年1月10日，英军进围虎门靖远、威远炮台，关天培请派援兵，琦善只许密派二百人。关天培遣官向林则徐哭诉，林则徐悲愤交加地说："提、镇能以死报国，亦是职所当然，但何不将此情形透彻一奏，死后亦有申冤之日，即一时不能申冤，后世亦有记载。"

1月27日，道光帝接到英军攻陷沙角、大角两炮台的奏报，他又倾向于主战。削职听候发落的林则徐、邓廷桢又被请出来"协办夷务"，林则徐悲喜交集，百感丛生。22日，是庚子年的岁暮，林则徐写下了四首五言律诗，表达了他当时的心情，诗曰：

"病骨悲残岁，归心落暮潮，正闻烽火急，休道海门遥。蜃市连云幻，鲸涛挟雨骄。旧惭持汉节，才薄负中朝。""此涕谁为设，多惭父老情。长红花尽裹，大白酒先倾。早悟鸡虫失，毋劳燕蝠争。君看沧海使，频岁几回更。""幸饮仁水，曾无陆贾装。通江知蒟酱，掷井忆沈香。魋结终无赖，羁縻或有方。茹茶心事苦，愧尔颂甘棠。""朝汉荒台古，登临百感生。能开三面垒，熟据万人城。杨仆空横海，终军漫请缨。南滇去天远，重镇要威名。"

2月25日，英军进攻虎门，提督关天培领军与敌苦战。关天培"身被创数十处"，铠甲浸透鲜血，仍旧镇定自若地指挥，最后以身殉职。林则徐闻讯无限悲痛，写下了"我不如你"四个大字，并且提笔写了一副挽联：

六载固金汤，问何人忽坏长城，孤注空教躬尽瘁；

双忠同坎壕，闻异类亦钦伟节，归魂相送面如生。

寥寥数字，称颂了关天培等人爱国殉节的浩然正气，无情地鞭挞了琦善之流的怯懦、无耻。林则徐得知琦善秘密割让香港给英军后，心急如焚。林既削职，已无权弹劾琦善，力劝广东巡抚怡良弹劾琦善。怡良因没有见到琦善与英人议定的文稿证据而犹豫不决，林于是召请爱国士商声讨琦善罪行。在此情况下，怡良乃于 2 月 11 日上奏揭露琦善擅自出卖香港的罪行。3 月 12 日，道光帝接到怡良的密奏，下旨将琦善革职锁拿，押解来京。13 日，琦善在副都统英隆押解下，离开广州进京。

英军攻陷虎门，溯珠江而入，摧毁了乌涌炮台。3 月 1 日又攻占了州炮台，广州告急，林则徐出资自雇壮勇出来应敌。4 月 14 日，靖逆将军奕山、参赞大臣隆文和新任两广总督祁贡抵达广州。林则徐上书防御粤省方案六条，主要内容是整顿队伍，恢复水师，在战术方面实行固守防御的方针，诱敌分散，再予袭击。但他的建议被奕山否决了。

5 月 1 日，林则徐接到道光皇帝"赏给四品卿衔，迅即驰驿赴浙江省，听候谕旨"的命令。5 月 3 日，林则徐离开了广州，怀着激愤的报国心情，赶赴抗英前线。

原来，道光帝接到琦善奏报"逆夷要求过甚"，下令"大申挞伐"，在这种情况下，清政府内部的抵抗派势力重新抬头。4 月 7 日，万启心奏请起用林则徐、邓廷桢专办战守，指出：林、邓"在粤熟悉夷情，加以屡次防守夷船，颇殚智虑，幸免疏虞，深为该夷所指畏"，"万一必须用兵，两人驾轻就熟，似非中外诸臣所及"。28 日，闽浙总督颜伯焘、浙江巡抚刘韵珂奏陈林则徐、邓廷桢"有体有用，其心思才力，臣等抚衷自揣，深愧不知，且又为该夷所畏忌而屡欲中伤者"，请求"饬令迅速驰驿赴浙，林则徐驻扎镇海，邓廷桢驻扎宁波，会同两江总督伊里布筹办一应攻剿事宜，并乞逾格鸿慈，一体假以事权，令得陈奏，乃为有裨"，得到了道光帝的首肯。不久，道光帝将畏敌不前的尹里布免职，由裕谦接任两江总督。6 月 11 日，林则徐到达镇海。

次日，林则徐"日乘竹兜，渡大浃，登高涉险，指画守御之方"，与刘韵珂等"将镇海口内外情形历勘详度"，着重考察各炮台地利形势，察看招宝山、金鸡山和东岳宫、北城外各炮台演放大炮，视察添筑防御工事。经过反复商筹，决定在金鸡山东北埂上修筑土堡，并用泥块、沙袋加固口外各石土炮台，以防敌炮轰击。在招宝、金鸡两山之间的海面上，沉石钉桩，将口门束窄，既能防英舰直接闯入，又有利隔港炮台会攻。

林则徐还积极参加研制大炮。余姚知县汪仲洋热心造炮，林则徐予以支持，最终突破技术难关，铸成重达 8000 斤的大铁炮，而后他又筹划制成了新式炮架。这种新式炮架，下装四个轮子，可以后推前拉，架面置有磨盘，大炮安放在磨盘上，可以四面转动，故又称"磨盘架四轮车"。这是林则徐吸取西方科学技术改进军事装备的又一成果。

6 月 30 日，林则徐接到了道光帝于 15 日发出的谕令："其镇海军营事务，著派刘韵珂、余步云办理，著林则徐暂行协同筹办……如有折奏，林则徐无庸列衔。"

这道谕令清楚地表明，道光帝虽然在抵抗派的要求下，把林则徐派到浙江，但依然无意起用他。尽管如此，林则徐一如既往，全身心地投入到反侵略战争中去。

林则徐身在镇海军营，心里念念不忘广东的抗英斗争。到达镇海的第三天，他接到广东友人来信，获悉 5 月 21 日夜，广州"焚毁击坏夷船七只，歼毙无算"，非常高兴。可是奕山指挥的广州战役开战仅七天，就举白旗投降。与英军签订了耻辱的《广州和约》，向英军交"赎城费"六百万银元，为了保全自己的面子，清廷将广州战役失败的责任推给林则徐、邓廷桢。6 月 28 日，道光帝下旨，将林则徐、邓廷桢流放伊犁：

"……前任两广总督林则徐，经朕特给钦差大臣关防，办理广东事件，继复令其实授总督，全省军务，皆其统辖。既知兵丁染习甚深，便应多方训导，勤加练习，其于夷务亦当德威并用，控驭得宜，乃办理殊未妥协，深负委任。邓廷桢业经革职，林则徐著革去四品卿衔，均从重发往伊犁，效力赎罪，即由各该处起解，以为废弛营务者戒。"

林则徐遣戍伊犁的消息传开，群情激愤，怨声载道。许多人题诗表示同情和愤怒。冯昕华作诗云：

> 极边风雪惨孤臣，犹忆烟销粤海滨。
> 未肯和戎乘国体，只应长作出疆人。

林则徐的挚友，王柏心也有《闻侯官林官谪伊犁》诗云：

> 万里伊吾北，孤臣鬓已霜。
> 奏书无耿盲，持节少冯唐。
> 曲突谋犹在，高墉射易伤。
> 鼓鼙思将帅，终望埽桄枪。

林则徐报国无门，献身无路，除了悲愤之外，他已经无话可说了。7月14日晚，他乘舟告别了披沥奔驰了整整33个昼夜的镇海，结束了令人难忘的军营生活。

力疾从戎，殁于王事

1846年1月，林则徐从哈密进关途中，奉旨以三品顶戴署理陕甘总督。他为感激放归复用的皇恩浩荡，毫不犹豫地接受了新的任命。

当时，甘肃凉州、青海一带，发生藏族部落劫掠官办马厂、杀戮官弁的事件多起，震惊了清廷。林则徐奉命查办，他整军修武，督造火器，仿造洋炮、洋弹，然后派出官兵逮捕了配合藏民武装起事的藏、汉义民板什夹、王吉才等人，随后进兵黑错寺，镇压了藏民暴动。

1846 年 5 月，陕西巡抚邓廷桢病死，林则徐继任陕西巡抚。正值陕西旱灾，大批饥民被迫铤而走险，披刀游食，结党成群，不时击杀地主豪绅，公然拒捕抗官，形成了一股以佩刀为标记的民间抗清力量，简称"刀客"。11 月 22 日夜，活跃于大荔、朝邑交界沙宛、渭水间的"刀客"李牛儿，联合大荔杨村的数百饥民，手举火把，劫富济贫。林则徐为了缓和矛盾，一方面对饥民施仁政，奏请缓征钱粮，又饬令各府、各官吏开仓平粜，收养饿殍，倡捐劝济。另一方面，则整饬营伍，严厉缉拿"刀客"和造反的饥民，主张"严拿严办"。一个月后，渭南知县余炳焘抓捕"刀客"二十余名，他亲加奖励。对治理不力的知府、县令，他撤任勒休一二，以此儆戒。在他的严督下，到年底，渭南、大荔、蒲城、临潼、蓝田、安塞等地，陆续捕获"刀客"和其他"案犯"达 146 名。

这时，林则徐身患重病，1847 年 2 月，他奏请开缺调治。但是，道光皇帝需要利用林则徐的干练才能来加强他在西北的统治，不允引退，给了三个月的假期，林则徐"养疴两月，肺疾已瘥，虽气坠中虚尚难平复，而屡蒙恩谕，不敢再请乞骸"，于 3 月 31 日回任视事。

1847 年 5 月，林则徐调任云贵总督，上任后他首先要解决的是棘手的回汉互斗问题。他的前任贺长龄、李星沅采取"助汉杀回"政策，杀人无数，可争斗非但没有平息，反而越演越烈，道光帝不得不起用患病奏请开缺的林则徐，企图借助林则徐丰富的政治经验，去为他荡平西南边陲。

林则徐于 7 月抵达昆明后，不同意他的前任所采取的"助汉杀回"政策，主张无论回汉应首先分清良莠。凡奉公守法的良民，不分回汉，都应爱护，而参加起义的汉民以及豪强，则决不能宽恕。同时，他还非常注意团结回族的上层分子，并加以扶植，利用他们加强地方的基层统治。在这一思想的指导下，林则徐在滇东、滇南等地区，组织当地回汉士绅头人，议立靖化地方的章程，同时整顿了十三镇协营。

同年的 11 月 27 日，林则徐夫人郑氏因病在昆明逝世。林则徐和夫人伉俪情深，患难与共，互敬互重。哀痛之余，林撰挽联曰：

同甘苦四十四年，何期万里偕来，不待归耕先撒手。

共生成三男三女，偏值诸儿在远，单看弱息倍伤神。

郑夫人的病故，对林则徐是个很大的打击，也使他悲痛交加。

1848年，林则徐先后镇压了弥渡回民起义，和云州、缅宁、顺宁、永平、邓川等地的各族人民起义，又处理了保山、姚州等地的"汉回互斗"案件，朝廷觉得他办理"回务"有功，加"太子太保"的头衔，并赏戴花翎。

此外，林则徐在云南整顿铜政，开采银矿。云南是清代矿冶业的主要地区，官私矿场中的劳动者多达七十万人，若加上"盗采"的，数量就更大了。林则徐鼓励商民开采。开采方式，主张"招集商民，听其朋资伙办，成则加奖，歇亦不追"。这样做的益处，一是"官有督率之权而无著赔之累"，二是可以防止官办出现的"假手于募丁胥役，弊窦愈多"的情况，三是可以刺激商民开矿冶炼的积极性，"若辈行山望气，日以为常，于地方之衰旺盈虚，大都能知梗概，见有有利可图，或以红单而报苗引，或以金呈而请山牌，当其明集鸠赀，人人有所希冀"。这样使云南的矿冶业得到了一定的发展。

自从夫人郑氏去世后，林则徐身体日渐衰弱，疾病缠身。1849年7月，林则徐上奏请假治病。8月，奏请开缺回乡调治，获得道光帝的恩准。10月下旬，林则徐卸任，在儿子汝舟等的陪侍下，带着郑氏的棺柩，离开昆明，从镇远买舟而下，泛棹荆湘。于1850年1月3日到达长沙，停靠在汀江岸边。湖南的文武官员得知后，纷纷前来拜会他，林则徐却想起了一位素未谋面的后生晚辈——左宗棠，为了奖掖后进，他派人请左宗棠相见。

左宗棠，字季高，号朴存，湖南湘阴人，生于1812年。历任浙江巡抚、闽浙总督、陕甘总督，为晚清三大"中兴"名臣之一，不过当时左宗棠隐居湘阴柳庄。一年以前，贵州安顺知府胡林翼，向林推荐

左："湘阴左君有异才，品学为湘中士类第一。"林请胡写信请左到云贵总督幕府，左因受长嫂之托，要为长兄的遗子世延办理婚事，不能前往，因此回信婉辞，表示"西望滇池，孤怀怅结"，深为遗憾。

左宗棠接信，立即赶到长沙，一到就受到林则徐的接见，同时吩咐手下对其他来客一概挡驾，并将官船驶到岳麓山下一个僻静处停泊。二人一边喝酒，一边纵谈天下大事，从西北塞防到东南海防，从舆地兵法到办理洋务，从新疆屯田到滇中战乱，各抒己见。二人对治理国家的根本大计，特别是西北军政事务，见解不谋而合。一老一少，毫无拘束，侃侃而谈，直到次日清晨。

会见中，林则徐将自己在新疆整理的宝贵资料，全都交付给左宗棠，并说："吾老矣，空有御俄之志，终无成就之日。数年来，留心人才，欲将此重任托付。"他还说，"东南洋夷，能御之者或有人，西定新疆，舍君莫属。以吾数年心血，献给足下，或许将来治疆用得着。"

临别时，林则徐还作了一副对联赠给左宗棠：

> 此地有崇山峻岭，茂林修竹；
>
> 是能读三坟五典，八索九丘。

对于左宗棠的殷切期望完全表现于此。

这是林与左神交已久的首次会见，也是最后一次会见。这次会见，给左宗棠以重大影响，二十多年后，左宗棠经营西北，收复新疆，屯田垦荒，兴修水利，在东南沿海创办船政，加强海防，抗击外夷，正是林则徐影响所致。

1850 年 4 月，林则徐拖着羸弱的病躯，回到了故乡福州。

1850 年 6 月，英国违反《中英南京条约》的规定，让一名传教士和一名医生在福州神光寺租屋居住，侯官县令予以默许，这件事引起了福州人民极大的愤慨，抗英情绪高涨。林则徐联合一批爱国士绅，公开致函县令兴廉加以质问，又带头署名上书福建巡抚徐继畬，请求驱逐英人。他们还发出《福州士民致英国领事馆公启》，警告英人。林则徐的举动，引起了闽浙总督刘韵珂和巡抚徐继畬的忌恨和反感，他们攻击林则徐"喜事沽名""不顾后日之隐忧"，等等，并通过各种手段分化爱国士绅和人民的抗英力量。林则徐虽然受到挫折，但是，反对外国侵略者的民族正义感激励他，所以，他仍积极投入斗争。他视察了闽江海口的地势，和友人们商讨了保卫福州的良策。林则徐不但没有忘记英国等列强来自海上侵略的威胁，同时提醒人民警惕陆上沙俄的侵华野心。有一天，他向晚辈子弟明确指出："沙俄将成为中国的祸害，我已暮年，但你们一定能看到。"

1849 年，广西爆发了天地会起义。林则徐再次受到统治者的垂爱，咸丰皇帝下旨，宣诏林则徐来京听候简用，林则徐以疝气未痊，力加婉辞。病重是事实，可是更重要的是与他势如水火的穆彰阿仍在总揽朝政，使他觉得出山"亦无所益"。其实，穆彰阿此时正大力阻挠起用林则徐，向咸丰帝大进谗言，"屡言其柔弱病躯，不堪录用"。

入秋之后，广西天地会起义军攻下龙洲厅城，逼近桂林，咸丰帝寝食难安。10 月 17 日，通政司罗衍奏请起用林则徐为钦差大臣，赴桂林镇压天地会起义军，得到了咸丰帝的首肯。林则徐接到谕旨后，不顾前些日子还郁积心中的对重整朝纲的绝望，不顾穆彰阿依然在位素餐，也不顾自己的病体难以支持，连夜奔赴广西。一路上旧病复发，因广西告急军报纷沓而至，他挣扎起程，不过他走到普宁县城，便昏厥难起而停止前进。22 日，这位心怀平定内乱为封建王朝效力的愚忠，心怀反抗外来侵略未酬之志的钦差大臣与世长辞了，享年六十六岁。时人在哀悼他的挽章中悲愤地写道："风飘大厦嗟何及，浪撼长堤竟不支；遂使和戎成恨事，伤心已是十年时。"左宗棠也写了一副挽联（后刻在福州西湖林文忠公祠堂）："附公者不皆君子，间公者必定小人，忧国如家，二百余年遗直在；庙堂倚之为长城，草野望之著时雨，出师未捷，八千里路大星颓。"

清廷追赠林则徐太子太傅衔，赐御祭文和御赐碑文，谥文忠。林则徐后来归葬福州马鞍山。